甘肃省高水平专业群（智慧财经专业群）建设计划项目系列教材

校企合作新形态教材

21世纪经济管理新形态教材·金融学系列

金融学基础

主　编 ◎ 李生宁

副主编 ◎ 祁雯婕　胡建军　周玉琴
　　　　马良子　祁小健　董九红

清华大学出版社
北京

内 容 提 要

本书系统地介绍了信用、货币、利息的形成与功能，银行业、非银行金融机构及金融市场的组织体系，以及货币供求、通货膨胀、货币政策与金融风险管理的基础理论体系。本书的创新点鲜明：①吸收了金融科技、绿色金融及碳账户等较前端的金融创新内容，突出了普惠金融的特点，满足大众化阅读需求。②将重点内容和普惠金融需求相融合，以"即测即练"和"技能训练"的操作突出关键信息。③每个项目都提供了操作案例，帮助读者在模拟操作中反向思考基础知识的应用，培养处理现实经济问题的能力。

本书可作为中、高等职业院校财经类专业的教学用书，银行及相关企业的岗位培训用书和普及金融知识的大众化读物。

图书在版编目（CIP）数据

金融学基础 / 李生宁主编. -- 北京：清华大学出版社，2025.5.
（21世纪经济管理新形态教材）. -- ISBN 978-7-302-69287-4

Ⅰ. F830

中国国家版本馆 CIP 数据核字第 202594GS84 号

责任编辑： 徐永杰
封面设计： 汉风唐韵
责任校对： 宋玉莲
责任印制： 刘海龙

出版发行： 清华大学出版社
    网　　址： https://www.tup.com.cn，https://www.wqxuetang.com
    地　　址： 北京清华大学学研大厦 A 座　　**邮　编：** 100084
    社 总 机： 010-83470000　　　　　　　　**邮　购：** 010-62786544
    投稿与读者服务： 010-62776969，c-service@tup.tsinghua.edu.cn
    质量反馈： 010-62772015，zhiliang@tup.tsinghua.edu.cn
印 装 者： 北京鑫海金澳胶印有限公司
经　　销： 全国新华书店
开　　本： 185mm×260mm　　　　**印　张：** 18.75　　**字　数：** 362 千字
版　　次： 2025 年 5 月第 1 版　　　**印　次：** 2025 年 5 月第 1 次印刷
定　　价： 59.80 元

产品编号：102026-01

前言

习近平总书记指出：积极培育中国特色金融文化，是有效防范金融风险、提升国际竞争力的必然要求，更是推动我国从金融大国走向金融强国的必然要求。这一论断把马克思主义金融理论同当代中国实际相结合、同中华优秀传统文化相结合，为金融系统注入传承传统、积极向上的文化基因，也赋予中华优秀传统文化新的时代内涵，指明了提升金融软实力、建设金融强国的前进方向。

以此为背景，我们从金融的本质属性出发，吸收金融创新的最新成果，以职业院校学生认知特点和普惠金融的大众化需求为基点，以培育中国特色金融文化为出发点，编写了《金融学基础》教学用书。

本书分项目编写，每个项目下按知识的关联性再细分为若干学习模块。全书共 11 个项目、35 个模块，以突出"宽基础"的技能操作性。按 18 周安排教学计划，每周 4 学时，共 72 学时。本书具有以下特点。

(1)每个模块有明确的知识目标。介绍学习财经商贸类专业时应知的金融基础知识，为后续专业学习和拓展学习提供理论积累。

(2)每个模块设定技能目标。尽可能提炼和基础理论相关的技能操作训练，以培养学生用基础理论分析认识经济金融现象的操作技能。

(3)提出思政教学目标。培养学生用马克思主义认识论、方法论认识金融经济现象，解决经济问题，树立社会主义核心价值观。

(4)为了培养学生对现实经济的观察思考习惯，并理性地用金融学基础原理解释、考量问题，教材提供了情境导入和案例导入，帮助学生体会理论和经济金融现实融合发展及创新的能力。

(5)受篇幅限制，教材内容的分层次设置。主干内容为必学内容，但深度不限于教材编写内容。阅读材料为学生提供了经济金融现象的描述性材料,可以供学生拓展学习时使用。

(6)在一些重点环节,加入了思政资料,以落实思政进教材的要求,力求充实马克思主义中国化的内容。

(7)每个模块均有经验分享,提供了相关理论指导下的一些典型案例和做法,以供学生在解决问题时借鉴。

(8)编写了即测即练内容,帮助使用者把握重点和关键问题,增强课堂的互动效果。

(9)在每个学习项目之后,以逆向思维的方式,集中编写了技能训练,为使用者反思和梳理学习内容,巩固学习效果提供了思路和操作要点。

本书由甘肃财贸职业学院会计金融学院组织编写。李生宁教授担任主编并编写项目1中模块1-1及项目11等内容。其他副主编编写情况如下:祁雯婕编写项目2、项目6、项目7;胡建军编写项目1中模块1-2、模块1-3等;周玉琴编写项目4、项目8、项目9等;马良子编写项目3、项目5、项目10等,祁小健、董九红也参与了部分内容的编写。

本书编写的目的在于"用教材教会学生认识、分析和解决问题的能力和操作方法",而不是"教会学生理解固化的教材内容"。竭诚希望广大读者对本书提出宝贵意见,以促使我们不断改进。在此,向所有组织者、参加编写的人员及提出宝贵意见的读者一并表示感谢!

最后,由于时间和编者水平有限,书中的疏漏之处在所难免,敬请广大读者批评指正。

编者

2025 年 4 月

目录

项目1 货币与货币制度

导语

金融是国民经济的血脉，货币是衡量一切商品价值的"标尺"，充当商品交换的媒介，是金融工作的基础工具。学习财经类专业，必须从了解货币和货币制度入手。本项目将从介绍货币的形成、职能和制度入手，为学习财经专业知识提供基础理论支撑，培养马克思主义劳动价值观念。

项目摘要

本项目内容是学习经济金融的入门理论，计划分三个模块讲授：一是货币形式的演变与货币形成；二是货币的职能；三是货币制度。

思维导图

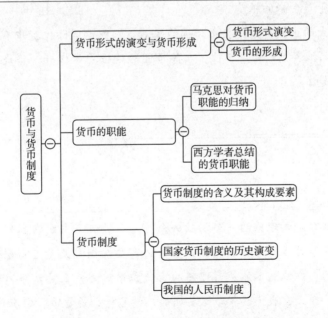

模块 1-1　货币形式的演变与货币形成

知识目标

1. 了解货币形式演变的历程。

2. 熟悉货币形成过程。

3. 掌握货币的概念。

技能目标

1. 了解货币形式演变过程中具有标志性特点的实物货币。

2. 熟悉从实物媒介到金属等价物，再到货币形成的演变逻辑。

3. 掌握真假人民币的识别。

素质目标

1. 了解强大的货币是金融强国的关键核心要素之一。

2. 熟悉货币是金融的根基。

3. 掌握强大的主权货币是金融强国的基石。人民币国际化稳中有进，在全球贸易融资中的占比排名上升至第二位。人民币国际地位稳步提升，将成为我国建设金融强国的重要支柱。

建议学时

2 学时。

情境导入

货币是经济金融学理论的一个基础概念，货币的流通与财富积累，使人们对现实经济现象产生了无限的好奇和憧憬。为什么有些人拥有大量可支配的货币？而有些人虽然很努力，却依然不能获得理想的价值积累？为什么货币可以换得你想要的任何商品？……今天，我们就带着这些问题，学习什么是货币，它有什么职能。

知识储备

一、货币形式演变

伴随着商品生产和商品交换的发展，货币形式经历了从实物媒介体、金属等价物到信用货币的演变过程。

（一）实物媒介体

实物媒介体，是指以自然界中存在的某种物品或人们生产的某种商品来充当媒介体。实物媒介体是世界上最早的货币。

阅读资料1-1

随着商品生产和商品交换的发展，实物媒介体越来越难以适应日益增加的商品交换对于货币的需求。①实物媒介体不易分割。现实中，不仅有大额商品交易，也有零星、小额商品交易。在小额商品交易中，只需要较少的媒介体发挥媒介作用，这就需要对实物媒介体进行分割。但牲畜等实物媒介体不易分割，分割后的部分价值总和也会大大低于整体价值。②实物媒介体不易保管。例如，牛、羊等实物媒介体的保管成本非常高，烟草、可可豆等也有一定的保质期限。③有些实物媒介体的价值较小，大额的商品交易需要大量的媒介体发挥媒介作用，携带不便。于是，伴随着商品交换的发展，金属等价物替代了实物媒介体。

（二）金属等价物

用金、银、铜等金属充当等价物有很多优点：①金属易于分割，可按不同的比例任意分割，充当不同数额的商品交换媒介，分割后还可以冶炼还原。②金属易于保管，金、银、铜等都不易被腐蚀。③金、银的价值高，便于携带，较少的数量就能充当大额的商品交易媒介。

阅读资料1-2

金属等价物属于足值货币，其自身的商品价值与其作为交换媒介的购买价值相等。足值货币的特点是价值比较稳定，能够为商品的生产和交换提供一个稳定的货币环境，有利于商品生产和交换的发展。但是，金属等价物也有其自身难以克服的弊端，即其数量的多少受制于金属的储藏量、开采量和自然分布不平衡等因素，无法伴随商品数量的增长而增长。因此，随着生产力的提高，金属等价物的数量越来越难以满足大量商品交换对交易媒介的需求，信用货币应运而生。

（三）信用货币

信用货币与商品货币相对应，信用货币是不足值货币，即作为币材的实物，其自身的商品价值低于其作为货币的购买价值，纸质货币、存款货币都属于信用货币。信用货币的产生与发展弥补了金属货币数量无法伴随商品数量增长而相应增长的弊端，逐渐取代金属货币，成为货币主要的存在形式。

（1）纸质货币。纸质货币简称纸币，包括国家发行的纸质货币符号、商人发行的兑换券和银行发行的银行券等。

阅读资料1-3

（2）存款货币。随着现代商业银行的发展，商业银行开始普遍为客户提供转账结算服务，并形成能够签发支票、转账结算的活期存款，称为"存款货币"。

阅读资料1-4

（四）货币形式的新发展

电子技术的迅速发展与普及使货币的存在形式不可避免地受到了影响，电子货币、数字货币的出现受到越来越广泛的关注与使用。

（1）电子货币。电子货币是指依托金融电子化网络，以电子计算机技术和通信技术为手段，以电子数据形式存储在计算机系统中，通过计算机网络系统传输电子信息方式实现支付和存储功能的货币。

（2）数字货币。数字货币是一种基于节点网络和数字加密算法的虚拟货币。目前的数字货币大致有两类：一类是不依托任何实物，而是依靠密码技术和校验技术来创建、分发和维持的加密货币，如以太币、瑞波币、莱特币等；另一类是各国中央银行推动的基于区块链技术的数字货币。

阅读资料1-5

上述货币形式的演变历程实际上是从币材的视角进行描述的。充当货币的材料从最初的各种实物演变为统一的金属，再演变到纸，进而出现存款货币、电子货币、数字货币。推动货币形式演变的真正动力是商品生产、商品交换的发展对货币产生的需求。货币是商品交换的媒介，伴随着商品生产的发展，规模越来越大的商品交换对充当交换媒介的货币产生更高的要求，不仅货币的数量要能够伴随不断增长的商品数量而保持同步的增长，而且还要使交换更加便利、安全、快速和透明。正是为适应这种需求，货币对自身的外在表现形式进行了不断的"扬弃"，从低级逐渐走向高级。

阅读资料1-6

二、货币的形成

生产力的发展导致社会分工及专业化生产，社会分工引起商品交换，商品交换催生了货币。根据史料记载和考古发现，在世界各地，商品交换都经过两个阶段：物物直接交换，通过媒介的交换。

物物直接交换存在局限性，它将买方和卖方局限于同一时间与空间，交换双方只有同时需要对方的商品，且在价值量上大致相等，交换才能实现。在商品交换过程中，如果先用自己的商品去交换一种大家普遍愿意接受的物品，然后再拿这种物品去交换能满足自己需要的商品，就会使商品交换容易得多。于是，通过媒介的商品交换成为交换的主要形式。

在历史上，牲畜、兽皮、贝壳等都曾充当过商品交换的媒介。我国最早充当交换媒介的物品是贝壳，因此贝壳也被看作我国最早的货币。我国的文字是象形文字，所以，许多与货币或财富有关的汉字都是"贝"字旁，如财、购、资、赚、赔、贵、货、贫等。由此可以看出，贝壳在我国历史上曾长期充当过交换媒介。

马克思认为，人类要生存，必然要劳动。私有制和社会分工的出现使人们的劳动有了私人劳动与社会劳动之分：①私有制使私人生产者的劳动具有了私有属性，私人劳动生产出来的产品归其个人所有。②社会分工又使每个私人生产者只能生产一种或有限几种产品，而整个社会对产品的需求是由所有的私人生产者的劳动来满足的，因此，所有私人劳动者的劳动构成了社会总劳动，从而使劳动具有了社会劳动的属性。

私人劳动和社会劳动的矛盾：劳动的私有属性决定了其生产出来的产品归私人所有，但在社会分工条件下生产出来的私人产品主要是提供给其他社会成员消费的，所以，私人产品必须得到其他社会成员的认可，成为社会总产品的有机构成部分。也就是说，私人劳动要求"社会承认它具有社会意义"并转化为社会劳动。

以使用价值不同的劳动产品在不同所有者之间进行等值交换，即用自己生产的产品去交换其他人生产的产品。产品交换出去了，说明生产该产品所投入的劳动是社会所需要的，从而私人劳动成了社会总劳动的一部分，转化为社会劳动；相反，如果产品没有交换出去，说明生产该产品所投入的劳动不是社会所需要的，私人劳动就没有成功地转化为社会劳动。

交换解决了私人劳动与社会劳动的矛盾。但在商品交换中，要如何确定商品之间的交换比例呢？马克思提出了价值的概念，即一切商品都有一个共同点：耗费了人类的劳动——体力或脑力。这种凝结在商品中的一般的、抽象的无差别劳动就是商品的价值。各种商品的价值在质上相同，因而在量上可以相互比较。经过比较，交换价值相等的商品。等价交换原则是商品交换的基本原则。

如何将抽象的劳动价值表现出来呢？马克思认为，商品价值是在商品交换关系中得到表现的。比如，一袋米与一只羊进行交换，在这个交换中，一袋米的价值通过一只羊这种外在的、看得见的具体形式表现出来，可见，通过交换，价值取得了可以捉摸的外在表现形式，这就是价值形式。价值形式的演变及货币形成的逻辑见表 1−1。

经验分享1-1

表 1−1　价值形式的演变及货币形成的逻辑

价值形式演变	特征
简单价值形式	一种商品的价值只是偶然地被另一种物品表现出来
扩大的价值形式	一种商品的价值可由许多商品表现出来
一般等价形式	用一般等价物表现所有商品的价值
货币形式	当某一种商品从发挥一般等价物作用的几种商品中分离出来，固定地充当一般等价物、充当商品交换的媒介时，货币就形成了

即测即练

即测即练1-1

模块 1−2　货币的职能

知识目标

1. 了解西方学者对货币职能的归纳。
2. 熟悉不同理论体系对货币职能的概括。
3. 掌握马克思对货币职能的表述。

技能目标

1. 了解各国现行货币的实物形态。
2. 熟悉货币支付、储藏及世界货币的表现形式。
3. 掌握货币价值尺度、流通手段基本职能的应用场景。

1. 了解"一国三币"（人民币、港元、澳元）的运行特点。
2. 熟悉人民币是中国特色社会主义经济运行的基础媒介。
3. 掌握人民币是我国的法定货币。

建议学时

2 学时。

情境导入

货币常见的四大职能是交易媒介（流通手段）、价值储藏、记账单位、支付手段（偿还债务）。这是常识，但并未达成共识的是：四大职能是并列关系还是等级关系？哪种层级最高？成为货币的条件是四大职能兼备还是只需要承担一部分？从历史演绎来看，货币职能的扩展有时间次序，在空间分布上也存在差异，即在不同国家（地区），货币的形态、职能及其演化的次序不尽相同，这在很大程度上取决于政治、商业和技术条件。（邵宇、陈达飞《现代货币理论（MMT）：批判、吸收与实践》）

知识储备

货币代表不同所有者在等价原则下交换各自劳动的社会关系，不同的学者对货币的职能有不同的归纳，但其没有本质上的区别。

一、马克思对货币职能的归纳

（一）价值尺度

货币在表现商品的价值并衡量商品价值大小的时候，发挥价值尺度的职能。货币充当价值尺度的特征见表 1－2。

表 1－2　货币充当价值尺度的特征

特征描述	特征表现
具有内在的价值且容易计量	衡量商品重量的砝码，自身不仅有重量，还必须有可计量的公认标准
可以是观念上的虚拟形态	在讨价还价过程中对货币及其数量和单位的描述，并不需要用货币实物现场展示

续表

特征描述	特征表现
社会公认且具有唯一性	在金、银两种货币同时流通时，同一个商品有两种不同的价格表现，即金价格和银价格。但金、银价值的变化必然导致商品价格不稳。货币当局便以法律的形式规定了金、银的法定比价，实行双本位制

商品价值的大小要用不同的货币数量来表现，而货币数量的描述需要一个货币单位，一般把每一货币单位所包含的金属重量称为价格标准。价格标准的名称和货币商品的自然单位名称是统一的，如"磅""两"等。

（二）流通手段

作为商品流通的媒介，货币具有流通手段的职能。一手交钱，一手交货，钱货两清是货币发挥流通手段的典型形式，具有三个特征。

（1）作为流通手段的货币必须是现实货币。

（2）货币的实物存在着用符号或信息替代的潜质。在货币不断转手的过程中，仅有货币的象征就够了。（《资本论》第一卷第 148－149 页）。

（3）作为流通手段的货币，使买卖行为不受时间、地域的限制，却受法律保护。

（三）储藏手段

退出流通领域处于闲置状态的货币，发挥储藏手段的职能。货币作为一般等价物，具有和其他一切商品随时随地直接交换的能力，是社会财富的一般代表。因此，谁拥有的货币多，谁对社会财富的支配权就大。

作为储藏手段的货币必须是现实的、足值的货币原物——金或银。从原则上讲，一切货币符号是不能发挥储藏手段职能的。

（四）支付手段

在以信用方式买卖商品的条件下，货币在清偿债务时发挥支付手段的职能。

以信用为基础的商品买卖，使商品的让渡同其价值的实现发生了分离。买卖双方通过定期支付的信用证券建立债权债务关系。由于信用买卖总是在一些经常往来并且互相了解的法人之间进行，所以，债务人往往以自己掌握的"定期支付信用券"代替现金流通。这些能够代替金属货币发挥流通手段和支付手段的信用券就是信用货币。

（五）世界货币

货币在国际金融市场上发挥职能时，是世界货币。

（1）国际的一般支付手段。国际往来的差额，需要以金银支付。

（2）国际的一般购买手段。在国际关系遭到破坏或战争期间，国际的商品买卖需要现实的金银买卖。

（3）财富的一般转移手段。这是当财富的转移不能以普通商品进行时发生的。如某些战争赔款、贷款和资产外逃，都要用现实的金银来实现。

马克思认为，价值尺度与流通手段的统一是货币。只有一种商品成为货币后，它才会成为价值的物化体，作为财富的一般代表才能储藏。货币储藏到一定程度，才能在信用买卖产生的基础上进行支付。世界货币，是在世界经济一体化状态下发挥一般等价物的职能。

二、西方学者总结的货币职能

（一）交易媒介

货币在商品流通中发挥媒介作用。交易媒介职能的发挥首先需要货币将商品的价格表现出来，此时货币是计价单位；商品具有了价格，货币便可充当交易媒介，实现商品交换；如果商品交换中出现延期付款的状况，货币则成为延期支付的手段。因此，货币的交易媒介职能实际包含计价单位、交易媒介、支付手段三个相辅相成的职能。马克思称计价单位职能为价值尺度，称交易媒介职能为流通手段。随着经济的发展，货币作为支付手段的职能也扩展到商品流通之外，在借贷、财政收支、工资发放、租金收取等活动中，货币都发挥着支付手段的职能。

（二）记账单位

货币的记账单位职能是指货币用于衡量经济社会中的价值的职能。货币记账单位职能的发挥，导致需要考虑的价格数量减少，从而减少经济社会中的交易成本。

（三）财富储藏

货币的财富储藏职能是指货币退出流通领域被人们当作社会财富的一般代表保存起来的职能。在金属货币流通条件下，人们直接储藏金银，积累财富。随着信用货币逐渐替代金属货币，人们更多地以持有现金、银行存款的形式储藏财富，但储藏金银的传统并没有完全消失，即使是现在，各国货币已经完全割断了与黄金的直接联系，但人们依然愿意保有一定数量的黄金。与投资实物，购买股票、债券等财富储藏形式相比，储藏货币的最大优势在于它的高安全性，货币资产通常被视为无风险资产。货币形式储藏财富的最大缺点就是收益较低。以现金形式储藏财富时没有任何收益，以银行存款形

经验分享1-2

式储藏财富时收益也很低,特别是在物价持续上涨的通货膨胀时期,持有货币带来的收益甚至低于物价的上涨率,此时人们就会减少货币的持有,转而持有其他形式的资产。

三、不同货币职能表述之间的对应关系(表1-3)

表1-3　不同货币职能表述之间的对应关系

马克思概括的货币职能	其他学派对货币职能的概括
价值尺度	计账单位
流通手段	交易媒介
支付手段	
储藏手段	财富储藏
世界货币	实质上是货币在世界范围内发挥上述职能

即测即练

即测即练1-2

模块1-3　货币制度

知识目标

1. 了解货币制度的基本构成要素。
2. 熟悉货币制度的演变。
3. 掌握我国人民币制度的主要内容。

技能目标

1. 了解货币制度演变的经济基础。
2. 熟悉不兑现的信用制度。
3. 掌握劣币驱逐良币规律。

素质目标

1. 了解我国人民币制度在中国特色社会主义经济运行中的作用。
2. 熟悉人民币制度。
3. 掌握人民币在我国境内流通的法定地位。

建议学时

2 学时。

情境导入

物物交易只有在特定的条件下才会发生，即交易的物品正好是供需双方都需要的。随着交易地域范围的扩大和商品多样性的提升，物物交易达成的概率会越来越低，交易成本会越来越高，这在客观上促进了货币的演化形成。大家思考：货币如何稳定地作为交易媒介呢？

知识储备

一、货币制度的含义及其构成要素

（一）货币制度的含义

货币制度，是指国家对货币的有关要素、货币流通的组织和管理等进行的一系列规定。国家制定货币制度的目的是保证货币和货币流通的稳定，为经济的正常运行提供一个稳定的货币环境。

货币制度是伴随着国家统一铸造金属货币产生的。但早期的货币制度混乱、多变且不完善。16 世纪后，随着工业革命的兴起和资本主义生产方式的确立，以国家为主体的货币制度日益明确和健全，各国货币制度的构成也基本上趋于一致。

（二）货币制度的构成要素

（1）规定货币材料。国家用法令的方式规定用哪种材料充当铸造货币的材料。确定不同的货币材料构成不同的货币本位制，如果国家用法令规定白银作为铸造货币的材料，则这种货币制度就称为银本位制；同理，如果国家规定黄金为货币材料，那么这种货币制度就称为金本位制。

（2）规定货币单位。当货币作为计价单位为商品和劳务标价时，其自身也需

11

要一个可以比较不同货币数量的单位，这就是货币单位。国家对货币单位的规定通常包括规定货币单位的名称和规定货币单位的值。

阅读资料1-7

①规定货币单位的名称。各国法律规定的货币单位名称，习惯上就是该国货币的名称，不同国家同用一个货币单位名称，则在前面加上国家名称，如美元、加元、日元等。我国货币的名称是人民币，主币单位的名称是"元"。

②规定货币单位的值。在金属货币流通条件下，规定货币单位的值就是规定每一货币单位所包含的货币金属重量和成色；当流通中只有不兑现的信用货币，但信用货币尚未与黄金脱离直接关系时，规定货币单位的值主要是规定货币单位的法定含金量；当20世纪70年代中后期货币与黄金完全脱离关系，流通中全部都是不兑现的信用货币时，规定货币单位的值则主要表现为确定或维持本国货币与他国货币或世界主要货币的比价，即汇率。例如，1890年英国法律规定，1英镑的含金量为7.97克；美国在1934年至1971年规定1美元的法定含金量为0.888 671克。

（3）规定流通中货币的种类。流通中的货币有主币和辅币之分。主币又称本位币，是一个国家流通中的基本通货。在现实生活中有许多交易不足1个货币单位，辅币制度由此产生。所谓辅币，是指1个货币单位以下的小面额货币，其面值多为货币单位的1%、5%、10%、50%几种。

（4）规定货币的法定支付能力。国家一般通过法令的形式对流通中各类货币的支付能力进行规定，按照支付能力的不同，可分为无限法偿和有限法偿。无限法偿是指法律保护取得这种能力的货币，不论每次支付数额多大，也不论属于何种性质的支付（购买商品、支付服务、结清债务、缴纳税款等），支付的对方均不得拒绝接收。也就是说，无限法偿货币具有法律规定的无限制偿付能力。通常情况下，主币为无限法偿货币。有限法偿与无限法偿相对，是指在一次支付行为中，超过一定的金额，收款人有权拒收，在法定限额内，拒收则不受法律保护。辅币通常为有限法偿货币。

阅读资料1-8

（5）规定货币的铸造或发行。在金属货币制度下，由于辅币为不足值货币，铸币面值高于铸币金属的实际价值，但铸币按面值在市场中流通，因此铸造辅币可以获得铸币收入。为了避免铸币收入旁落和辅币数量过多，国家规定辅币由国家垄断铸造。主币则或者由国家垄断铸造，或者实行"自由铸造"制度。"自由铸造"制度可以自发地调节流通中的货币量，保持币值、物价的稳定。随着流通中金属铸币日益减少乃至完全退出流通，这种"自由铸造"制度也就不存在了。

"自由铸造"的确切含义是：公民有权把法令规定的金属币材送到国家造币厂，由造币厂代为铸造成金属货币；公民也有权把铸币熔化，还原为金属条块。国家造币厂在替公民铸造货币时只收取很少的费用，甚至不收费。经造币厂铸造货币保证了流通中金属铸币的质量。"自由铸造"的意义体现在它可以使铸币的市场价值与其所包含的金属价值保持一致：如果流通中铸币的数量较多，由此导致铸币的市场价值偏低，人们就会把部分铸币熔化为贵金属退出流通，流通中铸币数量的减少会引起铸币市场价值的回升，直到与其所包含的金属价值相等；反之，人们就会把法定金属币材拿到国家造币厂要求铸造成金属铸币，流通中的铸币数量就会增加，铸币的市场价值随之下降。

信用货币制度实施后，银行券最初是由各个商业银行自主分散发行的。大小不一的银行各自发行自己的银行券，既限制了银行券的流通范围，也难以保证银行券币值的稳定。为了解决银行券分散发行带来的混乱，各国逐渐通过法律将银行券的发行权收归中央银行。在现代不兑现的信用货币制度下，银行券的发行权基本收归中央银行或指定机构，如我国的人民币由国家授权中国人民银行垄断发行。

二、国家货币制度的历史演变

国家货币制度是一国货币主权的体现，其有效范围一般仅限于一国之内。较为规范、完善的国家货币制度是在 16 世纪以后逐渐建立起来的。沿着历史的脉络看，国家货币制度大致经历了银本位制、金银复本位制、金本位制和不兑现的信用货币制度，其中前三类被统称为金属货币制度。金属货币制度的特征见表 1-4。

表 1-4　金属货币制度的特征

特征	银本位制	金银复本位制	金本位制		
			金币本位制	金块本位制	金汇兑本位制
流通币	白银、银币	金币、银币	金币	银行券/金币	国内流通银行券，不流通金币
币材	白银	金、银两种金属	黄金	规定法定含金量	银行券规定有法定含金量
法偿能力	无限	无限	无限	银行券可在一定条件下按官价兑换金块	银行券只能在国内购买外汇，但这些外汇可以在国外兑换黄金
铸造熔化	自由	金、银币自由铸造熔化	金币自由铸造熔化	不再铸造	不铸造金1币

13

续表

特征	银本位制	金银复本位制	金本位制		
			金币本位制	金块本位制	金汇兑本位制
和同时流通的银行券	自由兑换	金银互兑	自由兑换	银行券积累到一定数额按官价兑换金块	银行券不能在国内兑换黄金
出入国境限制	自由输出入	自由输出入	自由输出入		要兑换黄金，只能先兑换成本国在该国存有黄金并与该国货币保持固定汇率国家的外汇，然后再用外汇在该国兑换黄金
流通时段	16—19世纪末	16—18世纪	1880—1914年	1925—1934年	1934—1973年
流通区域	中国	中国、西欧各国	英、比利时、瑞士、法、德、意、俄、日等	英国等	德国、智利、奥地利等

（一）金属货币制度

1. 银本位制

银本位制在16世纪以后开始盛行。到19世纪末期，由于白银的价值不断下降，大宗商品用银币计价和交易越来越不方便，多数国家先后放弃银本位制。

2. 金银复本位制

金银复本位制是16—18世纪资本主义发展初期西欧各国流行的一种国家货币制度。在实行金银复本位制的初期，国家并不规定金、银币之间的兑换比例，两种铸币按其市场实际价值进行兑换，并行流通，这种金银复本位制叫平行本位制。

双本位制是金银复本位制的典型形态，但在这种制度下，出现了"劣币驱逐良币"的现象：两种市场价格不同而法定价格相同的货币同时流通时，铸币材料价值偏高的货币（良币）就会被铸币材料价值偏低的货币（劣币）排斥在流通领域之外，在价值规律的作用下，良币退出流通进入储藏，而劣币充斥市场。这种劣币驱逐良币的规律又被称为"格雷欣法则"。

阅读资料1-9

举例来说，如果国家规定的金银铸币的法定比价为1∶15，但由于供求关系的原因，金银的市场比价为1∶16，则市场价格偏高的金币为良币，因为被储藏而退出流通；同时，市场价格偏低的银币为劣币，则会从储藏而转入流通，充斥市场，此时市场中大量流通银币。

之所以会出现这种现象，是因为此时用良币购买商品很不划算，本来1枚金币按其市场价值可以购买16枚银币的商品，但按法定比价却只能购买15枚银币的商品，任何一个理性的消费者都会用银币来买商品，而将金币储藏起来。随着资本主义经济的进一步发展，这种货币制度越来越不合理，18世纪末至19世纪初，主要资本主义国家先后从金银复本位制过渡到金本位制。

3. 金本位制

最早实行金本位制的是英国。金本位制包括金币本位制、金块本位制和金汇兑本位制三种形态。

金币本位制是一种稳定、有效的货币制度，原因有以下几个方面。

（1）金币的自由铸造制度保证了金币的名义价值与实际价值相一致。

（2）黄金可以自由地输出、输入国境，保证了各国货币兑换比率的稳定性。

（3）在金币本位制下，银行券的发行制度日趋完善，中央银行垄断银行券发行权后，银行券的发行和自由兑换一度得到保证，从而使银行券稳定地代表金币流通。这种状态表现为货币价值较为稳定、物价较为稳定、汇率较为稳定，对经济和国际贸易的发展起到了积极的促进作用，因此金币本位制被认为是一种理想的货币制度。

第一次世界大战期间，各国停止了金币流通和黄金的自由输出入国境，市场中流通的都是银行券，但银行券已经不能兑换成金币，金币本位制不复存在。战争结束后，几个主要的资本主义国家都没有能够恢复金币本位制，英、法等国家实行了金块本位制，德国、意大利等战败国及一些殖民地、半殖民地国家实行了金汇兑本位制。

英国于1925年率先实行金块本位制，规定银行券兑换金块的最低限额是1 700英镑，法国1928年规定至少215万法郎才能兑换金块。

金汇兑本位制又称虚金本位制。金块本位制和金汇兑本位制也没能维持几年，经过1929—1933年世界性的经济危机后，各国都放弃了金本位制，先后实行不兑现的信用货币制度。

（二）不兑现的信用货币制度

不兑现的信用货币制度，是指以不兑换黄金的纸币或银行券为本位币的货币制度。不兑现的纸币一般由中央银行发行，国家法律赋予其无限法偿能力。不兑现的信用货币制度的基本特点如下。

阅读资料1-10

（1）流通中的货币都是信用货币，主要由现金和银行存款组成。

（2）信用货币都是通过金融机构的业务活动投放到流通中。

（3）国家通过中央银行的货币政策操作对信用货币的数量和结构进行管理调控。

三、我国的人民币制度

（一）人民币的诞生

1948 年 12 月 1 日，中国人民银行成立并开始发行人民币，标志着人民币制度的正式建立。人民币发行之初，正值我国物价飞涨之时，因此当时人民币的面额最小是 50 元、最大是 50 万元。随着经济形势的好转和物价的逐渐稳定，中国人民银行于 1955 年 3 月 1 日发行了新版人民币，按 1 : 10 000 的比例对旧版人民币进行了无限制、无差别的兑换，同时建立了主辅币制度。

经验分享1-3

（二）人民币制度的主要内容

人民币制度的主要内容见表 1 – 5。

表 1 – 5　人民币制度的主要内容

内容	特征
人民币是我的法定货币	以人民币支付中华人民共和国境内的一切公共的和私人的债务，任何单位和个人不得拒收。人民币主币的单位是"元"，辅币的单位有"角"和"分"，分、角、元均为十进制
人民币不规定含金量，是不兑现的信用货币	人民币以现金和存款货币两种形式存在，现金由中国人民银行统一印制、发行，存款货币由银行体系通过业务活动进入流通，中国人民银行依法实施货币政策，对人民币总量和结构进行管理与调控
实行以市场供求为基础、参考一篮子货币进行调节的、有管理的浮动汇率制	2005 年 7 月 21 日，人民币汇率不再盯住单一美元，而是按照我国对外经济发展的实际情况，选择若干种主要货币，赋予相应的权重，组成一个货币篮子。同时，根据国内外经济金融形势，以市场供求为基础，参考一篮子货币计算人民币多边汇率指数的变化，对人民币汇率进行管理和调节，维护人民币汇率在合理均衡水平上的基本稳定

即测即练

即测即练1-3

项目小结

本项目系统地介绍了货币形式的演变及形成过程。随着科技的发展，一般等价物的形态表现为从实物媒介体、金属等价物进而形成信用货币的过程。马克思认为，货币在商品经济中发挥着价值尺度、流通手段、储藏手段、支付手段和世界货币的职能，虽然其他学派的归纳不同，但对货币基本职能的认识是一致的。为了给经济的正常运行提供一个稳定的货币环境，国家制定了货币制度。本项目重点介绍了货币制度的内容和人民币制度。

技能训练

一、简答题

1. 什么是货币制度？

2. 什么是"格雷欣法则"？

3. 不兑现信用货币制度的特点是什么？

4. 简述金属货币制度到不兑现的信用货币制度的演变过程。

5. 我国人民币制度的主要内容包括哪些？

二、案例操作

人民币由中国人民银行统一印制发行

《中华人民共和国中国人民银行法》确定了人民币的法律地位：

1. 中华人民共和国的法定货币是人民币。以人民币支付中华人民共和国境内的一切公共的和私人的债务，任何单位和个人不得拒收。

2. 人民币的单位为元，人民币辅币单位为角、分。

3. 人民币由中国人民银行统一印制、发行。中国人民银行发行新版人民币，应当将发行时间、面额、图案、式样、规格予以公告。

4. 禁止伪造、变造人民币。禁止出售、购买伪造、变造的人民币。禁止运输、持有、使用伪造、变造的人民币。禁止故意毁损人民币。禁止在宣传品、出版物或者其他商品上非法使用人民币图样。

5. 任何单位和个人不得印制、发售代币票券，以代替人民币在市场上流通。

6. 残缺、污损的人民币，按照中国人民银行的规定兑换，并由中国人民银行负责收回、销毁。

7. 中国人民银行设立人民币发行库，在其分支机构设立分支库。分支库调拨人民币发行基金，应当按照上级库的调拨命令办理。任何单位和个人不得违反规定，动用发行基金。

项目2 信用与利息

导语

人无信不立，业无信不兴，国无信不强。信用是金融市场的载体和基础，金融市场的运行依靠的是信用制度和信用体系的支撑。本项目的学习内容，就是从支撑商品交换与增值的基本经济现象入手，深刻理解信用与利息的基本原理，并应用基本理论分析金融现象产生的根本动机。

项目摘要

本项目内容是学习信用与利息理论，计划分三个模块讲授：一是信用的含义与作用；二是现代信用形式；三是利息与利率。

思维导图

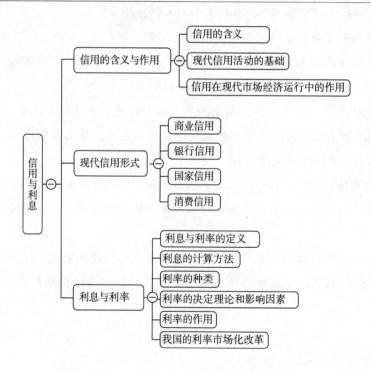

模块 2-1 信用的含义与作用

知识目标

1. 了解信用的含义和特征。
2. 熟悉现代信用活动的基础。
3. 掌握信用形式及其在现代市场经济运行中的作用。

技能目标

1. 了解信用是商品交换的基础。
2. 熟悉信用是一种借贷行为，普遍存在于现代的市场经济运行中。
3. 掌握以信用理论评判各个经济主体之间商品交换及经营活动。

素质目标

1. 了解诚信为本的商品生产和交换理念。
2. 了解信用是商品交换的基础。
3. 掌握信用是中国特色社会主义市场经济的根基。

建议学时

2 学时。

情境导入

在现代社会经济生活中，信用无处不在。去银行申请借款，需要有良好的信用记录；在社交场合，一个人的言行举止也体现出他的信用度。那么，究竟什么是信用呢？简单来说，信用就是一种建立在信任基础上的履约能力，它能够让人们在不了解或不需要了解对方全部信息的情况下，进行某种形式的交易或互助。这种能力基于个人或组织的声誉、历史表现等因素，通过第三方评估机构进行评估，形成信用评级。一个拥有良好信用的人或企业更容易获得合作伙伴的信任和支持，从而在市场竞争中占据优势。例如，一个拥有高信用的人可以更容易地获得贷款、信用卡或其他金融服务；一个拥有高信用的企业则更容易获得供应商的赊销支持、资本市场的融资等资源。在社会生活中，信用同样扮演着重要的角色，例如，一个诚实守信的人在社会交往中更容易获得他人的信任和尊重，而一个缺乏信用的个体则往往会受到社会的排斥和惩罚。接下来，我们将深入学习信用的含义与作用。

一、信用的含义

人们从事社会活动和经济活动所遵守的根本规范就是信用。人在社会活动中应遵守的规范为道德信用，在经济活动中应遵守的规范为经济信用。本模块主要讨论经济信用范畴。

（一）道德范畴中的信用

信，即信任与信用。其内容是：诚信不欺、恪守诺言、忠实地践履自己的许诺或誓言。孔子曾说："民无信不立"，荀子也认为："诚信生神，夸诞生惑"，诚信不欺不仅仅是个人之间正常交往的必要基础，更是企业、国家赖以生存和发展的根本。墨子云："志不强者智不达，言不信者行不果。"所以说，道德范畴中的信用主要是指参与社会活动和经济活动的当事人之间所建立起来的、以诚实守信为道德基础的"践约"行为。这种信用强调的是人与人之间的相互信任、诚实不欺和恪守诺言的品质，是社会交往和经济交易中的重要道德规范。在现代市场经济中，诚信是市场经济持续发展的道德基础。

（二）经济范畴中的信用

经济学意义上的信用是一种借贷行为，是以偿还和付息为条件的、单方面的价值转移，是一种价值运动的特殊形式。因此，偿还性与支付利息是信用活动的基本特征，这个特征体现了信用活动中的等价交换原则。在一般的商品买卖中，买卖双方一手交钱、一手交货，二者进行等价交换，买卖行为完成后，双方不存在任何经济上的权利与义务。与商品买卖不同，在信用活动中，商品或货币的贷方（出让方）在向借方（受让方）让渡自己的商品或货币时，并没有同时从借方获得等额的价值补偿。在这种情况下，贷者之所以还愿意贷出，是因为借者承诺在约定时间内归还本金或货款并支付利息。从这个意义上讲，约期归还并支付利息是等价交换原则在信用活动中的具体体现。在现实的社会经济生活中，有时也会有无利息的借贷，这种特殊情形通常会与某种政治目的或经济目的相联系。

（三）信用的特点

信用具有以下四个特点。

（1）暂时性。信用活动是债权人在一定时期内将一定数量的实物或者货币的使用权暂时让渡给债务人，在信用关系结束后，其所有权和使用权再归于原债权人。

（2）偿还性。信用关系的建立是以还本付息为条件的。商品或货币的使用权暂时让渡是以偿还为先决条件的获取投资，即债务人必须按期归还全部本金和利息。

（3）收益性。信用活动以获取投资收益为目标。债权人让渡资金或实物的使用权是为了获得闲置资金或实物的最大收益，避免资金闲置所造成的浪费和损失。债务人借入资金是为了利用有利的投资机会或避免生产中断，同样也是为了实现投资收益。

（4）风险性。信用的产生建立在借贷双方相互信任的基础上。债权人到期能不能获得投资收益，是不确定的。

（四）两种信用范畴之间的关系

两者最大的区别在于道德范畴信用的非强制性和经济范畴信用的强制性。两者的联系体现在道德范畴信用是经济范畴信用的支撑与基础。如果没有基本的诚信概念，没有借贷双方当事人之间基本的信任，经济运行中就不会有任何借贷行为的发生。信用在道德范畴与经济范畴中的特征见表2-1。

表2-1　信用在道德范畴与经济范畴中的特征

项目	道德范畴中的信用	经济范畴中的信用
定义	通过诚实履行自己的承诺而取得他人的信任	以还本付息为条件的借贷行为
特征	非强制性，依赖于个人或组织的道德观念和责任感	具有强制性，通过法律、合同等约束
表现形式	言行一致，守诺，不欺诈	合同、借贷协议、债务关系
作用范畴	个人品德、组织声誉、社会信任	金融市场、经济活动、国家经济安全
联系	道德范畴的信用为经济范畴的信用提供支撑与基础	经济范畴的信用在某种程度上依赖于道德范畴的信用
区别	道德范畴的信用侧重于个人或组织的道德行为和责任感	经济范畴的信用侧重于金钱和物质利益的交换与保障

二、现代信用活动的基础

经济范畴中的信用作为一种借贷行为，普遍存在于现代的市场经济运行中。因此，现代市场经济被称为信用经济。在现代市场经济中广泛存在着资金盈余单位和资金短缺单位，资金盈余和短缺需要通过信用方式来调剂。

在一个发达的市场经济中，可以看到各类经济行为主体，如居民个人、公司企业和政府部门等，在其日常的经济活动中，总是频繁地进行货币收支。它们中可能有一些是收支相抵、收支平衡，但大多数可能是收大于支或收小于支。如果把所有的经济行为主体都称为企业，那么，货币收入大于支出的企业是盈余企业，货币收入小于支出的企业是资金短缺企业，货币收入等于支出的企业是均衡企业。当现代企业经营活动中广泛地存在着资金盈余和短缺时，通过信用调剂盈余与短缺的必要性就显而易见了。更何况，盈余企业往往不仅拥有债权，也同时负有债务，盈余是债权、债务相抵后的净债权；同样，资金短缺企业通常在负有债务的同时也拥有债权，赤字是债权、债务相抵后的净债务。从这个角度讲，均衡企业也同时拥有债权和债务，只不过债权与债务相等。由此可以看出，现代市场经济中，债权、债务关系普遍存在于各类经济行为主体的现实经济生活中。

宏观经济学把国民经济划分为五个部门，即个人、非金融企业、政府、金融和国外。各部门内部及各部门之间的经济往来交易构成一国的国民经济运行。在一国的国民经济运行中，五个部门之间有着复杂的信用关系。盈余部门（货币资金供给方）与短缺部门（货币资金需求方）间资金余缺调剂可以直接进行，也可以通过金融机构进行。如果货币资金供求双方通过一定的信用工具实现货币资金的互通有无，则这种融资形式被称为直接融资；如果货币资金供求双方以金融机构为中介实现货币资金的相互融通，则这种融资形式被称为间接融资。直接融资与间接融资共同构成微观金融活动。在现代市场经济中，直接融资与间接融资并行发展、相互促进。它们在充分发挥自身优点的同时，也互相突破了各自的局限性。

三、信用在现代市场经济运行中的作用

（一）信用在现代市场经济运行中的积极作用

（1）调剂货币资金余缺，实现资源优化配置。在现代市场经济运行中，经常会出现这种情况，即货币资金盈余者不一定拥有良好的投资项目，或者不一定具有良好的经营管理投资项目的能力，与此同时，拥有良好投资项目的个人或企业又可能缺乏足够的项目启动与运作资金。在这种情况下，信用可以调节双方的资金余缺，既让投资项目得到必要的货币资金额，又让货币资金盈余者通过出让资金获得一定的收益。信用调剂货币资金余缺的过程，也是资金、资源重新配置的过程，伴随着资金流向效益高、具有发展前景的企业和行业，资源也得到了最优化的配置。

（2）动员闲置资金，推动经济增长。一个人、一个小企业手中零星的闲置资金可能微不足道，但信用可以积少成多，将众多这些零星的闲置资金聚集成规模庞大的资金投入生产领域中，从而扩大社会投资规模、增加社会产出、促进经济增长。例如，商业银行的存款业务可以将个人手中小额的货币资金集聚成巨额的信贷资金

贷放给企业进行投资；企业通过向社会公众发行小面额的股票和债券可以聚集规模庞大的货币资金扩张生产。

（二）信用在现代市场经济运行中的消极作用

如果对信用利用不当，信用规模过度扩张，也会产生并聚集信用风险，进而威胁社会经济生活的正常运行。

信用风险是指债务人因各种原因未能及时、足额偿还债务本息而出现违约的可能性。只要有信用活动，就会有信用风险。现代市场经济是一种信用经济，信用关系已经成为现代社会最普遍、最基本的经济关系，各类经济行为主体之间债权债务交错，形成了错综复杂的债权债务链条，这个链条上有一个环节断裂，就会引发连锁反应，对整个社会的信用关系造成重大的危害。

信用风险爆发前必然有一个风险积累的过程，现代信用的普及往往容易造成信用过度，一旦经济主体借贷负担过重，信用风险就会增加，一个偶然的事件也有可能造成拖欠或违约，并引发连锁反应。杠杆率是衡量债务人负债风险的重要指标，是资产负债表中权益资本与总资产的比率。一般来说，杠杆率越高，信用风险越小，通过分析不同经济主体的杠杆率可以判断其信用风险的大小。

经验分享2-1

即测即练

即测即练2-1

模块 2-2 现代信用形式

知识目标

1. 了解各类信用形式的作用。

2. 熟悉各类信用形式并存的经济现状。

3. 掌握各种信用形式的概念及特征。

技能目标

1. 了解各种信用的表现形式。
2. 熟悉各类信用的操作逻辑。
3. 掌握商业信用与银行信用的关系。

素质目标

1. 了解现代市场经济关系中，信用的表现形式。
2. 熟悉市场经济关系中的信用规则。
3. 掌握全面、正确的职业道德和信用观。

建议学时

2 学时。

情境导入

随着社会经济的发展，现代信用形式呈现出多样化和复杂化的特点。我们生活在一个高度发达的金融体系中，信用的表现和应用也更加丰富和深入。不论是传统的银行信贷，还是现代的第三方支付、P2P（点对点）网络借贷，以及数字货币等新兴金融业态，都离不开信用的支撑和推动。在这个数字化的时代，信用不仅关乎我们的经济活动，更是影响着我们的生活方式。比如，在一个寒冷的冬日，张先生手机上的支付 App 显示，家里的暖气费不足，需要立即充值。他选择了通过第三方支付平台进行充值。由于张先生一直保持着良好的支付记录，平台给予他一定的信用额度。他利用这个额度，快速完成了暖气费的充值，家里很快暖和起来。这个简单的场景中，现代信用形式发挥了关键作用。

知识储备

信用有不同的存在形式。按照不同的标准，可以将信用划分为不同的种类。如按期限，信用可分为短期信用、中期信用和长期信用。短期信用的借贷期限通常在 1 年以内，中期信用的借贷期限大都在 1～10 年，10 年以上的借贷关系体现为长期信用。按地域，信用可分为国内信用和国际信用。国内信用是指本国居民之间的借贷活动；国际信用则是指跨国的借贷活动，即债权人和债务人不是同一个国家的居民。按信用参与主体，信用可分为商业信用、银行信用、国家信用和消费信用。

一、商业信用

（一）商业信用的含义

商业信用是指企业以赊销或预付货款等形式相互提供的信用。赊销和预付货款是商业信用的两种基本形式。生产企业所生产的商品需要销售商进行销售，当销售商缺少购买商品所需要的资金时，生产企业可以采取赊销方式，即先将商品赊销给销售商，双方约定一定时期（比如3个月）后，该销售商向生产企业归还赊销的货款。如果生产企业生产的是畅销的商品，该生产企业可以要求商品的销售商预付一定比例的货款，用以扩大自己的生产规模、提升生产能力。在现实的经济生活中，赊销和预付货款是企业间经常发生的信用行为，它们是构成现代信用关系的基础。

商业信用活动包含两个同时发生的经济行为：商品买卖行为与货币借贷行为。以商品赊销为例，生产企业向销售商提供商业信用，这既表示生产企业向销售商卖出了自己的产品，两者发生了商品买卖行为；也意味着销售商赊欠了生产企业一定货币金额的货款，两者发生了相应的债权债务关系。就买卖行为来说，在发生商业信用之时就已完成，商品的所有权由生产企业转移给了销售商，如同现款交易一样。而此后，生产企业与销售商之间只存在相应货币金额的债权债务关系，而且这种关系不会因为销售者通过赊销方式购入的商品能否顺利销售而有任何变化。

（二）商业信用的积极作用与局限性

商业信用是现代经济中最基本的信用形式之一，不仅广泛地存在于国内交易中，也大量地存在于国际贸易往来中。商业信用的良性发展，对一国商品的生产和流通有着重要的促进作用。商业信用的发展程度和运行状况直接影响一国商品经济的运行。

（1）商业信用在企业经营和宏观经济活动中的积极作用：①促进商业合作。商业信用使得企业在与其他企业合作时更容易建立起互信关系。这种互信可以降低合作风险，加强合作双方的信任，从而推动商业合作的顺利进行。②增加销售机会。具有良好商业信用的企业，往往能够吸引更多新客户和合作伙伴的关注，从而增加销售机会。③获得更灵活的贷款和融资机会。有良好商业信用的企业，在申请贷款和融资时更容易得到批准。此外，商业信用还有助于企业向供应商或其他金融机构申请信用担保或保理服务，提高企业的融资灵活性和资金使用效率。④降低交易风险。商业信用能够有效降低企业的交易风险。具有良好商业信用的企业，在市场上通常以公正、诚信和稳定的形象出现，这有助于减小交易中的不确定性和风险。⑤提升企业声誉与品牌价值。商业信用对企业的声誉和品牌价值有着重要影响。具有良好商业信用的企业往往被视为具有诚信和稳定性的企业，这有助于提升企业的形象和声誉，进而增加其品牌价值。总的来说，商业信用在企业经营和宏观经济活动中发挥着重要作用，它不仅能够促进商业合作和销售，还能帮助企业获得更灵活的融资机会，降低交易风险，并提升企业的声誉和品牌价值。

（2）商业信用在现代企业经营中的局限性：①商业信用存在规模上的局限性。商业信用是企业间买卖商品时发生的信用，以商品买卖为基础，因而，其规模会受商品买卖数量的限制，而且生产企业也不可能超出所售商品数量向对方提供商业信用，这决定了商业信用在规模上的界限。②商业信用存在方向上的局限性。商业信用通常是由上游企业提供给下游企业，如原材料企业向加工企业提供，生产企业向销售企业提供，批发企业向零售企业提供，很难逆向提供，而在那些没有买卖关系的企业间，则更不容易发生商业信用。③商业信用存在期限上的局限性。商业信用的期限一般较短，会受到企业生产周转时间的限制，通常只能用来满足短期资金融通的需要。

（三）商业票据

商业信用必然会产生买卖双方的债权债务关系，在信用制度发达的条件下，商业信用中的权利和义务是通过商业票据确定的。商业票据是在商业信用中被广泛使用的，是表明买卖双方债权债务关系的凭证。商业票据的使用通常以一国颁布的票据法为保证。商业票据一经生效，商业信用活动中的债权人和债务人就成为受商业票据内容约束的票据关系人，各自的权利和义务随之确定。

商业票据是商业交易中常见的一种支付工具，主要包括：①商业汇票，是一种命令式票据，通常由商业信用活动中的卖方对买方或买方委托的付款银行签发，要求买方于规定日期支付货款。商业汇票必须提交债务人承诺在汇票到期日支付汇票金额的手续后才能生效，这种承诺支付的手续称为承兑。由商人自己承兑的汇票叫作商业承兑汇票，由银行承兑的汇票叫作银行承兑汇票。简单地说，商业汇票就是一种由出票人（付款人）向收款人承诺支付一定金额的票据。商业汇票可以分为定期汇票（在未来某个特定日期或期限支付）和到期汇票（在指定日期支付）两种。②商业本票，是一种承诺式票据，通常是由债务人签发给债权人承诺在一定时期内无条件支付款项给收款人或持票人的债务证书。商业本票一经签发即可生效，无须承兑手续。简单地说，商业本票是由付款人向收款人开出的，要求在一定日期或条件下支付一定金额的票据。商业本票通常用于国际贸易中，可以分为即期本票和远期本票。③支票，是由银行客户向银行发出的书面命令，要求银行支付一定金额给特定收款人的票据。需要注意的是，债券和存单虽然也属于金融票据，但它们并不被包含在商业票据的分类中。债券是一种具有固定利率的债务工具，发行者承诺在未来支付利息并偿还借款本金。而存单则是银行发行的一种存款凭证，存款人存入一定金额资金并在一定期限后取回本金和利息。总的来说，商业票据是商业交易中重要的支付工具，它们有助于促进交易的顺利进行，并为商家和消费者提供了一种安全、方便的支付方式。

（四）我国商业信用的发展

新中国成立初期，商业信用在我国企业融资活动中广泛存在。据统计，1953—1954 年我国商业信用的规模占企业流动资金的 10%～20%。但随着"一五"期间我国高度集中的计划经济管理体制的逐步确立，国家实施了禁止商业信用的政策。改革开放后，我国的商业信用逐步得到恢复，银行也开始对商业信用的发展给予支持。1981 年，为了较快销售积压物资，我国正式允许赊销、分期付款等商业信用合法存在。中国人民银行于 1984 年发布了《商业汇票承兑、贴现暂行办法》，决定于 1985 年 4 月在全国推广。1995 年《中华人民共和国票据法》的出台，为商业信用的发展提供了法律依据，促进了商业信用规范化、票据化的发展。2000 年之后，银行承兑汇票的签发呈现出快速增长趋势，表明我国企业开始越来越多地利用商业信用进行短期融资。

阅读资料2-1

二、银行信用

（一）银行信用的含义与特点

银行信用是银行或其他金融机构以货币形式提供的间接信用。银行信用是伴随现代银行的产生，在商业信用基础上发展起来的。与作为直接融资范畴的商业信用不同，银行信用属于间接融资的范畴，银行在其中扮演着信用中介的角色。与其他信用形式相比，银行信用具有三个显著的特点。

（1）银行信用的货币资金来源于社会部门暂时闲置的货币资金，银行通过吸收存款的方式将其积聚为巨额的可贷资金，又通过贷款的方式将其贷放给货币资金的需求方，银行在其中发挥信用中介的职能。

（2）银行信用是以货币形态提供的，而货币是一般的购买手段，可以与其他任何商品交换，因此银行信用可以独立于商品买卖活动，具有广泛的授信对象。

（3）银行信用提供的存贷款方式具有相对的灵活性，期限可长可短，数量可大可小，可以满足存贷款人在数量和期限上的多样化需求。

（二）银行信用与商业信用的关系

1. 银行信用是在商业信用广泛发展的基础上产生、发展起来的

商业信用先于银行信用产生，但其局限性使其难以满足资本主义社会化大生产的需要，于是银行信用就在商业信用广泛发展的基础上产生了。在银行信用发展的初期，银行通过办理商业票据贴现和抵押贷款、为商业汇票提供承兑服务等业务将商业信用转变为银行信用。在银行信用的发展过程中，越来越多的银行业务独立于商业信用，但票据贴现和抵押贷款、对商业汇票进行承兑依然是现代银行重要的业务。

2. 银行信用打破了商业信用的局限性

银行信用以货币形式提供的间接信用特征使其打破了商业信用在规模、方向和期限上的局限性。①在货币资金提供规模方面，银行通过吸收存款汇集成的巨额货币资金，不仅能够满足资金需求者小额货币资金的需求，也能够满足其大额货币资金的需要。②在货币资金提供方向方面，由于银行信用是以货币资金的形式提供的信用，而货币资金是没有方向限制的，所有拥有闲余货币资金的主体都能够将其存入银行，所有需要货币资金的企业只要符合信贷条件都可以获得银行的贷款支持。以银行为中介，资金供求双方被联系起来，它们完全不必受商业信用中上下游关系的限制。③在货币资金提供期限方面，银行吸收的存款既有长期的，也有短期的。按照期限匹配的原则，吸收的短期存款可以用于发放短期贷款，吸收的长期存款可以用来发放长期贷款。在银行正常的经营过程中，所有存款人不可能同时到银行提取存款，这样就会沉淀下一笔数额巨大的可供银行长期使用的货币资金用于长期的贷放。正是由于银行信用打破商业信用固有的局限性，它才成为现代经济中最基本、占主导地位的信用形式。

3. 银行信用的出现进一步促进了商业信用的发展

银行信用与商业信用之间是并存而非替代关系。银行信用打破了商业信用的局限性，但银行信用的产生与发展并不会取代商业信用，相反，银行信用的良好发展会促进商业信用的进一步发展。基于商业信用而产生的商业票据都具有一定的期限性，当商业票据没有到期而持票人又急需货币资金时，持票人可以到银行办理票据贴现或票据抵押，及时取得急需的货币资金。由此可见，银行办理的票据贴现、票据抵押贷款业务增强了商业票据的流动性，解除了商业信用提供者需要资金的后顾之忧，从而促进商业信用的进一步发展。

（三）我国银行信用的发展

长期以来，银行信用在我国一直居于主导地位。在高度集中的计划经济体制时期，为了集中资金的支配权，我国禁止了其他信用形式的存在，将信用集中于银行。银行信用成为当时经济运行中唯一的信用形式。改革开放以后，其他各种信用形式相继恢复和发展，在国民经济运行中发挥越来越重要的作用。但从总体而言，银行信用仍然是我国最主要的信用形式。

三、国家信用

（一）国家信用的含义

国家信用是以政府作为债权人或者债务人的信用。在现代经济社会中，国家通常会通过建立政策性金融机构对需要扶植的产业提供资金支持，政府不再作为行为主体直接向这些产业提供国家信用。目前的国家信用主要表现为政府作为债务人而形成的负债，俗称"内债"。在政府履行经济职能的过程中，当财政收入无法满足财政支出的需要时，政府就需要借助国家信用来筹集资金，特别是当政府通过财政政策干预经济时，它通常会主动利用国家信用筹集资金。

（二）国家信用工具

目前，国家信用工具主要包括中央政府债券、地方政府债券和政府担保债券三种。

中央政府债券也称国债，是一国中央政府为弥补财政赤字或筹措建设资金而发行的债券。根据期限的不同，国债可分为短期国债、中期国债和长期国债。短期国债又称国库券，是指期限在 1 年或 1 年以内的国债。中央政府发行国库券的主要目的是调节预算年度内财政收支临时性出现的不平衡。中期国债的期限通常为 1～10 年，长期国债的期限通常为 10～20 年。国债是安全性很高的债券，基本不存在违约风险，因此，国债又有"金边债券"之称。

地方政府债券的发行主体是地方政府，也称市政债券。市政债券有两种：一般责任债券和收益债券。一般责任债券没有特定的资产来源为该债券提供担保，地方政府许诺利用各种可能的收入来源，如税收、行政规费等清偿债券。在美国，许多一般责任债券必须经过纳税人的同意才能发行。一般责任债券的期限非常广泛，从 1 年到 30 年不等。与一般责任债券不同，收益债券有特定的盈利项目做保证，通常以某一特定工程或某种特定业务的收入作为偿债资金的来源。例如，发行收益债券可以修建收费的桥梁，所收过桥费可以保证清偿债券。如果特定项目的收入不足以偿还债券本息，则债券的购买者可能因债券的违约而蒙受损失。收益债券的期限通常与特定工程项目或者业务的期限密切相关。市政债券的利息所得通常享有免缴地方所得税的优惠。

政府担保债券是指政府作为担保人而由其他主体发行的债券。政府担保的主体通常是政府所属的企业或者与政府相关的部门。政府担保债券的信用等级仅次于中央政府债券，因为其发行人一旦失去偿还能力，则由中央政府代其偿还债券的本息。其利率水平一般与地方政府债券相当，但不享受利息免税的优惠。在美国，政府机构债券就属于政府担保债券。如美国联邦国民抵押协会、政府国民抵押协会、联邦住房抵押贷款公司三个中介机构发行的债券就属于政府机构债券而享有中央政府的担保。在 2007 年开始的美国次贷危机中，政府接管抵押贷款巨头房利美和房地美（简称"两房"）后，投资者持有的"两房"债券由于拥有中央政府的全额担保，也因此而转变成了政府担保债券。

（三）我国国家信用的发展

新中国成立初期，政府曾经发行"人民胜利折实公债""国家经济建设公债"等，筹集资金主要用于恢复和发展国民经济、稳定市场，这一时期发行的国债在 1968 年全部还清。此后直到 1981 年，我国再没有发行过国债，主要原因有：①在思想上认为社会主义国家应该既无内债也无外债，这是社会主义优越性的体现。②理论上认为国家财政收支应该平衡，且略有结余。改革开放后，为推动经济发展，政府采用了投资拉动型经济增长方式，政府投资作为总投资的重要组成部分，在财政收入不足的情况下，需借助发行国债的方式为政府投资筹集资金，于是，1981 年恢复国债的发行，至 2021 年年末，我国政府债务余额为 53.06 万亿元，其中中央财政国债余额 22.59 万亿元、地方政府债务余额 30.47 万亿元。国家信用已经成为我国重要的信用形式之一，在国民经济发展调节中发挥着重要的作用。

四、消费信用

（一）消费信用的定义与形式

消费信用是工商企业、银行和其他金融机构向消费者个人提供的、用于其消费支出的一种信用形式。消费信用的产生与发展是社会生产发展和人们消费结构变化的客观要求。伴随着生产力的发展、生活水平的提高，人们的消费结构发生了相应的变化，耐用消费品、住房等价格较高的商品逐步进入居民生活必需品的行列。对于当前财富积累水平或收入水平不高的居民和家庭而言，往往很难在短期内靠自身的收入购买住房和耐用消费品，于是，消费信用应运而生。现代消费信用于 18、19 世纪在西方国家兴起，发展迅速，逐渐成为西方发达国家消费者重要的消费方式之一。赊销、分期付款、消费信贷是消费信用的典型形式。

（1）赊销。赊销是工商企业对消费者个人以商品赊销的方式提供的短期信用，即工商企业以延期付款的方式销售商品，到期后消费者一次付清货款。在西方发达国家，对一般的消费信用多通过信用卡发放，即由银行或其他信用卡发行机构向其客户发行信用卡，消费者凭信用卡在信用额度内购买商品或做其他支付，也可以在一定额度内提现。向客户提供商品或者服务的商户在每天营业终了时向发卡机构索偿款项，发卡机构再与持卡人定期结算清偿。

（2）分期付款。分期付款是指消费者购买消费品时只需支付一部分货款，然后按合同条款分期支付其余货款的本金和利息。

（3）消费信贷。消费信贷是银行及其他金融机构采用信用放款或抵押放款方式对消费者个人发放的贷款。消费贷款的期限一般比较长，最长可达30年。

（二）消费信用的作用

如果没有消费信用，住房和耐用消费品的销售量会因消费者的购买能力不足而降低，从而影响这些行业与企业的发展；对于消费者个人来说，他也不能提前消费住房和耐用消费品这些对其生活质量有着重要影响的商品。

（1）消费信用的积极作用。①消费信用的正常发展有利于促进消费品的生产与销售，有利于增加一定时期内一国的消费需求总量，从而促进一国的经济增长。②消费信用的发展为消费者个人提供了将未来的预期收入用于当前消费的有效途径，使其实现了跨时消费选择，提升了消费者的生活质量及其效用总水平。③消费信用的正常发展有利于促进新技术、新产品的推销以及产品的更新换代。

（2）消费信用的消极作用。①消费信用的过度发展会掩盖消费品的供求矛盾。对一些生产本已过剩的消费品来说，过度的消费信用有可能导致虚假需求的产生，向生产者传递错误信息，致使这些本已过剩的消费品继续盲目生产与发展，导致更严重的产能过剩和产品的大量积压，浪费生产资源；对于需求旺盛、生产能力扩张有限的消费品，过度发展的消费信用则会加剧市场的供求矛盾，引起价格的上升，从而加大通货膨胀的压力。②由于消费信用是对未来购买力的预支，在延期付款的诱惑下，如果消费者对自己未来预期收入判断失误，过度负债进行消费，就会债务负担过重，导致其生活水平下降，甚而引发一系列的连锁反应，危及社会经济生活的安全。

（三）消费信用在我国的发展

商业银行的消费信贷是我国消费信用的主要形式。为配合居民住房管理体制改革，1996年，中国人民银行开始允许各国有商业银行办理个人住房贷款，个人消费信贷起步。1998年以来，为了扩大消费需求，中国人民银行陆续出台了一系列促进消费信贷的政策，如发布《个人住房贷款管理办法》，允许所有商业银行开办个人住房贷款业务；发布《关于加大住房信贷投入，支持住宅建设和消费的通知》；推出《汽车消费贷款管理办法》，并确定首先在四大国有商业银行试点开办；1999 年 2 月，发布《关于开展个人消费信贷的指导意见》，提出把消费信贷作为新的增长点，要求各商业银行积极开办各种消费信贷业务，并将住房、汽车等消费贷款的最高限额由消费品价值的 70% 提高到 80%；1999 年 9 月，又将个人住房贷款的最长期限由 20 年延长到 30 年，并将贷款利率降低到同期法定贷款利率以下。这些政策的出台，大大促进了消费信贷业务的发展，消费信贷规模从 1997 年的 172 亿元发展到 2021 年的 54.88 万亿元。消费信贷的种类也不断增加，有个人短期信用贷款、个人综合消费贷款、个人旅游贷款、助学贷款、个人汽车贷款、个人住房贷款等。其中，个人住房贷款和个人汽车贷款是两种最主要的形式。消费信贷的快速增长对提高居民的消费水平、刺激消费、扩大内需发挥了重要的促进作用。但在快速增长的同时，消费信贷的风险也开始逐渐暴露，根据中国人民银行 2022 年 4 月 2 日发布的《2021 年支付体系运行总体情况》，截至 2021 年年末，信用卡逾期半年未偿信贷总额为 10 860.39 亿元，占信用卡应偿信贷余额的 1%。伴随着我国经济增长方式的转型，消费在拉动我国经济增长方面将发挥越来越重要的作用，这为我国消费信用的发展提供了广阔的发展空间。但在发展的同时，一定要注重风险的防控，要加快个人信用体系的建设。

经验分享2-2

即测即练

即测即练2-2

模块 2-3　利息与利率

知识目标

1. 了解利息与利率的概念及作用。

2. 熟悉影响和决定利率的因素。

3. 掌握利息、利率的种类。

技能目标

1. 了解利率变动对经济决策的影响。
2. 熟悉利率变动的原因并预测市场利率变动的趋势。
3. 掌握利息计算基础方法。

素质目标

1. 了解利息的形成与增值过程。
2. 熟悉资本与收益的关系。
3. 掌握并树立正确的社会主义义利观。

建议学时

2 学时。

情境导入

李先生一直有一个梦想，那就是拥有一家属于自己的咖啡店。经过几年的努力工作和储蓄，他终于存够了开一家小咖啡店所需的资金。然而，他发现自己的储蓄虽然足够开店，但要想维持店铺的日常运营和不断扩大规模，还需要更多的资金。于是，李先生决定向银行申请借款。在和银行经理洽谈时，银行经理告诉他，贷款需要支付利息，而利率决定了利息的高低。李先生开始研究利息和利率的相关知识，逐渐明白了如何利用利率的变化来降低借款成本，如何合理规划现金流以避免违约风险。最终，李先生的咖啡店不仅顺利开业，而且经营得非常红火。他的财务规划能力也得到了银行和其他投资者的认可，为他带来了更多的融资机会。通过这个故事，我们可以看到利息和利率在个人理财与商业理财中的重要作用。了解这些概念并掌握相关的财务技巧，能够帮助我们更好地管理资金、降低成本、实现财务目标。

知识储备

一、利息与利率的定义

（一）利息的定义

货币的时间价值，是指同等金额的货币现在的价值要大于其未来的价值。利息就是货币的时间价值的体现。货币的时间价值来源于对现在消费推迟的时间补偿。

马克思认为:"贷出者和借入者都是把同一货币额作为资本支出的。但它只有在后者手中才执行资本的职能。同一货币额作为资本对两个人来说取得了双重的存在,这并不会使利润增加一倍。它所以能对双方都作为资本执行职能,是由于利润的分割,其中归贷出者的部分叫作利息。"由此可见,利息来源于再生产过程,是生产者使用借入资金发挥营运职能而形成的利润的一部分。

(二)利率的定义及表示方法

利率又称利息率,是指借贷期内所形成的利息额与所贷资金额的比率,利率是衡量利息高低的指标或者说利率是资本的价格。

利率按计息单位时间不同,分为年利率、月利率和日利率。年利率是指以年为时间单位计算利息时的利率,通常用%表示。例如,100元本金,借贷时间1年,获得5元利息,则年利率为5%;借贷时间2年,获得10元利息,则年利率仍为5%。月利率是指以月为时间单位计算利息时的利率,通常用‰表示。例如,1 000元本金,借贷时间1个月,获得10元利息,则月利率为10‰;借贷时间2个月,共获得10元利息,则月利率为5‰。日利率是指以天为时间单位计算利息时的利率,通常用‱表示。例如,10 000元本金,借贷时间1天,获得10元利息,则日利率为10‱或1‰;借贷时间2天,共获得10元利息,则日利率为0.5‰或5‱。它们之间的关系是

$$月利率 = 年利率 \div 12$$

$$日利率 = 月利率 \div 30$$

习惯上,我国将年利率、月利率和日利率统称为"厘",但是不同借贷时间限定下的"厘"代表的含义不同,如年利率1厘代表1%,月利率1厘代表1‰,日利率1厘代表1‱。月利率和日利率通常在资金额度很大或有专门规定的情况下使用。

二、利息的计算方法

(一)单利法

单利法是指仅以本金计算利息而对利息不再计息的方法。利息的计算公式为

$$I = P \times R \times n$$

本利和的计算公式为

$$S = P + I = P(1 + R \times n)$$

式中,I 为利息;P 为本金;R 为和期限 n 相匹配的利率;n 为期限;S 为本利和。

正确计算利息必须使利率与期限相匹配。例如,计算利息时使用年利率,一定要把期限换算成用年表示的时间。

（二）复利法

复利法是指把上期利息转为下期本金一并计息的方法。计算复利的利息，首先要计算本利和，然后扣除本金，得出利息。

本利和的计算公式为

$$S = P(1 + R)^n$$

利息的计算公式为

$$I = S - P$$

式中，I 为利息；P 为本金；R 为和期限 n 相匹配的利率；n 为期限；S 为本利和。用单利法计算利息直观、简单。在本金相同、期限相同、利率相同的情况下，单利法计算出的利息少于复利法计算出的利息。用复利法计算利息，有利于树立资金的时间观念。

三、利率的种类

（一）基准利率

基准利率是指在多种利率并存的条件下起决定作用的利率。所谓决定作用，是指这种利率发生变动，其他利率会随之发生相应的变动。

基准利率的概念通常有两种用法：①市场基准利率，即通过市场机制形成的无风险利率。无风险利率，是指这种利率仅反映货币的时间价值，即仅反映市场中货币资金的供求关系，不包含对任何风险因素的补偿。在现实经济生活中，不存在绝对无风险的投资，基于此，通常选用安全性较高、风险性较低的货币市场利率作为无风险利率的代表。例如，国债利率、同业拆放利率等。市场基准利率是各类信用工具利率定价的基础。经济学中有一个基本规律：承担高风险，索取高收益。任何风险的承担都以索取风险报酬（亦称风险溢价）为前提，因此，在无风险利率的基础上，各种信用工具依据自身的风险程度提供相应的风险溢价，确定自身的利率水平。也正是相对于千差万别的风险溢价，无风险利率才成为"基准利率"。②中央银行确定的官定利率。其在西方国家通常是中央银行再贴现利率，在我国主要是中国人民银行规定的金融机构的存贷款利率和对各金融机构的贷款利率。中央银行通过调整基准利率，引导市场中其他利率发生相应变动，发挥调控功能。

（二）市场利率、官定利率和行业利率

按决定方式，利率可分为市场利率、官定利率和行业利率。由货币资金的供求关系直接决定并由借贷双方自由议定的利率是市场利率。市场利率按照市场规律而

自由变动。由一国政府金融管理部门或中央银行确定的利率是官定利率，官定利率是政府调控宏观经济的一种政策手段。由非政府部门的民间金融组织，如银行公会、银行业协会等，为了维护公平竞争所确定的利率是行业利率，行业利率对其行业成员具有一定的约束性。官定利率和行业利率在一定程度上反映了非市场的强制力量对利率形成的干预。

（三）固定利率与浮动利率

按借贷期限内是否调整利率，利率可分为固定利率和浮动利率。固定利率是指在整个借贷期限内不随市场上货币资金供求状况的变化而相应调整的利率。与此相反，浮动利率则是指在借贷期内会根据市场上货币资金供求状况的变化情况而定期进行调整的利率。一般来说，固定利率适用于短期借贷，浮动利率适用于长期借贷，国际金融市场上3年以上的资金借贷通常都采用浮动利率。这是因为固定利率只要双方协定就不能单方变更，在较长的时间段内，市场上借贷资金的供求状况可能会发生变化，固定利率会使借贷双方承担利率波动的风险；浮动利率虽然较好地为借贷双方避免了利率风险，但与固定利率相比，它却因手续复杂、计算依据多样而增加费用开支。需要说明的是，在实行利率管制的国家，中央银行允许以官定利率为基准在规定范围内上下浮动的利率通常也叫浮动利率，但其实际上是指官定利率的浮动区间，与国际上通用的浮动利率是有区别的。

（四）实际利率与名义利率

在货币借贷过程中，债权人不仅要承担债务人到期无法归还本金的信用风险，还要承担货币贬值的通货膨胀风险。实际利率与名义利率的划分，正是从这一角度进行的。实际利率是指在物价和货币的实际购买力不变条件下的利率；名义利率则是包含通货膨胀因素的利率。用公式表示实际利率与名义利率的关系为

$$R = I + P$$

式中，R 为名义利率；I 为实际利率；P 为借贷期内物价水平的变动率。

在现实的经济生活中，实际利率代表着人们获得的真实投资收益，因此实际利率对经济活动发挥实质性影响。例如，银行在年初向你发放一笔年利率为6%、数额为10 000元的1年期贷款，如果这一年的通货膨胀率为3%，那么，在年底你偿还这笔贷款的时候，虽然你支付了6%的利息，但银行收回的10 000元的本金因通货膨胀的发生而出现了贬值，其购买能力仅相当于年初的9 700元，本金损失率3%，银行虽然额外获得了6%的利息，但剔除3%的通胀率，其实际获得的利息收益仅为3%，本息合计后，购买力增量为零。由此可以看出，实际利率越低，借款

人愿意借入资金的意愿越强，贷款人愿意贷出资金的意愿越弱。

根据实际利率的计算公式，实际利率存在三种情况：当名义利率高于通货膨胀率时，实际利率为正利率；当名义利率等于通货膨胀率时，实际利率为零；当名义利率低于通货膨胀率时，实际利率为负利率。在不同的实际利率状况下，借贷双方和企业会有不同的经济行为。

四、利率的决定理论和影响因素

（一）利率决定理论

利率决定理论是西方金融理论中非常重要的一项内容。其重要性来源于利率的作用，因为利率在宏微观经济运行中有着重要的调节作用，所以才会有众多的经济学家对其决定因素进行研究，期望能够判断或通过政策操作影响利率的走势，进而达到调控经济的目的。

1. 马克思的利率决定理论

马克思提出，利息是贷出资本的资本家从借入资本的资本家那里分割来的一部分剩余价值，而利润是剩余价值的转化形式。利息的这种质的规定性决定了它的量的规定性：利息量的多少取决于利润总额，利率取决于平均利润率。马克思认为，利息只能是利润的一部分，因此，利润本身就成为利息的最高界限，平均利润率则成为利率的上限。利率的下限应该是大于零的正数，因为如果利率为零，那么有资本而未营运的资本家就不会把资本贷出。因此，利率总是在零和平均利润率之间波动。马克思进一步指出，在零和平均利润率之间，利率的高低主要取决于借贷双方的竞争。一般来说，如果资本的供给大于资本的需求，利率会较低；反之，利率则会较高。

2. 其他西方利率决定理论

西方经济学家的利率决定理论主要从供求关系着眼，它们都认为利率是由供求均衡点所决定的。它们之间的主要分歧在于是什么供求关系决定利率。①传统利率决定理论。传统利率理论也被称为实际利率理论。这种理论强调非货币的实际因素在利率决定中的作用，认为储蓄和投资是决定利率的两个重要因素。该理论认为，储蓄形成资本的供给，投资形成资本的需求，正如商品的价格是由商品的供求决定一样，资本的价格或使用资本报酬——利率则是由资本的供给（储蓄）和资本需求（投资）两者之间的均衡所决定的。通常情况下，当投资大于储蓄时，资本供不应求，利率会上升；相反，当储蓄大于投资时，资本供过于求，利率会下降。②约翰·梅纳德·凯恩斯（John Maynard Keynes）的利率决定理论。凯恩斯强调货币因素在利率决定中的作用，认为利率决定于货币供给与货币需求数量的对比。凯恩斯提出，货币供给量多少取决于中央银行的货币政策，是政策决定的一个变量；货币需求量主要取决于人们对货币流动性的偏好，如果人们偏好货币的流动性，就愿意持有更多的货币，货币需求增加；反之，货币需求就会减少。当货币需求大于货币供给时，利率上升；相反，当货币需求小于货币供给时，利率下降。③可贷资金论。可贷资金论将传统利率理论和凯恩斯的利率决定理论结合起来，提出利率是由可贷资金的供给和需求决定的。可贷资金的供给包括某一期间的储蓄量和该期间货币供给量的变动额，可贷资金的需求包括同一期间的投资量和该期间货币需求量的变化额，储蓄、投资、货币供给、货币需求任一因素的变动都会引起利率的波动。

（二）影响利率变化的其他因素

利率决定理论探讨的是决定利率水平的根本性因素，由此形成的利率即为市场无风险利率，它真实地反映出市场中的资金供求关系。除了这些决定性因素之外，还有许多其他的因素影响着现实中的利率水平。

1. 风险因素

现实经济生活中，风险无处不在，违约风险、流动性风险、政策变动风险等是每一个债权人不得不面对与承担的。风险承担与风险补偿相对应，因此，风险是影响利率水平的一个十分重要的因素。如果债务人的违约风险低，他需要在市场无风险利率基础上添加的违约风险补偿也低，则他支付的利率水平较低；相反，如果债务人的违约风险较高，则他需要支付较高的违约风险补偿，其融入资金的利率成本就会相应提高。同理，如果一个债务人在市场上发行的信用工具具有较差的流动性，即具有较差的变现性，则他需要为此信用工具支付较高的利率；反则反之。如果政府对债权人获得的利息收益征收较高的税率，则债权人要求的税前利率水平就较高；相反，如果政府降低对利息收益征收的税率水平，则税前利率水平也会相应降低等。

2. 通货膨胀因素

伴随通货膨胀发生的是货币购买力的下降，是本金的贬值。通货膨胀越严重，本金的贬值程度越深，资金贷出者的损失就越大。为了避免通货膨胀中的本金损失，资金贷出者通常要求名义利率伴随着通货膨胀率的上升而相应上升。只有名义利率与通货膨胀率同比例地上升，实际利率才不会发生变化，不会降低资金贷出者贷出资金的意愿。

3. 利率管制因素

利率管制是指由政府有关部门直接规定利率水平或利率变动的界限。由此可见，在实施利率管制的国家或地区，利率管制是影响利率水平的一个重要因素。由于管制利率排斥各类经济因素对利率的直接影响，政府确定的管制利率难以准确反映市场中的资金供求关系，不均衡的利率水平容易引起资金的错误配置，降低资金的使用效率，因此，发达市场经济国家通常都实行利率市场化政策，取消利率管制。相比较之下，多数发展中国家对利率实行管制，原因在于：在经济贫困、国内储蓄不足、投资资金紧张的背景下，政府希望通过人为管制的低利率政策促进经济的较快发展。我国在改革开放前的计划经济体制下，实施的也是利率管制政策，改革开放后，随着市场经济体制的逐步确立，我国逐渐放松了对利率的管制，利率市场化改革在稳步推进的进程中。

五、利率的作用

在发达的市场经济体系中，无论是在微观经济活动领域还是在宏观经济调控领域，利率都发挥着非常重要的作用。

（一）利率在微观经济活动中的作用

（1）利率的变动影响个人收入在消费和储蓄之间的分配。在收入不变的条件下，利率的上升将会使人们减少即期消费，增加储蓄。之所以会如此，是因为利率被视为消费的机会成本，即在利率提高的情况下，如果人们减少消费而将其转换为储蓄，则其可以获得更多的利息收入；相反，如果此时人们不改变其消费量，则其将丧失更多的利息收入，丧失的利息收入就是其消费的机会成本。举例来说，如果你每月的消费为 1 000 元，在一年期储蓄存款利率为 5% 的情况下，你这 1 000 元消费的机会成本就是 50 元（1 000 元 ×5% ×1），现在一年期储蓄存款利率从 5% 提高到了 7%，则你这 1 000 元消费的机会成本就增加到了 70 元，这种情况通常会让你减少消费，在收入中拿出更多的部分用于储蓄，用以获得更多的利息收入。

（2）利率的变动影响金融资产的价格，进而会影响人们对金融资产的选择。从收益资本化公式得出的"当期债券市场价格与利率反向相关"的基本结论，可以清楚地看出，利率的变动将会引起股票、债券等金融资产市场价格的相应调整，这些价格的调整会让人们重新权衡手持现金、储蓄存款、债券、股票等各类金融资产的收益率水平，进而对自己的资产组合进行相应的调整，以获得更大的投资收益。

（3）利率的变动影响企业的投资决策和经营管理。利率变化对企业投资决策和经营管理的影响机制是企业的投资收益率与利率水平的对比。利率是企业融入资金的成本，当企业投资收益率不变而利率上升时，其支付利息后的收益将伴随利率的上升而下降，企业会相应减少投资。另外，利率的上升导致企业融入资金成本提高，还将促使企业加强经营管理，加速资金周转，努力节约资金的使用和占用，提高资金的使用效率。相反，低利率水平将引致企业的投资扩张动机，甚至导致其疏于经济核算，资金使用效率低下，也正因此，一些发展中国家政府实施的低利率管制政策产生了两方面的结果：①投资的快速增长促进了其经济的快速增长。②资金使用效率的低下，单位资金的产出水平低下。

（二）利率在宏观经济调控中的作用

利率决定理论表明，中央银行可以通过货币政策操作影响货币供给量，进而引起利率的变动。利率变动后，作为微观经济主体的居民部门、企业部门的储蓄、消费和投资行为就会发生相应的改变，如上所述，利率上升，居民将减少消费，增加储蓄，企业将减少投资。微观经济主体行为的改变将共同作用于社会总储蓄、总消费和总投资这些宏观经济变量，使这些变量随之发生变化。例如，居民减少消费、增加储蓄，将会使社会总储蓄相应增加，总消费相应降低；企业减少投资，将会使全社会的投资总额减少。在封闭的经济条件下，消费和投资是拉动经济增长的两个重要变量，这两个变量的下降使一国的经济增长速度下降，进而影响一国的就业水平。由此可见，利率在政府的宏观调控中发挥着重要的作用，在不同的经济运行条件下，政府可以通过政策操作调整利率，充分发挥利率的调控作用，实现政策调控的目标。一般来说，在经济萧条期，中央银行会通过货币政策操作引导利率走低，促进消费和投资，以此拉动经济增长；在经济高涨期，中央银行则会通过政策操作促使利率提高，进而降低消费和投资，抑制经济过热。

（三）利率发挥作用的前提条件

利率作用的充分发挥需要一定的前提条件：①微观经济主体对利率的变动必须比较敏感。对于企业部门来说，要使其产权明晰、自担风险、自负盈亏，唯有如此，其投资决策才会真正受到利率变动的影响，才会对利率的变动富有弹性；对于居民部门来说，只有建立了完善的社会保障体系，金融市场中可供选择的用于投资的金融资产比较丰富，其储蓄和消费行为才会对利率的变动敏感起来。②利率必须由市场来决定。市场上资金供不应求，利率上升；资金供大于求，利率下降。市场化的利率决定机制使利率能够真实、灵敏地反映社会资金供求状况，有效地引导资金合理流动，使资金实现最有效的配置，提高资金的使用效益。③必须建立一个合理、联动的利率结构体系。在一国的利率结构体系中，基准利率处于核心地位，中央银行调整基准利率后，其他各种利率要随之进行相应的调整，这样政府的调控意图才能通过不同市场中的利率水平的变动传递下去。因此，一个合理、联动的利率结构体系也是利率作用发挥的前提条件之一。

六、我国的利率市场化改革

为了强化利率的调控作用，提升资金的配置效率，20世纪90年代后，我国稳步推进了利率市场化改革。1993年，国务院在《国务院关于金融体制改革的决定》中提出了我国利率市场化改革的基本设想：建立以市场资金供求为基础，以中央银行基准利率为调控核心，由市场资金供求决定各种利率水平的市场利率体系和市场利率管理体系。2003年，《中共中央关于完善社会主义市场经济体制若干问题的决定》进一步明确"稳步推进利率市场化，建立健全由市场供求决定的利率形成机制，中央银行通过运用货币政策工具引导市场利率"。在推进利率市场化的改革进程中，中国人民银行确定了利率市场化改革的总体思路：先放开货币市场利率和债券市场利率，再逐步推进存、贷款利率的市场化；存、贷款利率市场化按照"先外币、后本币；先贷款、后存款；先长期、大额，后短期、小额"的顺序进行，逐步建立由市场供求决定金融机构存、贷款利率水平的利率形成机制，中央银行调控和引导市场利率，使市场机制在金融资源配置中发挥主导作用。1996年，我国的利率市场化改革进程正式启动，经过近30年的发展，利率市场化改革稳步推进，利率管制已基本放开，市场基准利率得到有效培育，中央银行利率调控体系逐步完善。

利率市场化是我国金融领域最核心的改革之一。推进利率市场化改革对优化资源配置、推动金融机构转型发展、提高货币政策调控效果等都具有重要的意义。2015年对利率行政管制的取消并不意味着我国利率市场化改革的完成，未来还需进一步健全市场化利率形成和调控机制：①推动金融机构提高自主定价能力，根据市场供求关系决定各自的利率，不断健全市场化的利率形成机制。②完善中央银行利率调控机制，疏通利率传导渠道，提高中央银行引导和调控市场利率的有效性。同时，针对市场非理性定价行为进行必要的行业自律和监督管理，防患于未然。

经验分享2-3

即测即练

即测即练2-3

项目小结

利息与利率，是金融学的基础核心理论，无论是在微观经济活动领域还是在宏观经济调控领域，利率都发挥着重要作用。本项目介绍了马克思主义政治经济学对利息的解释，利息来源于再生产过程，是生产者使用借入资金发挥营运职能而形成的利润的一部分。此外，本项目还系统地展示了利率的表示方式、利息的计算方法，解释了利率的种类及构成体系，重点阐述了马克思的利率决定理论，全面分析归纳了利率的作用，同时对我国的利率市场化改革现状及前景做了简要描述。

技能训练

一、简答题

1. 信用和信用工具有何特征？

2. 按信用主体不同有几种信用划分形式？分别有什么特点和作用？

3. 决定和影响利率的因素有哪些？

4. 主要信用工具有哪些？

5. 举例说明名义利率和实际利率的关系。

二、案例操作

在中国人民银行官网，以路径"货币政策司＞货币政策工具＞利率政策"摘录最新一年全国银行间同业拆借中心公布的每月 LPR 数据，留意公布的 LPR 种类：1 年期 LPR 和 5 年期以上 LPR。将各点数据连接成两条折线，并反映在一个图像上，观察走势变化。

在各商业银行官网，了解学习贷款利率（对公或居民）、存款利率（对公或居民，其中居民存款又分为活期、定期、通知存款）、长期利率、短期利率的分类及公布的数据。以中国建设银行为例，学习人民币贷款市场报价利率 LPR 和人民币存贷款基准利率的应用场景。

项目3　金融机构体系

导语

现代市场经济中的货币、信用和金融活动都与金融机构有关，功能特点各异的金融机构之间分工协作、相互促进，形成了整体功能健全、作用强大的金融机构体系。

项目摘要

本项目计划分三个模块讲授：一是金融机构体系概述；二是国际金融机构体系；三是中国金融机构体系。

思维导图

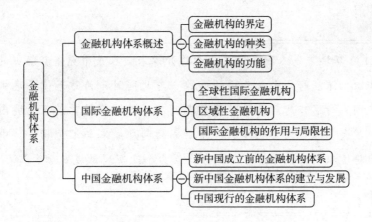

模块3-1　金融机构体系概述

知识目标

1. 了解金融机构的基本含义。
2. 熟悉金融机构的分类。
3. 掌握金融机构的功能。

技能目标

1. 了解金融机构体系的系统性。
2. 熟悉金融机构体系的分工关系。
3. 掌握各类金融机构在宏观金融活动中的功能和侧重点。

素质目标

1. 了解当前我国银行业金融机构数量多达 4 000 多家，5 家大型商业银行入选全球系统重要性银行，金融机构综合实力和影响力不断增强，但也存在发展水平参差不齐、竞争力不强等问题。

2. 熟悉金融机构是金融强国建设的重要微观基础，必须以贯彻国家经济金融政策和遵守经济金融规律为出发点。

建议学时

2 学时。

情境导入

自 2011 年跨境贸易人民币结算全面推开以来，人民币凭借其坚挺的币值和便捷的使用体验，深受跨国企业集团的青睐。与此同时，为防范债务危机与热钱冲击风险，我国实行了较为严格的外债管理制度。在这样的背景下，境内外资金成本差异不断扩大。为帮助企业降低跨国业务的利息成本与汇兑损失，中国工商银行创新推出跨境双向人民币资金池业务，助力企业实现低成本融资。

知识储备

一、金融机构的界定

（一）金融机构

金融机构也称金融中介或金融中介机构，是指经营货币、信用业务，从事各种金融活动的组织机构。它通常以一定量的自有资金为运营资本，通过吸收存款、发行各种证券、接受他人的财产委托等形式形成资金来源，而后通过贷款、投资等形式运营资金，并且在向社会提供各种金融产品和金融服务的过程中取得收益。

（二）金融机构与一般经济组织的共性及特殊性

金融机构与一般经济组织之间的共性主要表现为金融机构需要具备普通企业的基本要素，如有一定的自有资本、向社会提供特定的商品（金融工具）和服务、必须依法经营、独立核算、自负盈亏、照章纳税等。其特殊性主要表现在以下几个方面。

1. 经营对象与经营内容的特殊性

一般经济组织的经营对象是具有一定使用价值的商品或普通劳务，经营内容主要是从事商品生产与流通活动；而金融机构的经营对象是货币资金这种特殊的商品，经营内容主要是货币的收付、借贷及各种与货币资金运动有关的金融活动。

2. 经营关系与经营原则的特殊性

一般经济组织与客户之间是商品或劳务的买卖关系，其经营活动遵循等价交换的原则；而金融机构与客户之间主要是货币资金的借贷或投融资的信用关系，在经营中遵循安全性、流动性和盈利性原则。

3. 经营风险及影响程度的特殊性

一般经济组织的经营风险主要来自商品生产与流通过程，集中表现为商品是否产销对路。这种风险所带来的至多是因商品滞销、资不抵债而宣布破产。单个普通企业破产造成的损失对整体经济的影响较小，冲击力不大。而金融机构因其业务大多是以还本付息为条件的货币信用业务，故其风险主要表现为信用风险、挤兑风险、利率风险、汇率风险等。这一系列风险所带来的后果往往不局限于对金融机构自身的影响，一家大型金融机构因经营不善而出现的危机有可能对整个金融体系的稳健运行构成威胁。而一旦发生系统风险，金融体系运转失灵，在现代货币经济中必然会危及整个社会再生产过程，引发社会经济秩序的混乱，甚至会爆发严重的社会或政治危机。

二、金融机构的种类

金融机构的种类众多，各不相同的金融机构构成整体的金融机构体系。金融机构根据不同的划分依据分类见表 3－1。

表 3 - 1　金融机构根据不同的划分依据分类

划分依据	金融机构分类	定义	代表
业务功能	管理性	管理性金融机构是在一个国家或地区具有金融监督管理职能的机构	中央银行、国家金融监督管理总局、证监会
	商业性	商业性金融机构是指经营存放款、证券交易与发行、资金管理等一种或多种业务，以追求利润为其主要经营目标，自主经营、自负盈亏、自求平衡、自我发展的金融企业	商业银行、商业性保险公司、投资银行、信托公司、投资基金、租赁公司
	政策性	政策性金融机构的业务经营不以营利为目标，主要是贯彻落实政府的经济政策	国家开发银行、中国农业发展银行
业务内容	银行类	银行类金融机构是指以发行存款凭证为主要资金来源，同时主要通过信贷业务进行资金运用的金融机构	中央银行、商业银行、政策性银行
	非银行类	非银行类金融机构是不以存贷款为主要业务的其他金融机构	保险公司、投资银行、信托公司、投资基金以及信用合作社
业务区域	国际性	国际性金融机构指业务活动跨越不同国家和地区的金融机构，国际货币基金组织（IMF）、世界银行以及区域性的开发银行也可归为此类，但基本从事政策性金融业务	花旗银行、汇丰银行
	全国性	全国性金融机构的业务活动局限在一国的范围之内	四大行（工、农、中、建）
	地方性	地方性金融机构业务活动的地域范围更加狭小，主要局限在某一地域内，如一省内、一个城市内	城市商业银行、农村商业银行

　　金融机构还有其他的分类方法，如依据资本和业务规模等可以划分为大、中、小型金融机构等。不同的分类是从不同的角度认识金融机构，实际生活中的某种金融机构可能分属上述不同类别，如商业银行可以同时属于银行类金融机构、商业性金融机构、全国性或国际性金融机构、大中小型金融机构等。可见，金融机构的分类都是相对的，各类金融机构之间以及每一类金融机构内部都是相互关联的。

三、金融机构的功能

（一）提供支付结算服务

　　金融机构提供支付结算服务是指金融机构通过一定技术手段和流程设计，为客户之间完成货币收付或清偿因交易引起的债权债务关系服务。提供有效的支付结算服务是金融机构适应经济发展需求而较早产生的功能。

金融机构尤其是商业银行为社会提供的支付结算服务，对商品交易的顺利实现、货币支付与清算和社会交易成本的节约具有重要意义。金融机构提供支付结算服务功能的强弱主要通过其效率来体现，一般可从办理支付结算的安全性大小、便利度高低、时速性高低和成本多少等方面来评价。

（二）促进资金融通

资金从盈余单位向短缺单位的流动与转让就是资金融通，简称融资。融资是所有金融机构都具有的基本功能。不同的金融机构会利用不同的方式来融资。例如，银行类金融机构一方面作为债务人发行存款类金融工具和债券等动员与集中社会闲置的货币资金，另一方面作为债权人向企业、居民等经济主体发放贷款；保险类金融机构通过提供保险服务来吸收保费，而后在支付必要的出险赔款和留足必要的理赔准备金外，将吸收到的大部分保险资金直接投资于金融资产；基金类金融机构则作为受托人接受投资者委托的资金，将其投入资本市场或特定产业；信托类金融机构在接受客户委托管理和运用财产的过程中，将受托人的闲散资金融给需求者。可见，借助特定的资金融通方式，各类金融机构可以在全社会范围内集中闲置的货币资金，并将其运用到社会再生产过程中去，促进了储蓄向投资转化，从而提高了社会资金的利用效率，推动了经济发展。

（三）降低交易成本

交易成本包括对资金的定价（即利率）、交易过程中的费用和时间的付出、机会成本等。对于个体借贷者而言，个体贷款者提供的资金数量有限、期限相对较短，与借款人对资金的数量、期限要求难以一致，因此，融资交易的单位成本比较高，资金供应也比较紧张，这样的融资基础使高利贷极易产生。当极高的贷放利率超过社会生产的平均利润率时，借款人的资金需求就会受到抑制，社会融资就会遇到阻碍。

此外，融资交易的完成需要经调查、谈判、签约等环节才能最终完成，每个环节都有一定的费用和时间的支出成本。对个体投资者来说，需要付出大量的时间与成本支出用于收集、掌握、分析和评估与投资有关的信息；而借款人在考虑借入资金时，除了资金商品价格（利率）的高低因素外，也还需要考虑其他费用支出等成本因素。如果一笔投资或贷款所带来的收入在扣除上述成本后得不到足够的盈利收益，投资者就可能放弃这笔交易，借款人也会终止向他人融资。

金融机构利用筹集到的各种期限不同、数量大小不一的资金进行规模经营，可以合理控制利率、费用、时间等成本，使投融资活动最终以适应社会经济发展需要的交易成本来进行，从而满足不断增长的投融资需要。

（四）提供金融服务便利

提供金融服务便利是指金融机构为各部门的投融资活动提供专业性的辅助与支持性服务，主要表现在对各种企业和居民家庭、个人开展广泛的理财服务以及对发行证券筹资的企业提供融资代理服务。例如，投资者或筹资者必须花费一定时间来掌握投资或筹资的知识与技能，要花时间搜寻必要的相关信息，由于个人资金实力或能力有限，其投资或筹资效果常常不佳。如果金融机构出面为各种客户提供投资或筹资方面的服务，则会大大提高投资效果或筹资效率，因为金融机构中有专业的融资经理人，能够比个人或企业更加胜任投资或筹资工作，而且通过日常对资金的运用，更加强了获取信息和操作资金的能力，便于降低投融资的单位成本。

（五）改善信息不对称

信息不对称是指交易的一方对交易的另一方不充分了解的现象。例如，对于贷款项目的潜在收益和风险，借款者通常比贷款者了解得更多一些。要避免由信息不对称而产生的风险问题，就需尽可能地收集信息、辨识信息、筛选信息，拥有越多的信息，越强的辨识、筛选信息的能力，越有可能改善信息不对称现象。

金融机构改善信息不对称现象的优势在于：①在提供支付结算的服务过程中，金融机构可以通过客户开立的账户了解客户的个性化信息，如信用历史、基本财务状况等，从而可以掌握客户发展的基本动态。②金融机构从业人员的专业知识与素质，使其具有较强的信息筛选、信息分析能力。③金融机构的规模经营能够使获得信息的单位成本大大降低。由此可见，金融机构利用自身的优势能够及时收集、获取比较真实完整的信息，通过专业分析判断、选择合适的借款人和投资项目，对所投资的项目进行专业化的监控，不仅节约了信息处理成本，而且可以提供专业化的信息服务，有利于投融资活动的顺利进行。

（六）转移与管理风险

金融机构转移与管理风险是指金融机构通过各种业务、技术和管理，分散、转移、控制或减小金融、经济和社会活动中的各种风险。金融机构转移与管理风险的功能主要体现为它在充当金融中介的过程中，为投资者分散风险并提供风险管理服务。如商业银行的理财业务及信贷资产证券化活动、信托投资公司的信托投资、投资基金的组合投资、金融资产管理公司的资产运营活动都具有该功能。此外，通过保险和社会保障机制对经济与社会生活中的各种风险进行的补偿、防范或管理，也体现了这一功能。

经验分享3-1

即测即练

即测即练3-1

模块3-2 国际金融机构体系

知识目标

1. 了解国际金融机构的基本含义。
2. 熟悉国际金融机构的分类。
3. 掌握国际金融机构的功能。

技能目标

1. 了解国际金融机构体系的基本特征。
2. 熟悉国际金融中心的变迁。
3. 掌握全球化的经济金融视角审视国际、国内经济金融动态。

素质目标

1. 了解国际金融机构体系。
2. 熟悉我国金融市场在国际金融体系中的地位。

建议学时

2学时。

情境导入

　　国际金融机构有广义和狭义之分。广义的国际金融机构包括政府间国际金融机构、跨国银行、多国银行集团等。狭义的国际金融机构主要指各国政府或联合国建立的国际金融机构组织，分为全球性国际金融机构和区域性国际金融机构，这里介绍的国际金融机构主要指后者。

知识储备

一、全球性国际金融机构

目前，全球性国际金融机构主要有国际货币基金组织、世界银行集团、国际清算银行。

（一）国际货币基金组织

国际货币基金组织是为协调国际的货币政策和金融关系，加强货币合作而建立的国际性金融机构，于 1945 年 12 月 27 日成立，总部设在华盛顿。国际货币基金组织的宗旨是：通过成员共同研讨和协商国际货币问题，促进国际货币合作；促进国际贸易的扩大和平衡发展，开发成员的生产资源；促进汇率稳定和成员有条件的汇率安排，避免竞争性的货币贬值；协助成员建立多边支付制度，消除妨碍世界贸易增长的外汇管制；协助成员克服国际收支困难。

国际货币基金组织的最高权力机构是理事会，由成员选派理事和副理事各一人组成，理事会对有关国际金融重大事务的方针、政策作出决策，并就一些重大问题提交国际货币基金组织的常设机构——执行董事会处理。执行董事会董事由占有基金份额最多的国家及地区推选任命。

阅读资料3-1

（二）世界银行集团

世界银行集团由世界银行、国际金融公司、国际开发协会、国际投资争端处理中心、多边投资担保机构五个机构构成。

世界银行又称国际复兴开发银行，是 1945 年与国际货币基金组织同时成立的国际金融机构，于 1946 年 6 月正式营业，总部设在华盛顿。世界银行与国际货币基金组织的组织结构相似。世界银行的资金来源中最主要的是成员认缴的份额，认缴份额和投票权的规定与国际货币基金组织相同。世界银行从各种渠道筹集资金：来自官方的占 30%，向国际市场借款占 70%，这些资金均以固定利率借入。除信贷外，世界银行还采用在国际资本市场发行中长期债券和将贷出款项的债权转让给商业银行等方式进行业务活动。

同时，世界银行还从事向会员提供技术援助、担任国际银团贷款的组织工作、协调与其他金融机构的关系等活动。世界银行的贷款对象是成员政府，国有企业和私有企业贷款则要由政府担保；贷款用途较广，包括工业、农业、能源、运输、教育等，一般都是项目贷款；贷款期限常为 20 年左右，并有 5 年宽限期，利率比较优惠；贷款额考虑借款国人均国内生产总值、还债信用强弱、借款国发展目标和需要、投资项目的可行性及在世界经济发展中的次序等。中国是世界银行的创始国之一，1980年5月恢复合法席位。

国际金融公司是专门向经济不发达成员国的私有企业提供贷款和投资的国际性金融组织，属世界银行集团，1956年建立，总部设在华盛顿。国际金融公司是世界上为发展中国家提供贷款最多的多边金融机构。其资金来源主要是成员国认缴的股本、借入资本和营业收入；资金运用主要是提供长期的商业融资。其业务宗旨是促进发展中国家私营部门投资，从而减少贫困，改善人民生活。国际金融公司利用自有资源和在国际金融市场上筹集的资金为项目融资，同时向政府和企业提供技术援助与咨询。

国际开发协会是专门向较贫穷的发展中国家发放条件较宽的长期贷款的国际金融机构，属世界银行集团，1960年建立，总部设在华盛顿。其活动宗旨主要是向最贫穷的成员国提供无息贷款，促进它们的经济发展。这种贷款具有援助性质。我国曾是这类无息贷款的承受国，但随着综合国力的增强，于1999年7月1日不再接受国际开发协会无息贷款。国际开发协会的资金来源中最主要的是成员国认缴的份额，同时依靠发达成员国增资、世界银行拨款和营业收入来扩大资本。国际开发协会的贷款对象按规定是官方和公私营企业，但实际上都是较贫穷的成员国政府。贷款多用于农业、乡村发展项目、交通运输、能源等。贷款条件优惠，还款年限为50年，宽限期为10年，且不收利息，每笔贷款只需支付0.75%的手续费。

多边投资担保机构成立于1988年，其宗旨是通过向外国私人投资者提供包括征收风险、货币转移限制、违约、战争和内乱风险在内的政治风险担保，并向成员国政府提供投资促进服务，加强其吸引外资的能力，从而促使外国直接投资流入发展中国家。多边投资担保机构积极支持中国吸引外国直接投资，曾为我国的制造业、基础设施等提供多项担保。

（三）国际清算银行

国际清算银行是西方主要发达国家中央银行和若干大商业银行合办的国际金融机构，成立于1930年5月17日，总部设在瑞士巴塞尔。其初建的目的是处理第一次世界大战后德国赔款的支付和解决协约国之间的债务清算问题。国际货币基金组织成立后，国际清算银行主要办理国际清算，接受各国中央银行存款并代理买卖黄金、外汇和有价证券，办理国库券和其他债券的贴现、再贴现等；此外还负责协调各成员中央银行的关系，故有"央行的央行"之称。目前国际清算银行的主要任务是促进各国中央银行之间的合作，并为国际金融业务提供新的便利，促进国际金融稳定。其主要职能包括：为各国中央银行提供各种金融服务，帮助各国中央银行管理外汇储备；研究货币与经济问题，并协调国家间的货币政策；协助执行各种国际金融协定。

国际清算银行领导下的常设监督机构称作巴塞尔银行监管委员会，致力于跨国性银行的监管工作。该委员会签署的《巴塞尔协议》《巴塞尔协议Ⅱ》和《巴塞尔协议Ⅲ》成为国际统一的银行监督管理协议，对完善各国银行的经营管理模式和稳健发展发挥了重要的作用。中国人民银行已于 1996 年 9 月加入该行。

二、区域性金融机构

（一）亚洲开发银行

亚洲开发银行是西方国家与亚洲太平洋地区发展中国家合办的政府间的金融机构，1966 年成立，总行设在菲律宾首都马尼拉，其最初有成员国 31 个。我国于1986 年 3 月正式恢复亚洲开发银行的合法席位。

亚洲开发银行是一个致力于促进亚洲及太平洋地区发展中国家经济发展的区域性金融机构。它不以营利为目的，经营宗旨是通过发放贷款、进行投资和提供技术援助，促进亚太地区经济发展与合作。亚洲开发银行的资金来源主要是成员国认缴的股本，其次是借款、发行债券以及某些国家的捐赠款和由营业收入积累的资本。亚洲开发银行的主要业务是向亚太地区的成员国政府及其所属机构、境内公私企业以及与发展本地区有关的国际性或地区性组织提供长期贷款。其贷款分为普通贷款（12～25 年）和特别基金贷款（25～30 年）两种。

（二）非洲开发银行

非洲开发银行是非洲国家政府合办的互助性国际金融机构，成立于 1964 年9 月，1966 年 7 月正式开业，行址设在科特迪瓦首都阿比让。最初只有除南非以外的非洲国家才能加入该行。为了广泛吸收资金和扩大该行的贷款能力，该行理事会在 1980 年 5 月第十五届年会上通过决议欢迎非洲以外的国家入股。1985 年 5 月，我国正式加入非洲开发银行。

非洲开发银行的宗旨是为成员国经济和社会发展提供资金，促进成员国的经济发展和社会进步，帮助非洲大陆制订发展的总体规划，协调各国的发展计划。其资金来源主要是成员国认缴的股本，主要任务是向成员国提供普通贷款和特别贷款。特别贷款条件优惠，期限很长，最长可达 50 年，贷款不计利息，主要用于大型工程项目建设，贷款对象仅限于成员国。

（三）泛美开发银行

泛美开发银行是由美洲及美洲以外的国家联合建立、主要向拉丁美洲国家提供贷款的金融机构，成立于 1959 年，1960 年 10 月正式营业，行址设在华盛顿。该银行最初的成员国有以美国为首的 20 个美洲国家。1991 年，中国成为泛美开发银行的观察员。1993 年，中国正式提出加入该行的申请。2009 年 1 月 12 日，中国正式加入泛美开发银行。

泛美开发银行的宗旨是集中美洲各国财力，对中、南美洲发展中成员国的经济和社会发展提供资金与技术援助。该银行的资金来源有成员国认缴的股本和银行借款两大部分，资金运用主要是向成员国提供贷款，包括普通贷款（10 ~ 25 年）和特别业务基金贷款（10 ~ 30 年）。普通贷款向政府、公私团体的特定经济项目提供，用发放贷款时所使用的货币偿还。特别业务基金贷款对象为以公共工程为主的特别经济项目，利率低于普通贷款利率，并可部分或全部用本国货币偿还。

（四）亚洲基础设施投资银行

亚洲基础设施投资银行简称亚投行，是 2015 年成立的一个亚洲区域性金融机构，总部设在北京，法定资本 1 000 亿美元。

亚投行的宗旨是：通过在基础设施及其他生产性领域的投资，促进亚洲经济可持续发展、创造财富并改善基础设施互联互通；与其他多边、双边开发机构紧密合作，推进区域合作和伙伴关系，应对发展挑战。为履行此宗旨，亚投行承担的职能为：①推动区域内发展领域的公共和私营资本投资，尤其是基础设施和其他生产性领域的发展。②利用其可支配资金为本区域发展事业提供融资支持，包括能最有效支持本区域整体经济和谐发展的项目和规划，并特别关注本区域欠发达成员的需求。③鼓励私营资本参与投资有利于区域经济发展，尤其是基础设施和其他生产性领域发展的项目、企业和活动，并在无法以合理条件获取私营资本融资时，对私营投资进行补充。

2016 年全面投入运营后，亚投行运用一系列方式为亚洲各国的基础设施项目提供融资支持，包括贷款、股权投资以及提供担保等，振兴包括交通、能源、电信、农业和城市发展在内的各个行业投资。亚投行是国际发展领域的新成员，在亚洲基础设施融资需求巨大的情况下，由于定位和业务重点不同，亚投行与现有多边开发银行是互补而非竞争关系。

三、国际金融机构的作用与局限性

在现行的国际货币制度和国际金融活动中，国际金融机构具有重要的作用，主要体现在六个方面：①维持汇率稳定。②对金融业的国际业务活动进行规范、监督与协调。③提供长短期贷款以调节国际收支的不平衡和促进经济发展。④积极防范并解救国际金融危机。⑤就国际经济、金融领域中的重大事件进行磋商。⑥提供多种技术援助、人员培训、信息咨询等服务，借此加强各国（地区）经济与金融的往来，推动全球经济共同发展等方面。

但目前国际金融机构的作用也有局限性，如一些机构的领导权被主要的发达国家（地区）控制，发展中国家（地区）的呼声、建议往往得不到重视；向受援国（地区）提供贷款往往附加限制性的条件，要求受援国（地区）满足某些前提性的要求之后才能使用贷款，而这些要求大多是对一国（地区）经济体系甚至政治体系的不恰当干预，不对症的干预方案常常会削弱或抵消优惠贷款所能带来的积极作用。

经验分享3-2

即测即练

即测即练3-2

模块 3-3 中国金融机构体系

知识目标

1. 了解中国金融机构体系的构成。

2. 熟悉中国金融机构体系的相互关系。

3. 掌握中国金融机构体系的作用及发展前景。

技能目标

1. 了解中国金融机构体系的分类。

2. 熟悉中国金融机构体系的层次。

3. 掌握中国金融机构体系的作用。

素质目标

1. 了解中国经济金融体制的变革。
2. 熟悉中国特色金融发展之路。
3. 掌握加快建设中国特色现代金融体系的需要。

建议学时

2 学时。

情境导入

随着商品经济发展对金融需求的扩大及其多样化，种类各异的金融机构逐渐产生并发展起来。从世界范围来看，一个国家建立怎样的金融机构体系，主要取决于该国一定时期的经济发展水平和基本的经济管理制度，同时也受到社会公众对金融服务的需求变化、法律法规制度的演进、新技术发展变化的影响。我国金融机构的历史演变明显地体现了这一特征。

知识储备

一、新中国成立前的金融机构体系

我国远在西周时期就有专司政府信用的机构"泉府"，西汉时期有私营高利贷机构"子钱家"，唐朝社会上出现类似近代信托业的"柜坊"和类似近代汇兑业的"飞钱"，到了明末清初，以票号、钱庄为代表的旧式金融业十分发达。

19 世纪中叶，资本主义大工业生产经营方式在我国迅速发展，票号、钱庄等旧式的金融业已不能适应生产方式发展的需要。1845 年，英商东方银行在香港和广州设分行与分理处，1847 年设立上海分行，即丽如银行，成为我国第一家外商新式银行。1897 年，我国民族资本自建的第一家股份制银行——中国通商银行在上海设立，标志着中国现代银行信用制度的开端。我国首家民族保险企业是 1865 年华商设立的义和公司保险行。1882 年，首家民族证券公司——上海平准股票公司成立。之后，各类现代金融机构陆续建立起来。

国民党统治时期，官僚资本垄断了对我国刚刚发展的金融业，形成了以四大家族为垄断核心的金融机构体系"四行二局一库"。"四行"是中央银行、中国银行、交通银行、中国农民银行；"二局"是中央信托局和邮政储金汇业局；"一库"是指中央合作金库。"四行二局一库"成为国民党政府实行金融垄断的重要工具。同一时期，中国共产党在各个革命根据地也建立了自己的金融机构，如第一次国内革命战争时期在瑞金成立的中华苏维埃共和国国家银行，抗日战争时期在各抗日根据地成立的银行，如陕甘宁边区银行、华北银行、西北农民银行、北海银行等。

二、新中国金融机构体系的建立与发展

新中国金融机构体系的建立与发展大致可分为以下几个阶段。

（一）初步形成阶段（1948—1952 年）

1948 年 12 月 1 日，在华北银行、北海银行、西北农民银行的基础上建立了中国人民银行，它标志着新中国金融机构体系的开始。新中国成立以后，中国人民银行接管和没收了官僚资本银行，将革命根据地和解放区的银行分别改造为中国人民银行的分支机构，并对民族资本主义银行、私人钱庄进行了社会主义改造。通过这些措施，中国人民银行逐渐成为全国唯一的国家银行，奠定了国有金融机构居于支配地位的新中国金融机构体系的基础。

（二）"大一统"的金融机构体系（1953—1978 年）

1953 年，我国在经济体制与管理方式上实行了高度集中统一的计划经济体制及计划管理方式。与之相应，金融机构体系也实行了高度集中的"大一统"模式。这个模式的基本特征为：中国人民银行是全国唯一一家办理各项银行业务的金融机构，集中央银行和普通银行于一身，其内部实行高度集中管理，利润分配实行统收统支。这种模式对当时的经济发展起到了一定的促进作用，但统得过死，不利于有效地组织资金融通和调动各级银行的积极性。

（三）初步改革和突破"大一统"金融机构体系（1979—1983 年）

1979 年开始的经济体制改革改变了"大一统"的金融机构体系。1979 年，中国银行从中国人民银行中分立出来，作为外汇专业银行，负责管理外汇资金并经营对外金融业务；同年，恢复中国农业银行，负责管理和经营农业资金；1980 年我国试行基建投资"拨改贷"后，中国建设银行从财政部分设出来，最初专门负责管理基本建设资金，1983 年开始经营一般银行业务。这些金融机构各有明确的分工，打破了中国人民银行一家包揽的格局。但中国人民银行仍然集货币发行和信贷于一身，不能有效地对专业银行和金融全局进行领导、调控与管理。因此，我国有必要建立真正的中央银行和商业银行相分离的二级银行体制。

（四）多样化的金融机构体系初具规模（1983—1993 年）

为了在搞活经济的同时加强宏观金融调控，我国进行了一系列改革：1983 年 9 月，

国务院决定中国人民银行专门行使中央银行职能；1984年1月，单独成立中国工商银行，承担原来由中国人民银行办理的工商信贷和储蓄业务；1986年以后，增设了全国性综合银行如交通银行、中信实业银行等，还设立了区域性银行如广东发展银行、招商银行等；同时批准成立了一些非银行类金融机构如中国人民保险公司、中国国际信托投资公司、中国投资银行、光大金融公司、各类财务公司、城乡信用合作社及金融租赁公司等。在金融机构体系加大改革力度的同时，金融业进一步实行对外开放，允许部分合格的营业性外资金融机构在我国开业，使我国金融机构体系从封闭走向开放。通过这些改革，我国在1994年形成了以中国人民银行为核心，以工、农、中、建四大专业银行为主体，其他各种金融机构并存和分工协作的金融机构体系。

（五）建设和完善社会主义市场金融机构体系的阶段（1994年至今）

确立商业化改革，发展多元化金融机构，形成"分业经营、分业监管"的基本框架。推进金融机构的对外开放，深化金融机构的市场化，鼓励金融创新。由于银行类金融机构"同业＋委外"业务扩张迅速；保险资管迅猛增加；非银行保险类金融机构资产管理通道业务、产品嵌套业务盛行，自2015年起去杠杆、降风险，构建"一局一行两会"的金融机构管理新局面。

三、中国现行的金融机构体系

经过40多年的改革开放，中国金融机构体系日臻完善，金融业获得了巨大的发展，已经形成了由国家金融监督管理总局、中国人民银行、中国证券监督管理委员会为主导，大中小型商业银行为主体，多种非银行金融机构为辅翼的金融机构体系，在国民经济发展中发挥着重要作用。

（一）金融监督管理机构

1. 国家金融监督管理总局

2023年3月，中共中央、国务院印发了《党和国家机构改革方案》，组建国家金融监督管理总局。将中国人民银行对金融控股公司等金融集团的日常监管职责、有关金融消费者保护职责、中国证券监督管理委员会的投资者保护职责划入国家金融监督管理总局。

国家金融监督管理总局负责贯彻落实党中央关于金融工作的方针政策和决策部署，把坚持和加强党中央对金融工作的集中统一领导落实到履行职责过程中。

（1）依法对除证券业之外的金融业实行统一监督管理，强化机构监管、行为监管、功能监管、穿透式监管、持续监管，维护金融业合法、稳健运行。

（2）对金融业改革开放和监管有效性相关问题开展系统性研究，参与拟订金融业改革发展战略规划。拟订银行业、保险业、金融控股公司等有关法律法规草案，提出制定和修改建议。制定银行业机构、保险业机构、金融控股公司等有关监管制度。

（3）统筹金融消费者权益保护工作。制定金融消费者权益保护发展规划，建立健全金融消费者权益保护制度，研究金融消费者权益保护重大问题，开展金融消费者教育工作，构建金融消费者投诉处理机制和金融消费纠纷多元化解机制。

（4）依法对银行业机构、保险业机构、金融控股公司等实行准入管理，对其公司治理、风险管理、内部控制、资本充足状况、偿付能力、经营行为、信息披露等实施监管。

（5）依法对银行业机构、保险业机构、金融控股公司等实行现场检查与非现场监管，开展风险与合规评估，查处违法违规行为。

（6）统一编制银行业机构、保险业机构、金融控股公司等的监管数据报表，按照国家有关规定予以发布，履行金融业综合统计相关工作职责。

（7）负责银行业机构、保险业机构、金融控股公司等的科技监管，建立科技监管体系，制定科技监管政策，构建监管大数据平台，开展风险监测、分析、评价、预警，充分利用科技手段加强监管、防范风险。

（8）对银行业机构、保险业机构、金融控股公司等实行穿透式监管，制定股权监管制度，依法审查批准股东、实际控制人及股权变更，依法对股东、实际控制人以及一致行动人、最终受益人等开展调查，对违法违规行为采取相关措施或进行处罚。

（9）建立除货币、支付、征信、反洗钱、外汇和证券期货等领域之外的金融稽查体系，建立行政执法与刑事司法衔接机制，依法对违法违规金融活动相关主体进行调查、取证、处理，涉嫌犯罪的，移送司法机关。

（10）建立银行业机构、保险业机构、金融控股公司等的恢复和处置制度，会同相关部门研究提出有关金融机构恢复和处置意见建议并组织实施。

（11）牵头打击非法金融活动，组织建立非法金融活动监测预警体系，组织协调、指导督促有关部门和地方政府依法开展非法金融活动防范和处置工作。对涉及跨部门跨地区和新业态新产品等非法金融活动，研究提出相关工作建议，按要求组织实施。

（12）按照建立以中央金融管理部门地方派出机构为主的地方金融监管体制要求，指导和监督地方金融监管相关业务工作，指导协调地方政府履行相关金融风险处置属地责任。

（13）负责对银行业机构、保险业机构、金融控股公司等与信息技术服务机构等中介机构的信息科技外包等合作行为进行监管，依法对违法违规行为开展调查，并对金融机构采取相关措施。

（14）参加金融业相关国际组织与国际监管规则制定，开展对外交流与国际合作。

2. 中国人民银行

中国人民银行是我国的中央银行。是专门制定和实施货币政策、统一管理金融活动并代表政府协调对外金融关系的金融管理机构。在现代金融体系中，中央银行处于核心地位，是一国最重要的金融管理当局和宏观经济调控部门。中央银行是特殊的银行，在一国的经济和金融运行中发挥着"发行的银行""银行的银行"和"国家的银行"职能。（详细内容在项目5介绍）

3. 中国证券监督管理委员会

2023年3月，中共中央、国务院印发了《党和国家机构改革方案》。中国证券监督管理委员会由国务院直属事业单位调整为国务院直属机构，负责贯彻落实党中央关于金融工作的方针政策和决策部署，把坚持和加强党中央对金融工作的集中统一领导落实到履行职责过程中，主要职责如下。

（1）依法对证券业实行统一监督管理，强化资本市场监管职责。

（2）研究拟订证券期货基金市场的方针政策、发展规划。起草证券期货基金市场有关法律法规草案，提出制定和修改建议。制定证券期货基金市场有关监管规章、规则。

（3）监管股票、可转换债券、存托凭证和国务院确定由中国证券监督管理委员会负责的其他权益类证券的发行、上市、交易、托管和结算，监管证券、股权、私募及基础设施领域不动产投资信托等投资基金活动。

（4）监管公司（企业）债券、资产支持证券和国务院确定由中国证券监督管理委员会负责的其他固定收益类证券在交易所市场的发行、上市、挂牌、交易、托管和结算等工作，监管政府债券在交易所市场的上市交易活动，负责债券市场统一执法工作。

（5）监管上市公司、非上市公众公司、债券发行人及其按法律法规必须履行有关义务的股东、实际控制人、一致行动人等的证券市场行为。

（6）按分工监管境内期货合约和标准化期权合约的上市、交易、结算和交割，依法对证券期货基金经营机构开展的衍生品业务实施监督管理。

（7）监管证券期货交易所和国务院确定由中国证券监督管理委员会负责的其他

全国性证券交易场所，按规定管理证券期货交易所和有关全国性证券交易场所的高级管理人员。

（8）监管证券期货基金经营机构、证券登记结算公司、期货结算机构、证券金融公司、证券期货投资咨询机构、证券资信评级机构、基金托管机构、基金服务机构，制定有关机构董事、监事、高级管理人员及从业人员任职、执业的管理办法并组织实施。

（9）监管境内企业到境外发行股票、存托凭证、可转换债券等证券及上市活动，监管在境外上市的公司到境外发行可转换债券和境内证券期货基金经营机构到境外设立分支机构。监管境外机构到境内设立证券期货基金机构及从事相关业务，境外企业到境内交易所市场发行证券上市，合格境外投资者的境内证券期货投资行为。

（10）监管证券期货基金市场信息传播活动，负责证券期货基金市场的统计与信息资源管理。

（11）与有关部门共同依法对会计师事务所、律师事务所以及从事资产评估、资信评级、财务顾问、信息技术系统服务等机构从事证券服务业务实施备案管理和持续监管。

（12）负责证券期货基金业的科技监管，建立科技监管体系，制定科技监管政策，构建监管大数据平台，开展科技应用和安全等风险监测、分析、评价、预警、检查、处置。

（13）依法对证券期货基金市场违法违规行为进行调查，采取相关措施或进行处罚。依法打击非法证券期货基金金融活动，组织风险监测分析，依法处置或协调推动处置证券期货基金市场风险。组织协调清理整顿各类交易场所，指导开展风险处置相关工作。

（14）按照建立以中央金融管理部门地方派出机构为主的地方金融监管体制要求，指导和监督与证券期货基金相关的地方金融监管工作，指导协调地方政府履行相关金融风险处置属地责任。

（15）开展证券期货基金业的对外交流和国际合作。

（二）商业银行体系

在我国的金融机构体系中，银行业一直占据主要地位，商业银行是我国金融业的主体，以银行信贷为主的间接融资在社会总融资中占主导地位。因此，建设一个稳健而富有活力的商业银行体系对于我国具有重要的意义。

（1）国有大型商业银行。国有大型商业银行包括中国工商银行、中国银行、中国建设银行、中国农业银行和交通银行。它们在我国银行业中扮演了重要的角色，是企业、机构及个人客户的主要融资来源。其中前 4 家银行是由原来的国家专业银行转化而来的，1995 年《中华人民共和国商业银行法》颁布实施后成为国有独资商业银行，2003 年起陆续进行了股份制改造，借助资本市场的力量，通过财务重组和增资扩股改善财务状况，建立并陆续完善了公司治理结构。

（2）股份制商业银行。截至 2021 年年末，我国股份制商业银行有 12 家，分别是中信银行、光大银行、华夏银行、广东发展银行、平安银行、招商银行、上海浦东发展银行、兴业银行、民生银行、恒丰银行、浙商银行、渤海银行。这些银行成立之初就采取了股份制的企业组织形式，股本金来源除了国家投资外，还包括境内外企业法人投资和社会公众投资。

（3）城市商业银行。城市商业银行是 1995 年在原城市信用社的基础上，由城市企业居民和地方财政投资入股组成的地方性股份制商业银行。城市商业银行最初称作城市合作银行，1998 年改用现名。这类银行均实行一级法人、多级核算经营体制，主要功能是为地方经济和中小企业服务。受地域限制，城市商业银行的资产规模总体不大。其中，排名居前的包括北京银行、上海银行、江苏银行、南京银行、宁波银行、杭州银行等。

（4）农村商业银行和村镇银行。随着农村金融体制改革的不断深化和农村经济发展的需要，经中国人民银行批准，2001 年 11 月，在农村信用社基础上改制组建的首批股份制农村商业银行在江苏省的张家港、常熟、江阴成立，之后陆续在全国推广。2016 年 7 月，江阴农村商业银行 IPO（首次公开募股）成功，成为首家 A 股上市农商行。

（5）民营商业银行。民营银行是指资本金主要来自民间的商业银行。中国银行业监督管理委员会于 2014 年启动了民营银行试点工作，2015 年起陆续开业的首批 5 家试点银行，分别是深圳前海微众银行、上海华瑞银行、温州民商银行、天津金城银行和浙江网商银行。

（6）中国邮政储蓄银行。中国邮政储蓄银行是在改革邮政储蓄管理体制的基础上组建的国有控股大型商业银行，2007 年 3 月挂牌成立。2016 年，中国邮政储蓄银行在香港交易所主板成功上市。中国邮政储蓄银行一直定位于服务社区、服务中小企业、服务"三农"。

（7）外资商业银行。外资商业银行包括外商独资银行、合资银行、外国银行在华设立的分行和代表处。截至 2021 年年末，全国共有外资法人银行 41 家。

（三）政策性银行体系

政策性银行是指由政府发起或出资建立，按照国家宏观政策要求在限定的业务领域从事银行业务的政策性金融机构。政策性银行的业务经营目标是配合并服务于政府的产业政策和经济社会发展规划，不以营利为目标，不与商业银行争利。

国务院建立的中央银行宏观调控之下的政策性金融与商业性金融相分离的金融机构体系，将各专业银行原有政策性业务与经营性业务分离，为此成立了国家开发银行、中国农业发展银行、中国进出口银行3家政策性银行。

3家政策性银行的资金主要来源于中国人民银行的再贷款和通过市场向国内外发行金融债券。在资金运用方面，国家开发银行主要将资金投向国家基础设施、基础产业和支柱产业项目以及重大技术改造和高新技术产业化项目；中国农业发展银行则主要向国有粮食收储企业和供销社棉花收储企业提供粮棉油收购、储备和调拨贷款；中国进出口银行主要是为出口提供卖方信贷和买方信贷。

（四）信用合作机构

信用合作机构是一种群众性合作制金融组织，典型的组织形式是城市信用合作社和农村信用合作社。城市信用合作社是在城市中按一定社区范围，由城市居民和法人集资入股建立的合作金融组织；农村信用合作社是由农民或农村的其他个人集资联合组成，以互助为主要宗旨的合作金融组织。信用合作社的本质特征是：由社员入股组成，实行民主管理（即各级合作社的方针和重大事项由社员参与决定，实行"一人一票"制），主要为社员提供信用服务。

阅读资料3-2

（五）金融资产管理公司

金融资产管理公司是在特定时期为解决银行业不良资产，由政府出资专门收购和集中处置银行业不良资产的机构。金融资产管理公司以最大限度保全被剥离资产、尽可能减少资产处置过程中的损失为主要经营目标。

1983年"拨改贷"后，银行提供的债权融资取代了政府对企业部门的直接拨款，使得国有企业预算软约束的主体由财政转为银行。在市场化条件尚不充分的环境下，银行不良贷款开始大量形成。20世纪90年代中后期经济增速持续下行，不良贷款风险逐渐暴露。1998年，国务院开始筹划设立不良贷款专业处置机构。1999年3月的《政府工作报告》明确提出"要逐步建立资产管理公司，负责处理银行原有的不良信贷资产"。1999年4月承接建设银行3730亿元不良贷款的中国信达资产管理公司在北京挂牌成立，成为我国第一家资产管理公司（Asset Management Companies，AMC）。紧接着华融资产、长城资产和东方资产也相继成立，分别接收从中国工商银行、中国农业银行、中国银行剥离出来的不良资产。2020年12月，中国银行保险监督管理委员会批复同意建投中信资产管理有限责任公司转型为金融资产管理公司，并更名为中国银河资产管理有限责任公司。至此，中国银河与上述4家共同组成了五大全国性 AMC 机构。

（六）信托投资公司

"受人之托，代人理财"是信托的基本特征。信托是委托人基于对受托人的信任，将其财产委托给受托人，由受托人按照委托人的意愿，以自己的名义为受益人的利益或特定目的管理或处分财产的行为。因此，信托实质上是一种财产管理制度。信托投资公司是以受托人身份专门从事信托业务的金融机构，其基本职能是接受客户委托，代客户管理、经营、处置财产。

2001年，《中华人民共和国信托法》颁布；2007年，中国银行业监督管理委员会公布了《信托公司管理办法》。截至2021年年末，全国共有68家信托公司法人机构。

（七）财务公司

我国的财务公司与国外的财务公司有较大的差异。我国的财务公司是以加强企业集团资金集中管理和提高企业集团资金使用效率为目的，依托企业集团，服务企业集团，为企业集团成员单位提供金融服务的非银行金融机构。国外的财务公司以为企业集团服务为重点，但并不限于企业集团，一般不能吸收存款，主要通过在货币市场上发行商业票据和在资本市场上发行债券来筹资，资产业务以发放消费信贷为主。我国企业集团财务公司作为集团企业旗下的非银行类金融机构，成立时需由监督管理总局批准，同时接受国家金融监督管理总局、人民银行的监管。当财务公司业务涉及证券投资时，还要接受证监会的监管。由于绝大多数财务公司的控股公司为央企或国企，还需要遵照国资委的相关指引。财政部、证监会等监管机构对于内部控制、上市公司的要求也需要遵循。

2022年10月14日，中国银行保险监督管理委员会颁布新修订的《企业集团财务公司管理办法》，并于2022年11月13日施行。其规定我国企业集团财务公司可以经营下列部分或全部本外币业务：吸收成员单位存款；办理成员单位贷款；办理成员单位票据贴现；办理成员单位资金结算与收付；提供成员单位委托贷款、债券承销、非融资性保函、财务顾问、信用鉴证及咨询代理业务。符合条件的财务公司，可以向中国银行保险监督管理委员会（2023年不再保留，原中国银行保险监督管理委员会职能并入国家金融监督管理总局）及其派出机构申请经营下列本外币业务：从事同业拆借；办理成员单位票据承兑；办理成员单位产品买方信贷和消费信贷；从事固定收益类有价证券投

阅读资料3-3

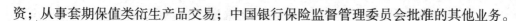

资；从事套期保值类衍生产品交易；中国银行保险监督管理委员会批准的其他业务。

（八）金融租赁公司

金融租赁公司是以经营融资租赁业务为其主要业务的非银行金融机构。所谓融资租赁业务，是指出租人根据承租人对租赁物和供货人的选择，向供货人购买租赁物，提供给承租人使用，向承租人收取租金的交易活动。适用于融资租赁交易的租赁物为固定资产。

2014 年 3 月，中国银行业监督管理委员颁布新的《金融租赁公司管理办法》，并于 2014 年 3 月 13 日开始实施。该管理办法规定，经中国银行业监督管理委员会批准，金融租赁公司可以经营的业务有：融资租赁业务；转让和受让融资租赁资产；固定收益类证券投资业务；接受承租人租赁保证金；吸收非银行股东 3 个月（含）以上定期存款；同业拆借；向金融机构借款；境外借款；租赁物变卖及处理业务；经济咨询；中国银行业监督管理委员会批准的其他业务。经中国银行业监督管理委员批准，经营状况良好、符合条件的金融租赁公司还可以开办发行债券，在境内保税地区设立项目公司开展融资租赁业务，资产证券化，为控股子公司、项目公司对外融资提供担保等业务。

（九）证券机构

在一国的资本市场中，活跃着多种为证券投资活动服务的金融机构，如证券交易所、证券登记结算公司、证券公司、证券投资咨询公司、投资基金管理公司等。不同的机构在证券投资活动中扮演着不同的角色，从事着不同的业务，发挥着不同的作用。

（1）证券交易所。证券交易所是为证券集中交易提供场所和设施，组织和监督证券交易，实行自律管理的法人。目前我国内地有 3 家证券交易所：上海证券交易所、深圳证券交易所和北京证券交易所，它们都由中国证监会直接管理。

（2）证券登记结算公司。证券登记结算公司是为证券买卖双方提供股票债券过户、资金清算服务的法人机构，中国证券登记结算有限责任公司成立于 2001 年。

按照《中华人民共和国证券法》和《证券登记结算管理办法》的相关规定，履行相应职能：证券账户、结算账户的设立和管理；证券的存管和过户；证券持有人名册登记及权益登记；证券和资金的清算交收及相关管理；受发行人的委托派发证券权益；依法提供与证券登记结算业务有关的查询、信息、咨询和培训服务；中国证监会批准的其他业务。

（3）证券公司。证券公司又称券商，是经由证券主管部门批准设立的在证券市场上经营证券业务的金融机构。推销政府债券、企业债券和股票，代理买卖和自营买卖已上市流通的各类有价证券，参与企业收购、兼并，充当企业财务顾问等是证券公司的主要职能定位。

（4）证券投资咨询公司。证券投资咨询公司是向证券交易双方提供参考性的证券市场统计分析资料，对证券买卖提出建议，帮助投资者建立投资策略，确定投资方向的服务机构。

（5）投资基金管理公司。投资基金管理公司是专门为中小投资者服务的投资机构，它通过发售基金份额，将众多投资者的资金集中起来，形成独立财产，通过专家理财，按照科学的投资组合原理进行投资，与投资者利益共享、风险共担。

投资基金管理公司是基金产品的募集者和管理者，其最主要职责就是按照基金合同的约定，负责基金资产的投资运作，在有效控制风险的基础上为基金投资者争取最大的投资收益。"专业管理、分散投资、利益共享"的特点使投资基金管理公司成为资本市场上重要的证券机构之一。

阅读资料3-6

（十）保险公司

保险公司是收取保费并承担风险补偿责任，拥有专业化风险管理技术的金融机构组织。保险公司是金融机构的一个重要组成部分。当今，在西方发达国家中，几乎是无人不保险、无物不保险、无事不保险。因此，各种各样的保险机构应运而生，如财产保险公司、人寿保险公司、火灾及事故保险公司、老年和残疾保险公司、信贷保险公司、存款保险公司等，十分健全。

经验分享3-3

即测即练

即测即练3-3

项目小结

金融强国的关键因素之一是建设强大的国际金融中心。纵观世界金融发展史，国际金融中心的变迁是金融强国兴衰的重要标志。当前，我国国际金融中心建设取得较大成就。建设金融强国，需要更具竞争力的国际金融中心，进一步提升在全球金融市场的影响力。2024 年 1 月 16 日，习近平总书记提出建立健全分工协作的金融机构体系，描绘出中国特色现代金融体系的宏伟蓝图。体现了问题导向和目标导向，既是金融为经济社会发展提供高质量服务的内在要求，也是我国由金融大国迈向金融强国的实践路径。要坚定不移走中国特色金融发展之路，加快建设中国特色现代金融体系，不断满足经济社会发展和人民群众日益增长的金融需求，不断开创新时代金融工作新局面。

技能训练

一、简答题

1. 与一般经济组织相比，金融机构有何特殊性？

2. 金融机构有哪些功能？

3. 国际金融机构有哪些作用与局限性？

4. 简述全球和区域性金融机构。

5. 目前我国的金融管理机构有哪几家？各自的职责主要是什么？

二、案例操作

浏览国家金融监督管理总局官网板块及内容，收集信息，摘录以下数据：

1. 近 5 年银行业金融机构普惠型小微企业贷款情况（细化到季度）；

2. 近 5 年银行业资产负债情况；

3. 近 5 年银行业金融机构资产份额情况；

4. 近 5 年保险业资金运用情况（细化到季度）。

结合国家普惠金融政策，分析政策影响。结合政策纵向比较银行业资产负债结构，结合《商业银行资本管理办法》从信贷类业务、存贷款业务、经营管理业务了解合理的资产负债比例以及影响因素。对比分析人身险公司、财产保险公司的经营情况，学会阅读具体保险公司年报以及相关项目类别，如保费收入、赔付支出、资金运用等方面的数据。

项目4　银行业金融机构的主体——商业银行

导语

　　金融活，经济活；金融稳，经济稳；经济兴，金融兴；经济强，金融强。构建以国内大循环为主体、国内国际双循环相互促进的新发展格局，关键在于经济循环的畅通无阻。国有商业银行坚决贯彻落实以习近平同志为核心的党中央关于加快构建新发展格局的决策部署，积极适应新变化、新特点、新挑战，努力在服务和融入新发展格局中展现新作为。本项目将学习商业银行的相关内容，帮助我们了解商业银行的组织架构和基本运行规律，熟悉商业银行业务以及商业银行管理的入门理论。

项目摘要

　　本项目将学习商业银行的相关内容，分为三个模块讲授：一是商业银行概述；二是商业银行业务；三是商业银行管理。

思维导图

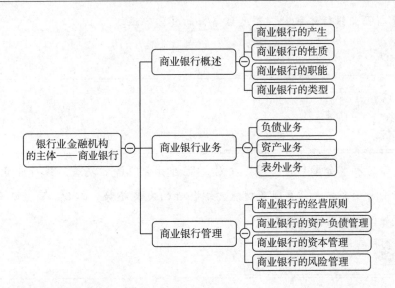

模块 4-1　商业银行概述

知识目标

1. 了解商业银行的起源、类型、组织形式及发展趋势。

2. 熟悉商业银行的性质、职能和主要业务。

3. 掌握商业银行的职能。

技能目标

1. 了解商业银行发展的经济环境。

2. 熟悉商业银行的类型特征。

3. 掌握商业银行的性质。

素质目标

1. 了解我国商业银行的发展历程。

2. 熟悉中国特色社会主义经济制度的实践历程，是将马克思主义与中国具体实践相结合的过程，也是不断守正与创新的结果。

3. 掌握商业银行体系中"制度自信"的具体内涵。

建议学时

2 学时。

情境导入

商业银行有"金融百货公司"之称，随着社会经济的发展，银行业竞争加剧，商业银行业务不断扩大，呈现多功能、综合性的发展趋势。那么，商业银行是如何产生和发展的？它有哪些职能？

知识储备

一、商业银行的产生

从词源来看，无论是汉语中的"银行"还是英文中的"bank"，早期都是指专门从事货币保管、兑换、汇兑等货币业务的机构。中世纪时期，商业逐渐发达，以意大利为中心的国际贸易发展迅速，这些专门经营货币业务的机构逐渐发展壮大，除了经营货币兑换、汇兑等业务以外，它们也开始利用手中沉淀下来的货币发放贷款，并有意识地开始以提供服务和支付利息的方式主动吸收存款，推动了古老的货币经营业向近代银行业的转变。随着资本主义的兴起，具有高利贷特征的近代银行业根本无法适应工商企业发展的需要，新兴资产阶级迫切需要建立起既能汇集更多货币资本、又能按照适度利率水平向工商企业提供贷款的现代商业银行。1694 年，英格兰银行成立，这是历史上第一家股份制银行，也是现代银行业产生的标志，成立之初，英格兰银行明确规定向工商企业发放低利率贷款（利率为 5% ~ 6%），支持工商业发展。

由此可见，商业银行是商品经济发展到一定阶段的必然产物。它早期主要办理基于商业行为的短期自偿性贷款。随着商品经济的不断发展，尽管银行的业务范围不断扩大、提供的服务呈现多样化，但人们仍习惯称其为商业银行，并一直沿用至今。

商业银行是各国金融体系中的重要构成部分，但它在不同国家的称谓却不尽相同。在美国，商业银行包括国民银行和州银行；在英国，商业银行包括存款银行、商人银行和贴现银行；在日本，商业银行则包括城市银行和地方银行。

《中华人民共和国商业银行法》第二条规定，"本法所称的商业银行是指依照本法和《中华人民共和国公司法》设立的吸收公众存款、发放贷款、办理结算等业务的企业法人"。

二、商业银行的性质

（一）商业银行具有现代企业的基本特征

商业银行是依法设立的企业法人，有独立的法人财产，并以其全部财产对其债务承担责任。与一般工商企业相同，商业银行以营利为目的，自主经营，自担风险，自负盈亏，自我约束。

现代商业银行大多采用公司制的形式，且以有限责任公司和股份有限公司最为典型。我们可从商业银行法定名称的全称中观察到这一点。例如，中国工商银行的全称是"中国工商银行股份有限公司"，中国邮政储蓄银行的全称是"中国邮政储蓄银行有限责任公司"。因此，商业银行的设立和运作不仅要受《中华人民共和国商业银行法》约束，还要符合《中华人民共和国公司法》的有关规定。

（二）商业银行是一种特殊的企业

与一般企业相比，商业银行的特殊性见表4-1。

表4-1　商业银行的特殊性

特殊项目	内容
经营对象和内容特殊	一般工商企业经营的是具有一定使用价值的商品和服务，而商业银行则是以金融资产和金融负债为经营对象，经营的是货币这种特殊的商品
经营方式特殊	商业银行主要以借贷方式从事经营，自有资本在其资金来源中所占的比例非常低，大量资金来自存款、借款等负债。这使商业银行能够获得比一般企业更高的财务杠杆，但同时也会面临更高的经营风险
社会影响力特殊	商业银行对整个社会经济的影响要远远大于一般企业，相应地，商业银行受到的监管也更加严格

（三）商业银行是一种特殊的金融企业

商业银行既有别于中央银行，也有别于专业银行和其他非银行金融机构。和中央银行相比，商业银行是面向工商企业、公众及政府的金融业务经营机构，而中央银行则是只为政府和金融机构提供服务的政府机关，中央银行创造的是基础货币，在整个金融体系中具有超然的地位，承担着领导者职责；和其他金融机构相比，商业银行能够提供更多、更全面的金融服务，能够吸收活期存款，提供支付服务，进行信用创造，而其他金融机构能够提供的服务类型相对较少，且不具有信用创造功能。

三、商业银行的职能

（1）信用中介。充当信用中介，是商业银行最基本和最主要的职能。商业银行通过负债业务把社会上的各种闲散货币资金集中起来，再通过资产业务将其投向需要资金的各部门，充当了资金供给者和资金需求者之间的中介人。商业银行的介入，克服了直接融资在数量和期限上难以达成一致的困难，扩大了资金融通的规模和范围，促进了闲置资金向生产建设资金、储蓄向投资、货币向资本的转化，强化了市场对资源的优化配置作用。

（2）支付中介。充当支付中介，是商业银行的传统职能。商业银行利用活期存款账户，以转账方式为客户提供各种支付结算服务，减少了现金使用，节约了流通费用。正是借助这一职能，商业银行充当了工商企业、政府和家庭个人的货币保管者、出纳人和支付代理人，进而成为社会经济活动的出纳中心和支付中心，也成为整个社会信用链的枢纽。

（3）信用创造。信用创造是商业银行的特殊职能。商业银行吸收的存款在缴存法定存款准备金和留足备付金之后，其余部分可用于贷款和投资。这些贷款和投资在转账结算和票据流通的基础上，又会转化成新的存款。这个过程周而复始，最终在整个银行系统创造出若干倍于原始存款的派生存款。商业银行的信用创造职能直接对社会信贷规模及货币供给产生巨大影响，因此，商业银行也就成了货币管理当局信用调控的重点对象。

（4）金融服务。商业银行利用其在社会经济活动中的特殊地位及其在提供信用中介和支付中介过程中所获得的大量信息，为客户提供广泛的金融服务。从业务范围来看，商业银行除了提供传统的存、放、汇服务以外，还可以提供投资理财、代收代付、咨询顾问、金融衍生品交易等多种金融服务。通过提供这些金融服务，商业银行一方面扩大了其社会联系面、提高了其市场份额，另一方面也为其获取了可观的业务收入。

四、商业银行的类型

（一）股份制商业银行和独资商业银行

按产权结构的不同，商业银行可分为股份制商业银行和独资商业银行。

1. 股份制商业银行

简单地说，股份制商业银行就是采用股份公司形式组建起来的商业银行，其产权结构呈多元化。股份制商业银行具有产权明晰，责任明确，能够迅速、广泛、大量地集中资金等显著优势。它是现代商业银行的主要形式。

2. 独资商业银行

独资商业银行是由单个出资人出资组建的商业银行，产权结构单一。由政府出资组建的商业银行称为国有独资商业银行，这种体制在发展中国家比较普遍。例如，我国的工、农、中、建四大行在实行股份制改造前，都属于国有独资商业银行。一些发达国家的历史上也曾出现过商业银行国有化的现象，如法国的巴黎国民银行、里昂信贷银行和兴业银行都曾被收归国有。由个人出资组建的商业银行称为私人银行，是早期实业银行的一种组织形式，但随着资本主义经济的发展，私人银行由于筹资规模小，难以满足大额货币资本的需求，逐渐被股份制银行的组织形式取代。在一些国家，如我国，法律明确规定私人不得开办银行。

（二）单一制商业银行、总分行制商业银行和控股公司制商业银行

按组织形式的不同，商业银行可分为单一制商业银行、总分行制商业银行和控

股公司制商业银行。

1. 单一制商业银行

单一制商业银行也称独家制商业银行，其特点是，只以单个机构从事业务经营，不设立分支机构。这种银行的存在主要来自两个方面的原因：①国家管制的结果。例如美国历史上曾实行过单一银行制度，规定商业银行业务只能由单个机构经营，不允许设立分支机构。不过在 1994 年美国国会通过法案，取消了对银行设立分支机构的管制。②商业银行的自主选择。出于成本方面或其他因素的考虑，商业银行主动选择不设立分支机构。

2. 总分行制商业银行

总分行制是目前国际上普遍采用的一种商业银行体制，其特点是，法律允许商业银行在总行之下设立分支机构从事银行业务。例如，我国的《商业银行法》第 19 条规定"商业银行根据业务需要可以在中华人民共和国境内外设立分支机构"。实行总分行制的商业银行通常都有一个以总行为中心的、系统庞大、层级分明的银行网络。以中国银行为例，截至 2024 年 6 月，中国银行机构总数为 10 826 家，包括总行、一级分行、直属分行、二级分行及基层分支机构。其中一级分行（含直属分行）39 家，分别设立在 31 座省会城市、直辖市以及宁波、厦门、苏州、青岛、深圳、大连 6 座城市和雄安新区；二级分行共有 373 家；基层分支机构 9 868 家。此外，中国银行还在中国香港、澳门以及其他国家和地区设有 546 家机构。

3. 控股公司制商业银行

控股公司制商业银行也称集团制商业银行，其特点是，由一个集团成立股权公司，再由该公司控制或收购若干独立的银行。在法律上，这些银行仍保持各自独立的地位，但其业务经营都由同一股权公司所控制。实行控股公司制的商业银行可以通过外部并购的方式，更有效地扩大资本、增强实力。此外，控股公司不仅可以控股商业银行，同时还可以控股其他非银行金融机构，这样就能够有效地突破分业经营的限制，实现业务多元化发展。正是由于具备了这些显著优点，控股公司制已成为当今国际银行业最流行的组织形式。

（三）地方性商业银行、全国性商业银行和跨国银行

按业务覆盖地域的不同，商业银行可分为地方性商业银行、全国性商业银行和跨国银行。

1. 地方性商业银行

地方性商业银行也称区域性商业银行，是指业务范围受地域限制的商业银行。

这类商业银行以所在地区的客户为服务对象，业务经营活动范围有明显的地域性特征。例如我国的城市商业银行和农村商业银行。

2. 全国性商业银行

全国性商业银行是指业务范围在一国以内不受地域限制、业务可以覆盖全国的商业银行。与地方性商业银行相比，设立全国性商业银行的门槛更高。按照我国现行法律规定，设立城市商业银行和农村商业银行的注册资本最低限额分别为 1 亿元和5 000 万元人民币，设立全国性商业银行的注册资本最低限额则为 10 亿元人民币。

3. 跨国银行

跨国银行也称国际性商业银行，是指业务经营范围超越一国国境的商业银行。一般认为，在另一国设有分支机构并从事业务经营的商业银行即可称为跨国银行。按国际金融界的通行标准，跨国银行不仅要设立一定形式的国外分支机构，而且机构数量还要达到相应的业务要求。

（四）全能性商业银行和专业性银行

按业务经营模式的不同，商业银行可分为全能性商业银行和专业性银行。

1. 全能性商业银行

全能性商业银行也称综合性银行，是指不受金融业务分工限制，能够全面经营各种金融业务的商业银行。全能性商业银行不仅可以经营所有的商业银行业务，而且还能经营证券、保险、金融衍生业务以及其他新兴金融业务。

2. 专业性银行

专业性银行是指那些专门从事某一领域或某一类型银行业务的银行。例如，有的银行专门从事住房抵押贷款业务，有的银行专门从事长期信贷业务，有的银行专门从事零售银行业务等。

（五）传统商业银行和网络银行

按存在形态的不同，商业银行可分为传统商业银行和网络银行。

1. 传统商业银行

传统商业银行是指那些具有特定营业场所并采用传统的线下运营方式开展业务的商业银行。长期以来，拥有物理意义上的特定营业场所一直是设立并运营一家商业银行的必备条件之一。

2. 网络银行

网络银行也称虚拟银行、互联网银行，是指那些没有物理网点，完全通过互联网平台向用户提供各类金融服务的新型商业银行。1995 年 10 月，全球第一家网络银行"安全第一网络银行"诞生于美国，这家银行没有总部大楼，没有营业部，只有网址，所有交易都是通过网络进行的。近年来在我国相继成立的网络银行有微众银行、网商银行、金城银行、富民银行、华通银行、苏宁银行、新网银行、众邦银行、亿联银行、百信银行等。

经验分享4-1

即测即练

即测即练4-1

模块 4−2　商业银行业务

知识目标

1. 了解商业银行业务发展。
2. 熟悉商业银行存款业务。
3. 掌握商业银行的主要业务的目标。

技能目标

1. 了解商业银行的各项业务功能。
2. 熟悉现代商业银行业务内涵。
3. 掌握商业银行的主要业务活动在经济运行中的作用。

素质目标

1. 了解我国商业银行经营环境。
2. 熟悉我国商业银行在贯彻国家经济金融政策方面的制度和业务规范。
3. 掌握我国商业银行在引导资金支持实体经济绿色发展的现代意识。

建议学时

2 学时。

情境导入

商业银行业务范围广泛、品种繁多。为了更好地认识这些业务，我们通常按是否计入资产负债表，将其划分为两大块：表内业务和表外业务。其中，表内业务又分为负债业务和资产业务。

知识储备

一、负债业务

负债业务是商业银行筹集资金、借以形成资金来源的业务，是商业银行经营的先决条件。在商业银行的全部资金来源中，90%以上是负债。负债数量、结构和成本的变化在极大程度上决定着商业银行的规模、利润和风险状况。

商业银行的负债业务主要由存款性负债和借款性负债构成。受内外部环境的限制，不同银行的负债结构不尽相同。但有一点是共同的，吸收存款始终是它们的主要负债，同时也是它们经常性资金的来源。

（一）存款性负债业务

吸收存款是指存款人在保留所有权的条件下，把使用权暂时转让给银行的资金或货币。存款人可随时或按约定时间支取款项，商业银行需按约定支付利息或提供相应的服务。吸收存款，是商业银行的传统业务，也是商业银行的重要象征之一。

1. 活期存款、定期存款和通知存款

按存款期限设计不同，存款可分为活期存款、定期存款和通知存款。

（1）活期存款。活期存款是指存款人不需要预先通知可随时存取或转账支付的存款。活期存款具有支取方便、运用灵活的特点。存款人开立活期存款账户的目的主要是通过银行进行各种支付结算。由于支付频繁，提供存款服务会形成一定的成本开支，因此银行对活期存款支付的利息较低，有时甚至不支付任何利息。虽然活期存款随存随取，但在存取交错之中总会在银行形成一笔相对稳定、数量可观的余额，形成商业银行稳定的资金来源。

（2）定期存款。定期存款是指存款人和银行预先约定期限的存款。期限可从数日到数年不等，在我国通常为3个月、6个月、1年、2年、3年和5年。定期存款的利率根据期限长短而高低不等，但均高于活期存款。定期存款的办理形式也有多种，如整存整取、零存整取、整存零取和存本取息等。与活期存款相比，定期存款的稳定性较强，且营业成本较低，对商业银行长期放款与投资具有重要意义。

（3）通知存款。通知存款是指存款人在存入款项时不约定存期，支取时需提前通知银行，约定支取日期和金额方能支取的存款。通知存款集活期存款的灵活性和定期存款的收益性于一体，客户不仅可获得高于活期存款的利率，并且可以随时支取存款，深受存款人喜爱。目前，国内银行开办的通知存款按存款人提前通知的期限长短有 1 天通知存款和 7 天通知存款两个品种。开办银行往往对通知存款的起存、支取和留存金额设定最低限额。

2. 储蓄存款和对公存款

按存款人类型不同，存款可分为储蓄存款和对公存款。

（1）储蓄存款。储蓄存款也称对私存款或个人存款，是居民个人将手中闲置的资金存入银行而形成的存款。储蓄存款的存户一般限于个人。储蓄存款是商业银行的一项重要资金来源。

（2）对公存款。广义的对公存款是相对于储蓄存款而言的，在各项存款中剔除储蓄存款可视为对公存款，它包括经济组织存款和财政存款两部分。狭义的对公存款仅指商业银行以信用方式吸收的企事业单位存款，因此也称企业存款或公司存款。与储蓄存款相比，对公存款具有数额大、成本低、流动性强等特点。

3. 近年来出现的创新型存款

（1）结构性存款。结构性存款是指在客户普通存款的基础上嵌入某种金融衍生工具（主要是各类期权），通过与利率、汇率、指数等金融市场参数的波动挂钩，或与某实体的信用情况挂钩，从而使存款人在承受一定风险的基础上获得较高收益的存款业务产品。结构性存款可以按连接主体、是否保本、浮动方向、可否回购等因素划分为不同的类型。与传统的银行存款相比，结构性存款具有高风险、高收益的显著特征。

（2）大额存单。大额存单指由商业银行面向个人和企事业单位发行的一种大额存款凭证。与一般存单不同的是，大额存单在到期之前可以转让，期限不低于 7 天，投资门槛高，金额为整数。我国大额存单于 2015 年 6 月 15 日正式推出。购买大额存单的客户随时可以将存单在市场上出售变现。这样，客户能够以实际上的短期存款取得按长期存款利率计算的利息收入。

（3）智能存款。这是近年来随互联网金融发展起来的一种创新存款，其最大的特点是智能计息，客户存入的定期存款只要满足一定起存金额，如果提前支取，不再是按照活期计息，而是按照实际存期靠档计息。例如 5 年期智能存款，当客户在 2 年零 1 个月时支取，按 2 年定期存款利率计息。因此，智能存款既有活期存款的便利，又有定期存款的收益。此外，有的智能存款产品还把利率与起存金额挂钩，起存金额越高，利率越高；有的智能存款产品采用分期付息，而不是一次性付息。

（二）借款性负债业务

一般来说，存款业务的主动权掌握在存款人手中，对银行而言，属于被动型负债。而借款类业务则不同，何时借、向谁借、借多少、期限多长、利率多高等，都可由银行主动把握，属于主动型负债。此外，借款类负债还具有资金利用率高（不需要缴纳存款准备金）、流动性风险低（不存在需要提前即时支付问题）和非利息成本低（不依赖机构网点）等优点。20世纪60年代以来，借款在银行总负债中所占比例节节上升。

商业银行的借款方式多种多样，如向同业拆入资金、获取中央银行短期贷款、与客户进行证券回购交易、发行金融债券等。按期限可将它们划分为两大类。

1. 短期借款

短期借款是指期限在1年或1年以下的借款，在于解决银行临时的流动性不足和周转困难的资金需要。

（1）同业拆入，商业银行可向其他同行借入资金调剂余缺。同业拆借的期限一般都短，甚至只有1天。随着金融市场的发展，同业拆借已成为商业银行日常融资的一种重要形式，其期限也在不断延长。

（2）回购协议，商业银行卖出所持证券的同时与证券买入方签订回购协议，约定将来某一日期再将其出售的证券如数赎回，且赎回价格高于卖出价格，两者的差额即为借款的利息。最常见的回购协议期限在14天之内。

（3）向中央银行借款，商业银行向中央银行借款的形式主要有再贷款和再贴现两种。由于中央银行向商业银行的放款将构成具有成倍派生能力的基础货币，因此各国中央银行把对商业银行的放款作为宏观金融调控的重要手段。一般情况下，商业银行向中央银行的借款只能用于调剂头寸、补充储备不足和资产的应急调整，而不能用于日常的贷款和证券投资。

2. 长期借款

长期借款是指期限在1年以上的借款。商业银行的长期借款一般采用发行金融债券的方式，以这种方式借入资金对商业银行有很多好处：①与吸收存款不同，发行债券属于商业银行的主动型负债，债券发行的主动权掌握在商业银行手中，商业银行可根据自身情况灵活调整债券发行的时机、规模等；②债券不是存款，不需交纳存款准备金，因而发行债券得到的实际可用资金大于同等数额的存款，资金利用率高，且债券一般都有明确的偿还期，只能转让而不能兑现，资金运用的稳定性更高；③债券的利率通常高于同期存款利率，对客户吸引力强，且债券把银行负债凭证标准化，适宜推销，能有效地增强银行的资金组织能力。

目前我国商业银行发行的金融债券主要包括普通金融债券、二级资本债券和专项债券三种。普通金融债券、二级资本债券和专项债券的特征见表4-2。

表4-2 普通金融债券、二级资本债券和专项债券的特征

债券种类	特征
普通金融债券	发行普通金融债券募集的资金作为商业银行负债计入报表，资金用途上没有特别限定，通常用于替换存量负债或者投资新的资产项目
二级资本债券	商业银行为增加二级资本公开发行的债券。这类债券本金利息的清偿顺序列于商业银行其他负债之后、先于商业银行股权资本，期限要求不低于5年，因此具有一定的资本属性
专项债券	商业银行为特定用途专门发行的债券，如绿色金融债、"三农"金融债、小微企业金融债等

二、资产业务

商业银行的资产业务是对资金进行运用的结果，是其获得收入的最主要来源。我国商业银行收入中，有80%~90%来自资产业务。

商业银行资产业务的种类有很多，大体上可以分为三大块：贷款业务、证券投资业务和现金资产业务。不同银行往往有着不同的资产结构，有的银行把主要资产配置在各种贷款上，而有的银行则更倾向于投资证券。

（一）贷款业务

贷款是商业银行出借给贷款对象，并按约定利率和期限还本付息的货币资金。出借资金的银行称为贷款人，借入资金的贷款对象称为借款人。贷款是商业银行的传统核心业务，也是商业银行最主要的盈利资产。银行贷款可以按不同标准划分为不同的种类。

（1）按期限的长短，贷款可分为短期贷款、中期贷款和长期贷款。期限在1年以内（含1年）的贷款为短期贷款；期限在1年以上、5年以下（含5年）的贷款为中期贷款；期限在5年以上的贷款为长期贷款。

（2）按保障条件的不同，贷款可分为信用贷款和担保贷款。信用贷款是指没有担保、仅依据借款人的信用状况而发放的贷款；担保贷款是指由借款人或第三方依法提供担保而发放的贷款，按照具体担保方式的不同，担保贷款又可分为保证贷款、抵押贷款和质押贷款。

（3）按业务类型的不同，贷款可分为公司类贷款、个人贷款和票据贴现。公司类贷款是银行针对公司类客户而发放的贷款，包括流动资金贷款、项目贷款和房地产开发贷款等；银行针对个人客户发放的贷款即为个人贷款，包括个人住房贷款、个人消费贷款、个人经营性贷款和银行卡透支等；票据贴现是贷款的一种特殊方式，是指银行应客户的要求，以现金或活期存款买进客户持有的未到期商业票据的方式而发放的贷款。

（4）按质量的高低，贷款可分为正常贷款、关注贷款、次级贷款、可疑贷款和损失贷款。正常贷款是指借款人能够履行合同，不存在任何影响贷款本息及时全额偿还的消极因素，银行对借款人按时足额偿还贷款本息有充分把握，贷款发生损失的概率为0；关注贷款是指尽管借款人目前有能力偿还贷款本息，但存在一些可能对偿还产生不利影响的因素，如这些因素继续下去，则有可能影响贷款的偿还，因此需要对其进行关注或监控。通常情况下，这类贷款损失的概率不会超过5%；次级贷款是指借款人的还款能力出现明显问题，完全依靠其正常营业收入已无法足额偿还贷款本息，需要通过处置资产或对外融资乃至执行抵押担保来还款付息，这类贷款损失的概率为30%～50%；可疑贷款是指借款人无法足额偿还贷款本息，即使执行抵押或担保，也肯定要造成一部分损失，只是因为存在借款人重组、兼并、合并、抵押物处理和未决诉讼等待定因素，损失金额的多少还不能确定，贷款损失的概率为50%～75%；损失贷款是指借款人已无偿还本息的可能，无论采取什么措施和履行什么程序，贷款都注定要损失了，或者虽然能收回极少部分，但其价值也是微乎其微，从银行的角度看，也没有意义和必要再将其作为资产在账目上保留下来，对于这类贷款，在履行必要的法律程序之后应立即予以注销，其贷款损失的概率为95%～100%。通常所说的不良贷款，就是指后三类。

（二）证券投资业务

1. 证券投资业务的特点

与贷款业务相比，商业银行从事的证券投资业务具有以下特点。

（1）主动性强。在贷款业务中，银行只能根据客户的申请，被动地贷出款项。而在证券投资业务中，银行完全可根据自身的资金实力和市场行情独立自主地作出决策。

（2）流动性强。银行贷款一般都必须持有到期，不能随时收回。即使存在二级市场能够转让，其条件也会非常苛刻。而绝大多数证券不仅有着完善的二级市场，可以方便地转让，且能够作为担保品或回购对象使银行轻松地获得融资。因此，证券投资业务具有很强的流动性，一些安全性高的短期债券通常被当作商业银行的二级储备。

（3）收益的波动性大。贷款业务的收入来自利息，主要受利率的影响。证券投资业务的收入则有两个来源，即持有证券的利息（或股息）收入和买卖证券的差价收入。因此，收入不仅要受利率的影响，还要受金融市场行情的影响，波动性较大。

（4）易于分散管理。在贷款业务中，受监管规章、客户需求和银行自身管理能力的限制，银行贷款投向分散的难度较大。而在证券投资业务中，银行几乎可以在足不出户的情况下，投资于任何地区、任何发行人、任何品种的证券，从而能够完全根据投资组合的需要进行分散化管理，降低银行整体风险。

2. 证券投资业务的对象

理论上，所有合法的有价证券，包括债券和股票等，都可作为商业银行证券投资的备选对象。但实践中，商业银行证券投资的范围要受本国监管当局的限定。比如，美国 1933 年颁布的《格拉斯—斯蒂格尔法》，它严格禁止美国商业银行从事股票的承销和投资业务，只允许从事信用级别达到投资级（BBB 级以上）的债券。但随着金融市场规模的不断扩大和金融衍生业务的迅速发展，银行和证券、保险等其他金融业的联系日益紧密，监管机构对商业银行的投资业务也逐渐放松了监管。1999 年美国"金融服务现代化法案"的出台，宣告了金融分业经营时代的终结，商业银行证券投资业务的范围大大拓展。

《中华人民共和国商业银行法》第四十三条规定，"商业银行在中华人民共和国境内不得从事信托投资和证券经营业务，不得向非自用不动产投资或者向非银行金融机构和企业投资，但国家另有规定的除外"。这一规定，明确了我国商业银行的可投资范围。目前，国内商业银行表内投资类资产大致可分为两大类。

（1）债务性资产。其包括：①债券资产，包括国债、地方政府债、央行票据、政策性金融债、金融债券、同业存单、非金融企业法人发行的各类债券等。②非标债权类资产，根据中国银行业监督管理委员会 2013 年第 8 号文的定义，主要是指"未在银行间市场及证券交易所市场交易的债权性资产，包括但不限于信贷资产、信托贷款、委托贷款、承兑汇票、信用证、应收账款、各类受（收）益权、带回购条款的股权融资等"。

（2）权益性资产。其主要表现为商业银行持有的长期股权投资。法律规定商业银行不得向非银行金融机构和企业投资，也就是说，商业银行可以向银行业金融机构投资，比如作为战略投资者持有其他商业银行的股票，这就形成了长期股权投资。

（三）现金资产业务

现金资产是指商业银行持有的库存现金以及与现金等同的可随时用于支付的银

行资产，一般包括以下内容。

（1）库存现金。库存现金是指商业银行保存在业务库中的现钞和硬币。库存现金的主要作用是银行用来应付客户提现和银行本身的日常零星开支。随着电子支付系统的发展，库存现金在银行总资产中所占的比重越来越小。

（2）在中央银行存款。在中央银行存款是指商业银行存放在中央银行的资金，即存款准备金。在中央银行存款由法定存款准备金和超额准备金两部分构成。

（3）存放同业及其他金融机构款项。存放同业及其他金融机构款项是指商业银行存放在其他银行和金融机构的存款。这部分款项的主要用途为在同业之间开展代理业务和结算收付，大多属于活期性质，可以随时支用。

（4）同业拆出。同业拆出是指商业银行在同业拆借市场上向其他同业机构贷出的资金。与存放同业不同，同业拆出形成的是商业银行贷款。

现金资产是商业银行流动性最强的资产，持有一定数量的现金资产，主要目的在于满足银行经营过程中的流动性需要。但由于现金资产基本上是一种无盈利或微利资产，过多地持有这种资产，将会失去其他盈利机会，因此，银行持有现金资产会付出机会成本。除了机会成本，银行持有库存现金还会面临大量的保管费用和被盗风险。因此，银行现金资产管理的任务就是要在保持满足流动性需要的前提下，通过适时调节，保持现金资产的规模适度性和安全性。

三、表外业务

表外业务是指商业银行所从事的，按照通行的会计准则不计入资产负债表内，不会形成银行现实的资产或负债，但却能影响银行当期损益的业务。目前，关于表外业务存在着狭义和广义两种不同层面上的理解：狭义的表外业务是指那些虽然不列入资产负债表，但在一定条件下可能转化为表内资产或负债的业务，典型的如贷款承诺、担保等。这类业务往往蕴含较大的风险，所形成的或有资产和或有负债须按规定在会计报表的附注中予以揭示。广义的表外业务泛指一切不计入资产负债表内的业务，除了狭义的表外业务以外，还包括银行提供的金融服务类业务，如支付结算、信托、租赁与咨询等。与狭义的表外业务相比，这些金融服务类业务不仅在发生时不进入，而且在将来也永远不会进入银行资产负债表，银行只是作为中间人，一般并不需要承担风险。例如，在办理转账结算时，由于银行不垫款，只是代客户办理款项的收付，因而无须承担风险。我国商业银行的中间业务指不构成商业银行表内资产、表内负债，形成银行非利息收入的业务。它实际上等同于广义的表外业务。目前，表外业务大致分为以下几类。

（一）支付结算业务

支付结算是商业银行为客户办理因债权债务关系引起的与货币支付、资金划拨有关的收付业务，是商业银行的传统业务。银行在为客户办理支付结算时，通常要借助一定的结算工具。国际上通行的结算工具有票据、银行卡和信用证三大类，其中票据包括汇票、支票和本票。目前，银行办理支付结算的方式主要有汇兑结算、托收结算和信用证结算等。

（1）汇兑结算。汇兑结算是指汇款人委托银行将款项汇给收款人的结算方式。这种方式非常灵活，可适用于企业和个人各种款项的结算，而且无论客户在银行有无开户，均可办理。

（2）托收结算。托收结算是指债权人或售货人为向外地债务人或购货人收取款项而向其开出汇票，并委托银行代为收款的一种结算方式。一般来说，汇兑结算是付款人（汇款人）委托银行主动支付款项的行为，而托收结算则是收款人委托银行主动收取款项的行为。

（3）信用证结算。信用证是指由银行根据申请人的要求和指示，向受益人开立的载有一定金额、在一定期限内凭规定的单据在指定地点付款的书面保证文件。信用证结算就是付款人根据贸易合同，请当地银行开立以收款人为受益人的信用证，银行审核后同意并收取一定保证金后即开具信用证，收款人接到信用证后履行合同，开证银行接到有关单据后先向收款人付款，付款人再向开证行付款的结算方式。信用证结算可通用于国际和国内，是当今国际贸易领域使用最广泛的结算方式。

（二）银行卡业务

银行卡是由经授权的银行向社会发行的具有消费信用、转账结算、存取现金等全部或部分功能的信用支付工具。

1. 商业银行从事银行卡业务的收入来源

商业银行从事银行卡业务的收入来源包括：①商户结算手续费，即接受银行卡付款的商户，在通过银行进行结算时按照实际交易金额的一定比例向银行支付的手续费。②年费，即持卡人向发卡银行每年缴纳的固定费用。③利息收入，即持有具有支付功能的银行卡客户，在透支后按规定向银行支付的利息。④其他收入，包括客户在银行的挂失、转账、取现等活动中向银行支付的各种费用。

2. 借记卡和信用卡

按是否给予持卡人授信额度，银行卡一般分为借记卡和信用卡。

（1）借记卡。借记卡是指发卡银行向持卡人签发的、没有信用额度、持卡人先存款后使用的银行卡。按功能不同，借记卡可分为转账卡、专用卡、储值卡等。转账卡具有转账、存取现金和消费的功能。专用卡是在特定区域、专门用途（百货、餐饮、娱乐行业以外的用途）使用的借记卡，具有转账、存取现金的功能。储值卡是银行根据持卡人要求将资金转至卡内储存，交易时直接从卡内扣款的预付钱包式借记卡。借记卡可以在网络或 POS 消费或者通过 ATM 转账和提款，不能透支，卡内的余额按活期存款计付利息，消费或提款时，资金直接从储蓄账户划出。

（2）信用卡。信用卡是指银行发行并给予持卡人一定信用额度，持卡人可在信用额度内先消费后还款的银行卡。信用卡的最主要特点就是允许持卡人在一定额度内先消费、后还款，且享有免息缴款期（最长可达 56 天）。除了可以透支消费外，信用卡还有分期付款、预借现金等功能。在我国，信用卡又具体分为贷记卡和准贷记卡。贷记卡就是一般意义上的信用卡，具有透支消费的功能。准贷记卡虽然与贷记卡一样可以在规定的信用额度内透支，但不是免息的，每透支一天，便收取一天的利息。此外，准贷记卡的账户内如果有存款，则与借记卡一样，按照中国人民银行规定的同期同档次存款利率及计息办法计付利息，而贷记卡内的存款则不享受银行利息。

（三）代理业务

代理业务是指商业银行接受客户委托代为办理客户指定的经济事务、提供金融服务并收取一定费用的业务。代理业务是典型的表外业务，在代理业务中，客户的财产所有权不变，银行不参与财产运用的收益分配，也不会动用自己的资产，而是充分运用自身的信誉、技能、信息等资源优势，代客户办理业务，并据此收取相应的代理手续费，因而是风险较低的银行业务。

如今，商业银行可开办的代理业务种类繁多，服务范围十分广泛。代理业务的委托人既可以是政府机构和企事业单位，也可以是居民个人；代理业务的类型既有代理行、代收代付、保理和代保管等传统业务，也有近年来迅速发展起来的代理证券、代理保险、基金托管、代客理财等创新业务。

（四）信托业务

信托业务与前面分析的代理业务存在明显的区别：①信托的当事人至少有委托人、受托人、受益人三方，而代理的当事人仅有委托人和受托人（即代理人）两方。②设立信托必须有确定的、合法的信托财产，而代理则不一定以存在财产为前提，没有确定的财产，委托代理关系也可以成立。③信托受托人依据信托合同规定管理运用信托财产，享有广泛的权限和充分的自由，委托人不干预；而在代理业务中，受托人权限较狭小，仅以委托人的授权为限。

可见，在信托业务中，受托人的角色十分重要，其不仅要有很高的信誉度，还要具备管理信托财产所需的专业知识。除了专业性的信托公司外，商业银行同样具备从事信托业务的显著优势。就商业银行自身而言，信托业务不仅开辟了新的利润来源渠道，而且扩大了服务范围、丰富了业务种类，从而分散了银行的经营风险。在发达国家，较大的商业银行普遍都会经营信托业务。

在我国，商业银行从事信托业务是受到严格管制的。根据我国现行《商业银行法》的规定，商业银行在中华人民共和国境内不得从事信托投资。也就是说，我国商业银行不能直接从事信托业务，只能通过控股信托公司，或与信托机构合作，如代理销售信托产品、提供资金托管服务等方式参与信托业务。

（五）租赁业务

租赁是指出租人在一定时期内把租赁物借给承租人使用，承租人则按租约规定，分期支付一定的租赁费。租赁是一种非常古老的信用形式，它经历了古代租赁、传统租赁、现代租赁三个历史发展阶段。现代租赁也可称金融租赁或融资租赁，兴起于第二次世界大战后的美国，随后风行全球。与传统租赁不同，现代租赁是融资和融物相结合，并以融资为主要目的的租赁。其具体做法是：出租人根据承租人对租赁物件的特定要求和对供货人的选择，出资向供货人购买租赁物件，并租给承租人使用，承租人则分期向出租人支付租金。租赁期内租赁物件的所有权属于出租人，承租人拥有租赁物件的使用权。商业银行在从事租赁业务时，可以有多重角色，业务性质也有较大差异。例如，银行作为出租人，出资购买设备租借给承租人，由于在租赁期内设备的所有权属于银行，从而成为银行的固定资产；银行也可作为贷款人向租赁公司提供贷款，从而形成贷款资产；银行还可作为普通的中介，提供联系供货商、接受咨询、收取租赁费等服务。

国内的金融租赁业务始于20世纪80年代，东南亚金融危机爆发后，国内商业银行退出了金融租赁市场。2007年3月，《金融租赁公司管理办法》正式实施，随后，工行、建行、交行等多家国内商业银行获批设立旗下租赁公司开展相关业务。

（六）投资银行业务

传统的投资银行业务仅指证券发行承销和证券交易业务。伴随金融市场发展，商业银行的投资银行业务范畴涵盖了证券承销与发行、证券交易、以资产证券化为核心的结构性融资、私募股权投资、收购兼并、围绕金融衍生产品开展的金融工程、资产管理等诸多领域。2001年，中国人民银行颁布《商业银行中间业务暂行规定》，明确了商业银行可以开展除证券交易、承销和经纪业务以外的其他投行业务。2002 年,中国工商银行率先成立了投资银行部门,专门用来开展投资银行业务,国内其他银行紧随其后,我国商业银行的投资银行业务就此展开。现阶段,商业银行开展的投行业务主要有三个方面。

（1）资产证券化和基金托管类业务。资产证券化为我国商业银行开展投行业务提供了新的发展空间。银行参与的资产证券化业务通常有两种:①以自营信贷资产发起证券化业务,为投资者提供证券化投资产品。②为其他金融机构发行的信贷资产证券化产品提供财务顾问及债券承销服务,服务内容包括信贷资产证券化交易结构设计、量化模型测算及分析、监管材料的报批以及债券承销等。

（2）财务顾问类业务。财务顾问类业务主要包括企业并购、证券承销、项目融资顾问、集合财务顾问等。其中,财务顾问业务是利用商业银行的客户网络、资金资源、信息资源、人才资源等方面的优势,为客户提供资金、风险、投资理财、企业战略等多方面综合性的咨询服务。商业银行从事理财顾问业务的动机不仅仅是获取咨询服务费,更重要的是在此过程中可以了解客户财力和经营状况,进而为实施高效风险控制提供依据,同时也可以强化与银行客户的联系、培养客户群体的忠诚度、推广其他相关金融服务产品。

（3）杠杆融资类业务。杠杆融资类业务是商业银行通过为企业提供信贷资金,以满足企业上市、配股、并购、股份制改造等活动对资金的需求。由于此类信贷资金的规模较大且贷款期限较短,加之近年来我国企业股份制改革发展迅速,企业间的并购交易频繁发生,商业银行开展此类业务可以实现与企业之间的双赢。此外,杠杆融资类业务也可以促进商业银行创新诸如股权资金收款结算、并购咨询与方案设计、项目推荐等新业务,开拓新利润,同时也是商业银行强化银企关系、发展核心客户、增强核心竞争力的重要选择。

（七）担保与承诺业务

（1）担保业务。担保业务是指商业银行接受客户的委托对第三方承担责任的业务,其形式包括担保（保函）、备用信用证、跟单信用证承兑等。担保业务不占用银行的资金,但形成银行的或有负债,即当被担保人不能按时履行其应尽义务时,银行就必须代为履行付款等责任。

（2）承诺业务。承诺业务是指商业银行在未来某一日期按照事先约定的条件向客户提供约定的信用业务,包括贷款承诺、开立信贷证明、客户授信额度和票据发行便利等。按约束力的不同,承诺一般分为不可撤销的承诺和可撤销的承诺。

（八）金融衍生产品交易类业务

衍生产品是一种金融合约，其价值取决于一种或多种基础资产或指数，合约的基本种类包括远期、期货、掉期（互换）和期权。衍生产品还包括具有远期、期货、掉期（互换）和期权中一种或多种特征的混合金融工具。按照交易目的不同，商业银行从事的金融衍生产品交易主要有两类。

（1）套期保值类衍生产品交易。套期保值类衍生产品交易即商业银行主动发起，为规避自有资产、负债的信用风险、市场风险或流动性风险而进行的衍生产品交易。此类交易需符合套期会计规定，并划入银行账户管理。

（2）非套期保值类衍生产品交易。非套期保值类衍生产品交易即除套期保值类以外的衍生产品交易。其包括：由客户发起，商业银行为满足客户需求提供的代客交易和商业银行为对冲前述交易相关风险而进行的交易；商业银行为承担做市义务持续提供市场买、卖双边价格，并按其报价与其他市场参与者进行的做市交易；商业银行主动发起，运用自有资金，根据对市场走势的判断，以获利为目的进行的自营交易。此类交易划入交易账户管理。

经验分享4-2

即测即练

即测即练4-2

模块4-3 商业银行管理

知识目标

1. 了解商业银行经营管理理论与方法。

2. 熟悉商业银行的风险。

3. 掌握商业银行资本的内涵。

技能目标

1. 了解商业银行资产负债管理的核心思想。

2. 熟悉商业银行经营管理原则。

3. 掌握商业银行资本的内涵。

素质目标

1. 了解我国商业银行的发展历程，引导学生坚定"四个自信"。
2. 熟悉商业银行业务经营的特点，积极关注环境、社会和公司治理。
3. 掌握商业银行经营原则，为我国经济高质量发展提供强有力的金融合力。

建议学时

2 学时。

情境导入

管理一家商业银行，需要涉及的内容非常多，如日常的行政事务管理、业务运营管理、人力资源管理、分支机构管理、财产管理等。除业务运营管理以外，商业银行在其他领域的管理与普通企业大体相同。因此，我们重点介绍商业银行围绕其业务运营而形成的经营原则、资产负债管理、资本管理和风险管理。

知识储备

一、商业银行的经营原则

商业银行的经营原则是商业银行制定和实施银行战略过程中所运用的指导性原则，主要包括安全性、流动性、营利性三大原则，通常也简称"三性原则"。

（一）安全性

安全性是指商业银行在经营活动中，必须保持足够的清偿力，经得起重大风险和损失，能随时应付客户提存，使客户对商业银行保持坚定的信任。商业银行是高负债经营，安全性在很大程度上取决于商业银行资产安排规模和资产结构。这就要求商业银行合理安排资产规模和结构，注重资产质量，提高自有资本在全部资金来源中的比重。

（二）流动性

流动性是指商业银行保持随时以适当的价格取得可用资金的能力，以便随时应对客户提存及银行支付的需要。商业银行必须保持借贷资本运用所形成的资产有足够的流动性，即当银行需要清偿力时，能迅速将资产变现，或从其他途径获得资金来源。衡量商业银行流动性有两个标准：①资产变现的成本。资产变现成本越低，该项资产流动性就越强。②资产变现的速度。资产变现速度越快，该项资产的流动性就越强。

（三）营利性

营利性是商业银行经营管理的最终目标，这一目标要求商业银行的经营管理者在可能的情况下，尽可能地追求利润最大化。这既是商业银行充实资本、加强实力、巩固信用、增强竞争能力的基础，也是股东利益所在，是商业银行开拓进取、积极发展业务、提高服务质量的内在动力。

商业银行在经营过程中，实现"三性原则"往往存在一些矛盾。从营利性角度看，商业银行的资产可以分为营利性资产和非营利性资产，营利性资产的比重较高，商业银行收取的利息就越高，营利规模也越大。从流动性角度看，非营利资产如现金资产可以随时用于应对提现的需要，具有十足的流动性，现金资产的比重越高，商业银行的流动性就越强。从安全性角度看，一般情况下，具有较高收益的资产，其风险总是较大的。同时，商业银行"三性原则"之间也存在协调统一的关系。安全性是商业银行第一经营原则，流动性既是实现安全性的必要手段，又是营利性和安全性之间的平衡杠杆，安全性是营利性的基础，而营利性也保证了安全性和流动性。因此，商业银行总是在安全性、流动性的前提下，追求最大限度的营利，实现"三性原则"的均衡。

二、商业银行的资产负债管理

（一）资产负债管理的理论沿革

商业银行自产生以来，其经营管理理论随着经济金融环境的变化而不断演变，大致经历了资产管理理论、负债管理理论和资产负债综合管理理论三个阶段。

（1）资产管理理论。20 世纪 60 年代以前，由于金融市场发展水平不高，间接融资一直是社会经济活动中最主要的融资方式。作为间接融资的主体，商业银行的资金来源相对充裕，但以活期存款为主，流动性需求较高。在这样的背景下，商业银行管理的首要工作必然是维护流动性，即保持充足的流动性以应对存款客户的提款要求，在此基础上追求营利。由于受当时社会发展和人们认识的局限，资金来源的水平和结构被视为商业银行不可控的外生变量，这样，商业银行管理的重心就放在了资产负债表中的资产方，即通过对资产项目的调整和组合来实现其经营目标。

最早的资产管理理论可以追溯到 18 世纪英国商业银行提出的商业性贷款理论，该理论认为，商业银行的资金运用只能是发放短期的且以真实的商业票据做抵押的、周转性的工商企业贷款。第一次世界大战后，资产转移理论诞生。该理论认为，除了发放短期贷款以外，商业银行还可以通过持有那些信誉高、期限短、易于转让的资产来保持流动性，如短期票据、国库券等。第二次世界大战后，预期收入理论进一步拓展了商业银行的资产范围。该理论强调，从根本上来说，商业银行的流动性状态取决于贷款的偿还，这与借款人未来的预期收入和银行对贷款的合理安排密切相关。因此，即使是中长期贷款，只要其能按期偿还，在对资产组合期限结构的合理安排下，同样可以提供流动性。

（2）负债管理理论。进入 20 世纪 60 年代，世界经济开始出现相对繁荣的景象，金融市场日益活跃，非银行金融机构迅速发展，资金来源方面的竞争日趋激烈。在严格的利率管制下，商业银行吸收资金的能力受到限制，面临着巨大的资金来源压力。在这样的背景下，商业银行若不调整经营策略，一味地强调从资产方考虑，必将使自身陷入严重的困境。于是，负债管理理论应运而生。该理论强调，商业银行的流动性提供不仅来自资产方，还可来自负债方，即通过对负债结构进行调整，增加主动型负债（如发行大额可转让存单、金融债券等），在货币市场上主动"购买"资金来满足自身流动性需求和不断适应目标资产规模扩张的需要。

（3）资产负债综合管理理论。进入 20 世纪 80 年代，西方各国先后取消或放松利率管制。在市场利率频繁波动的情况下，资产和负债的配置状态都对商业银行利润和经营状况产生很大的影响，单纯地从资产方或负债方出发的考虑，已经无法满足商业银行经营管理的需要。商业银行开始把重心转向如何通过协调负债与资产的关系来实现经营目标，即根据外界环境的变化，动态地调整资产负债结构，协调各种不同资产和负债在利率、期限、风险和流动性等方面的搭配，作出最优化的组合，以满足流动性、安全性和营利性的要求。

（二）我国商业银行资产负债管理的具体实践

20 世纪 80 年代后期，我国银行开始"商业化"改革，一些银行从自身的经营管理实践出发，提出了"总量平衡、结构对称""经营目标管理"等实行资产负债管理的构想，并制定了一些具体办法付诸实践。如 1987 年，交通银行就率先提出并实行资产负债比例管理。1988 年下半年，由于受政策紧缩和其他因素的共同作用，存款滑坡波及全国各地，贷款不能按期收回，汇划款项受阻，个别行处甚至支付现金困难，银行出现信用危机。人们开始认识到资产负债管理的重要性，国内银行业逐步树立起资产负债综合管理理念。

1994 年，中国人民银行下发了《关于对商业银行实行资产负债比例管理的通知》，规定了商业银行实行资产负债比例管理的资本充足率、存贷款比例、中长期贷款比例、资产流动性比例、备付金比例、单个贷款比例、拆借资金比例、对股东贷款比例、贷款质量指标等十三项暂行监管指标，并对银行资本和资产风险权数作出了暂行规定。同年，中国人民银行发文要求各商业银行搭建资产负债管理组织架构，成立资产负债管理委员会。这标志着国内商业银行开始全面推行资产负债管理，同时确立了比例管理方法在资产负债管理中的主要地位。

此后，在监管当局的积极推动下，我国商业银行资产负债管理实践逐步深入。各商业银行先后成立了专门的资产负债管理委员会和资产负债管理部，根据监管当局的规定并结合自身的实际，不断地完善资产负债比例指标。近年来，我国商业银行资产负债管理的技术和方法有了很大的改进，除了实行比例管理以外，一些银行还引入资金缺口分析、久期分析、压力测试、情景模拟等方法，并将传统的资产负债管理与正在兴起的资本管理、风险管理等内容融合在一起。

三、商业银行的资本管理

（一）商业银行资本的内涵

和一般工商企业一样，商业银行存在和发展也必须拥有一定数量的自有资本。国际上常把商业银行资本定义为"银行股东或投资者为赚取利润而投入银行的可供银行长久或较长时间使用的资金以及保留在银行中的收益"。

商业银行的资本管理可以从不同角度进行，相应地，人们对银行资本的定义也不尽相同。从财务管理的角度，将其定义为账面资本；从外部监管者的角度，将其定义为监管资本；从内部风险管理者的角度，将其定义为经济资本。

（1）账面资本。账面资本也称权益资本或会计资本，是指资产负债表中的总资产减去总负债后的所有者权益部分，包括实收资本、资本公积、盈余公积和未分配利润等。通常情况下，账面资本也是投资者、债权人或其他的外部利益相关者借以判断商业银行实力的重要依据之一，因此，有时也把账面资本称为信号资本。通常认为，账面资本规模越大，商业银行的实力越雄厚。

（2）监管资本。监管资本是监管当局要求商业银行必须保有的最低资本量，是商业银行的法律责任，因此，监管资本也可称为法律资本。1988 年的巴塞尔协议对银行所需要满足的监管资本做了明确的定义，规定银行监管资本由一级资本和二级资本两个部分组成。

①一级资本，也称核心资本，主要包括股本和公开储备。一级资本是永久性的，并且被认为是一种高质量的缓冲器，是判断银行资本是否充实最明显的依据。根据监管要求，一级资本在总资本中的占比通常不得低于 50%。

②二级资本，也称附属资本，包括未公开储备、重估储备、普通准备金、带有债务性质的资本工具和长期次级债务等。相对于一级资本而言，此类资本的稳定性较差，资本作用较弱，有的价值容易发生波动，如重估储备，有的带有债务性质，如长期次级债务和可转换债券等。因此，监管当局对二级资本的确认和数量占比等方面都有比较严格的限定。

（3）经济资本。经济资本是指银行内部风险管理人员根据银行所承担的风险计算出来的、银行需要保有的最低资本量。它用于衡量和防御银行实际承担的非预期损失，是防止银行倒闭的最后防线。由于它直接与银行所承担的风险挂钩，因此，也称风险资本。经济资本的概念是随着金融风险管理技术的演进和银行风险环境的恶化而逐步形成的，在银行实践中变得越来越重要，已成为现代银行经营管理的重要手段。

（二）资本充足性管理

（1）资本充足性的含义。商业银行的资本管理不仅需要考虑如何界定资本范畴和资本构成，还要考虑资本的数量。资本数量过少，不仅会面临监管当局的惩罚，更严重的，还会面临破产倒闭的风险。因此，保持数量充足的资本，是商业银行首要解决的问题。但是，资本并不是多多益善。对于一家银行来说，资本越多，其用于支付股息或债券利息的费用越高，即资本的成本越高，这无疑会加重其经营负担。此外，过多的资本占用还说明其经营管理水平较差、筹资能力不强、业务发展能力弱、营利能力不高。因此，资本充足确切含义是资本数量适度，即商业银行持有的资本数量既能满足其正常经营的需要，又能满足股东的合理投资回报要求。

（2）资本充足性的衡量。资本充足性的衡量包括两层含义：资本持有量的计算和对其充足与否的判断。具体到某一家银行，适度资本量要受到多种主、客观因素的影响，如管理者的风险偏好、机构的信誉状况、业务构成、经济周期等，很难给出一个统一的、精确的衡量标准。实践中，许多商业银行简单地将一定程度上高于监管当局所规定的最低限额资本作为自己的适度资本量。

1988年出台的巴塞尔协议不仅对资本的构成做了统一的规定，还对资本充足性规定了统一的标准，衡量商业银行资本是否充足，主要是看其总资本是否大于或等于风险资产总额的8%。

2004年出台的新巴塞尔协议对银行的资本充足性问题进行了修改和补充，以8%的资本充足率底线为约束条件，风险越大，要求持有的资本量就越大，这种把"资本"与"风险"紧密挂钩的做法代表了当前人们对待资本充足性问题的主流思想，越来越多的商业银行开始在这个指导思想下进行自身的资本管理。

四、商业银行的风险管理

（一）风险管理是商业银行的生命线

银行风险是指银行在经营过程中，由于各种不确定因素的影响，而使其资产和预期收益蒙受损失的可能性。

风险是与商业银行相伴而生的产物。商业银行通过承担客户不愿意承担的风险，成为金融活动参与者转嫁风险的主要对象。传统金融理论认为，商业银行存在的根本原因是作为存款人和借款人之间的中介。这是因为商业银行不仅解决了双方在融资的期限、时间、金额、现金与凭证的交付等方面的矛盾和困难，更重要的是，它还运用自身专业化的风险管理，吸收并承担了客户的风险，克服了资金融通中最主要的障碍。随着信息技术日新月异、金融工具层出不穷和支付手段不断创新，银行融资功能的核心地位逐渐让渡于风险管理职能，风险管理正在成为现代商业银行的基本职能。

风险管理是商业银行的生命线，是决定商业银行经营的根本因素，也是衡量商业银行核心竞争力和市场价值的最重要因素之一。商业银行发展的历史表明，银行在经营风险、管理风险过程中，随时都可能因微小的疏忽或判断失误而引火烧身，为风险所困，甚至被风险压垮，英国巴林银行的倒闭、法国兴业银行的巨额损失等事件就从反面证明了风险管理对商业银行的意义所在。

（二）商业银行风险的种类

参照国际惯例，按诱发风险的原因对商业银行的风险分类见表 4-3。

表 4-3　按诱发风险的原因对商业银行风险分类

种类	内容
信用风险	是指因债务人或交易对手的直接违约或履约能力的下降而造成损失的风险。信用风险是最古老的风险之一，广泛地存在于一切信用活动中
市场风险	是指市场价格的不利变动而使商业银行表内和表外业务发生损失的风险。根据风险因子的不同，市场风险可分为利率风险、股票风险、汇率风险和商品风险四种
操作风险	是指由不完善或有问题的内部程序、员工和信息科技系统以及外部事件所造成损失的可能性，包括法律风险，但不包括策略风险和声誉风险
流动性风险	是指商业银行无法以合理成本及时获得充足资金，用于偿付到期债务、履行其他支付义务和满足正常业务开展的其他资金需求的风险
国别风险	是指由于某一国家或地区经济、政治、社会变化及事件，该国家或地区借款人或债务人没有能力或者拒绝偿付银行债务，或使银行在该国家或地区的商业存在遭受损失，或使银行遭受其他损失的风险

续表

种类	内容
合规风险	是指因违反法律或监管要求而受到制裁、遭受金融损失以及因未能遵守所有适用法律、法规、行为准则或相关标准而给银行信誉带来损失的风险
声誉风险	是指由商业银行经营、管理及其他行为或外部事件导致利益相关方对商业银行负面评价的风险

（三）商业银行风险管理基本框架

（1）风险管理环境。风险管理环境是其他所有风险管理要素运行的基础和平台，为其他要素提供规则和约束。它不仅影响商业银行战略与目标的制订、业务活动的组织和风险的识别、评估与执行，还影响商业银行控制活动的设计与执行、信息与沟通系统以及监控活动。

风险管理环境包含很多内容，包括员工的道德观和胜任能力、人员的培训、管理者的经营模式、分配权限和职责的方式等。其构成要素主要有公司治理、内部控制、风险文化和管理战略。

（2）商业银行风险管理组织。商业银行的风险管理理念、战略、政策、程序等都必须通过一定的载体才能实施，金融风险管理的效果与机构内部的组织架构具有高度的关联性。合理的机构设置和清晰的职能界定不仅有助于明确风险管理者的权力和责任，形成有效的风险治理机制，还有助于在机构内部的各组成部分之间围绕风险管理进行持续的沟通，营造出良好的风险管理环境。相反，不合理的风险管理组织架构往往导致商业银行的风险管理政策和程序失效。英格兰银行在其关于巴林银行的一份报告中就明确指出，巴林银行倒闭的主要原因就是对职能分离原则的背离。里森既控制着前台的交易，又控制着后台系统，正是这样的组织结构才使他能伪造交易账户，并将其损失长期隐藏起来。

（3）商业银行风险管理流程。一个完整的风险管理流程主要包括风险管理目标与政策的制定、风险识别、风险评估、风险应对、风险控制、风险监测与风险报告等环节。制定风险管理目标与政策是风险管理流程的起点。只有先明确目标，管理者才能确定有哪些因素可能影响目标的实现，才能对来自内外部的各种风险进行有效识别和评估；同样只有先制定政策，管理者才能确定在风险管理过程中哪些行为是被允许的、哪些行为是被禁止的，才能对已识别出来的风险采取有效的应对与控制措施。相应地，风险识别、风险评估、风险应对与控制、风险报告与监控等具体环节则是对风险管理目标与政策的细化和执行。

经验分享4-3

即测即练

即测即练4-3

项目小结

金融体系是现代经济的重要组成部分，而作为金融体系主体的商业银行，更是在经济中发挥着多方面的重要作用。通过本项目学习，了解银行的起源和商业银行的形成途径，掌握商业银行的性质、职能和作用，重点掌握商业银行的业务构成及主要内容，理解并掌握商业银行的"三性原则"和商业银行资产负债管理的基本内容。

技能训练

一、简答题

1. 如何理解商业银行的性质和职能？

2. 为什么说商业银行是一种特殊的金融企业？

3. 按贷款质量，贷款可以分为哪些类型？什么是不良贷款？

4. 商业银行证券投资业务的特点是什么？投资对象有哪些？

5. 简述商业银行的经营原则。

二、课后活动与体验

活动名称：模拟金融市场资金交易，了解商业银行的信用中介职能。

活动目标：把握商业银行的信用中介职能，加深对商业银行作用的认识。

活动任务：

1. 班级事先分组，一组充当商业银行，其他各组划分为资金的供给方和需求方。

2. 每个资金的需求方列出自己需求的资金量、意愿的资金成本，每个资金的供给方列出自己能供给的资金量及相应利率要求。

3. 搜寻"资金市场"上符合借贷条件的资金量和利率。

4. 资金供求双方协议，可以"一对多"或"多对一"交易。

5. 统计完成的资金交易数量,计算交易成功的比例。

6. 引入银行充当交易中介,分别与资金的供给方和需求方协商交易,统计最终的资金交易量。

活动形式:

1. 进行分组。

2. 记录交易过程。

3. 讨论现实生活中供需双方直接的资金交易效率。

4. 引入中介机构——银行,切实感受银行承担的信用中介职能。

5. 进一步进行思维拓展训练:银行发挥信用中介职能是否改变货币资本的所有权?现代经济生活中,在信用中介职能基础上,银行还能发挥哪些作用?

项目5　银行业金融机构的核心——中央银行

导语

通过前面的学习，我们知道：金融是以信用为基础的市场经济运行的血脉，而要维持金融活动的稳定、有序，就必须有一个相对专业而又超脱的机构来发挥这一职能。这样就形成了中央银行机构，它作为政府管理机构，在金融机构体系里处于核心和领导地位，通过金融市场的有效运作，维护国民经济稳定、健康发展。通过本项目的学习，认识中央银行在金融机构体系中的核心地位以及调控手段。

项目摘要

本项目与货币制度、汇率与汇率制度、信用与信用体系、货币市场、存款性金融机构等均有很强的关联性。计划分两个模块讲授：一是中央银行在现代金融体系中的地位和作用；二是中央银行的主要业务。

思维导图

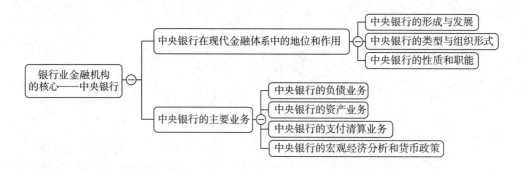

模块5-1　中央银行在现代金融体系中的地位和作用

知识目标

1. 了解中央银行的发展。
2. 熟悉中央银行的性质地位。
3. 掌握中央银行的功能。

技能目标

1. 了解中央银行产生的背景。

2. 熟悉中央银行如何发挥"发行的银行""银行的银行"和"政府的银行"职能。

3. 掌握中央银行发挥职能作用的手段。

素质目标

1. 了解中国中央银行的演变发展过程。

2. 熟悉金融强国的丰富内涵。

3. 掌握我国转向高质量发展阶段，需要以现代中央银行制度作为重要支撑。

建议学时

2 学时。

情境导入

国际金融危机引发对中央银行与金融稳定关系的再认识——20 世纪 30 年代大萧条后，主要发达国家鲜有经历大规模金融危机，中央银行的最后贷款人和金融稳定职能有所淡化，以维持物价稳定作为货币政策的主要目标渐成主流。2008 年国际金融危机的爆发改变了上述范式，货币政策和物价稳定目标仍是中央银行最主要职责，同时各国就中央银行加强金融稳定职能达成共识，探索完善宏观审慎政策，加强对系统重要性金融机构监管，重构风险处置框架，拓展中央银行最后贷款人职能。

知识储备

一、中央银行的形成与发展

（一）中央银行产生的客观要求

（1）满足政府融资的需要。政府为了弥补财政亏空，要求建立受其直接控制的银行为自己服务。①代理国库，经办政府收支。②代理政府债券发行和偿还。③为不断增长的政府融资需求提供贷款支持等。

（2）统一银行券发行的需要。在中央银行制度确立之前，各银行都有权发行自己的银行券，但难以保证银行券的及时兑现；另外，大量不同种类的银行券给银行、企业间的交易与支付带来困难。这在客观上要求银行券的发行权走向集中统一。

（3）统一票据交换及清算的需要。随着银行业务的不断扩展，商业银行每天收受票据的数量激增，银行之间的债权债务关系更加错综复杂，由各个银行自行轧差进行当日结算已发生困难。因此，客观上要求建立全国统一的、权威的和公正的清算中心，而这个中心只能由中央银行来承担。

（4）充当最后贷款人的需要。商业银行在经营中可能遇到临时性资金不足的情况，有时则因支付能力不足而破产。特别是在发生金融恐慌时，一家银行的支付危机会波及其他银行，甚至会危及整个金融业的稳定。因而，客观上需要一个统一的金融机构作为其他众多银行的后盾，中央银行无疑是最佳的选择。①集中保管存款准备金，保障存款人提款和支付的需求。②保证债权债务的及时清偿和资金的顺畅流通。③对经营正常的银行在特殊情况下发生的资金困难提供流动性支持，以防止金融恐慌蔓延，维护银行体系的良性运转。

（5）对金融业进行监督管理的需要。为了保证金融业的健康发展，减少金融运行风险，政府对金融业进行监督管理是极其必要的，而中央银行是对金融业进行监管的部门之一。

（二）中央银行制度的建立与发展

中央银行是从现代商业银行中分离出来的。中央银行的产生基本上有两条渠道：①由信誉好、实力强的大商业银行逐步演变而成，政府不断赋予这家银行某些特权，从而使这家银行逐步具有中央银行的某些性质并最终发展成为中央银行，典型代表是瑞典银行和英格兰银行。②由政府出面直接组建中央银行，典型代表是美国联邦储备体系。

中央银行制度的形成是一个渐进的历史过程。成立于1694年的英格兰银行被世界公认为第一家中央银行。英格兰银行的发展与运行模式也被西方国家视为中央银行的典范而纷起仿效，至1900年，各主要西方国家都设立了中央银行。

第一次世界大战前后，中央银行迅速发展且其地位得到不断强化。至第二次世界大战结束的30余年中，中央银行制度在世界各国进入普及阶段，其间有40多个国家和地区新设或改组中央银行。后期中央银行得到完善与健全，许多国家的中央银行在组织结构上逐步实行了国有化，并纷纷制定新的银行法，明确中央银行调控宏观经济的任务。

（三）中央银行在中国的发展

中国人民银行作为新中国的中央银行，是1948年12月1日在合并原华北银行、北海银行和西北农民银行的基础上组建的。1949年9月，中国人民政治协商会议通过了《中华人民共和国中央人民政府组织法》，赋予中国人民银行国家银行的职能。1952年，私营金融业纳入公私合营银行轨道，我国形成了集中、统一的金融体制。之后，中行、农行、建行、交行陆陆续续被合并到中国人民银行或者财政部。中国人民银行集中央银行与商业银行功能于一身，在一段时间内成为全国唯一的银行。

计划经济时代的特点是"大财政、小金融"，人民银行逐渐沦为财政部门的出纳机关。1969年，人民银行总行与财政部合署办公，对外只保留"中国人民银行"的牌子。各级分支机构也与当地财政厅局合并。

1978年，人民银行从财政部独立出来。1983年9月17日，国务院发布了《关于中国人民银行专门行使中央银行职能的决定》，不再对企业和个人直接办理存贷业务，标志着现代中央银行制度在我国的确立。自1983年以来，中国人民银行制定、执行货币政策的独立性逐渐增强。

根据法律规定，中国人民银行在国务院的领导下依法独立执行货币政策，履行职责，开展业务，不受各级政府部门、社会团体和个人行为的干涉。中国人民银行所属的分支机构是中国人民银行的派出机构，执行全国统一的货币政策，维护本辖区的金融稳定，其职责的履行也不受地方政府干预。

二、中央银行的类型与组织形式

（一）单一中央银行制

（1）一元式中央银行制度。一元式中央银行制度指一个国家建立独立的中央银行机构、全面行使中央银行职能的制度。在实际运行中，一个国家只建立一家中央银行，采取总分行制，逐级垂直隶属。如英国、法国、日本等以及目前的中国人民银行。

（2）二元式中央银行制度。二元式中央银行制度指中央银行体系由中央和地方两级相对独立的中央银行机构共同组成的制度。货币的发行、为政府服务、制定和推行货币政策以及金融监管等，由这个体系的全体成员共同完成。如美国、德国的中央银行制度。

（二）跨国中央银行制

跨国中央银行制也称"区域性中央银行制度"，指由地域相邻的若干国家共同组成货币联盟，再由该联盟成员国共同组建一家中央银行的制度。由中央银行发行联盟成员国共同使用的货币，制定统一的货币金融政策，对成员国政府进行融资，监督成员国的金融制度。典型代表是欧洲中央银行，其他的如西非货币联盟、中非货币联盟、加勒比海货币联盟等。

（三）复合中央银行制

复合中央银行制指国家不单独设立专司中央银行职能的机构，而是由一家集中央银行职能与商业银行职能于一身的国家大银行兼行中央银行职能的中央银行制度。其典型代表是苏联和东欧国家的中央银行制度。

（四）准中央银行制

准中央银行制指一国只设置类似中央银行的机构，或者授权少数大商业银行或机构，由其行使中央银行部分职能的制度。这种制度常在国土狭小而经济开放度又较高的国家或地区实行，如新加坡、斐济、中国香港等。还有一些经济不发达的国家希望本国货币与某一贸易往来密切的发达国家保持固定汇率，就只在本国设立职能不完全的准中央银行机构。

三、中央银行的性质和职能

（一）中央银行的性质

中央银行是国家授权负责制定和实施货币政策以调控国民经济，监督管理金融业，以维护金融运行和稳定、服务于政府和整个金融体系，并代表国家开展金融交往与合作的宏观管理部门。

中央银行是适应统一货币发行、政府融资、集中银行准备金并充当最后贷款人、代表政府管理金融业等需要而产生的，是一国的经济调控机构，也是一国的金融管理机关。

（二）中央银行的职能

1. 发行的银行

中央银行代表国家垄断货币的发行权，向社会提供经济活动所需要的货币，并保证货币流通的正常运行，维护币值稳定。作为我国的中央银行，中国人民银行垄断人民币的发行权，管理人民币流通。

2. 银行的银行

中央银行只与商业银行和其他金融机构发生业务往来，不与工商企业和个人发生直接的信用关系。作为"银行的银行"，中央银行集中保管商业银行的存款准备金，并对它们发放贷款，充当"最后贷款者"的角色。中央银行在与商业银行等金融机构进行业务往来时，其主要目的是维护金融稳定、调控宏观经济，而不是盈利。如当一家商业银行资金周转不灵，其他同业也因头寸过紧而无法或不愿向其提供资金借贷时，中央银行为了避免一家商业银行破产倒闭而引起连锁反应，会通过再贴现或再贷款的形式向其提供资金支持，做商业银行的最终贷款人，以保证存款人和银行营运的安全。

3. 政府的银行

中央银行作为政府宏观经济管理的一个部门，由政府授权对金融业实施监督管理，对宏观经济进行调控，代表政府参与国际金融事务，并为政府提供融资、国库收支等服务。其体现在：收受国库存款，代理国库办理各种收付和清算业务；代理政府债券的发行以及还本付息等事项；在法律许可的情况下，采取直接向政府提供短期贷款或购买政府债券等方式向政府提供资金支持；管理、经营国家外汇、黄金储备；代表政府参加国际金融组织和各种国际金融活动；制定和执行货币政策等。

（三）中央银行在金融体系中的地位

在现代经济体系中，中央银行具有极为重要而关键的地位，它已成为经济体系中最为重要的组成部分，成为经济运行的轴心。

从经济体系的运转看，中央银行为经济发展创造货币和信用条件，为经济稳健运行提供保障。

经验分享5-1

从国家对经济的宏观管理来看，中央银行是最重要的宏观调控部门之一。

从对外经济金融关系来看，中央银行是现代国际经济联系与合作的纽带。

即测即练

即测即练5-1

模块5-2 中央银行的主要业务

知识目标

1. 了解中央银行的资产负债业务的内容。
2. 熟悉中央银行资产负债业务的范围。
3. 掌握中央银行资产负债业务的内容。

1. 了解中央银行资产负债业务具体的形式。

2. 熟悉中央银行的资产负债表。

3. 掌握中央银行和商业银行资产负债表的结构，对比二者反映的内容及层次。

1. 了解中国人民银行的主要业务。

2. 熟悉中国人民银行的主要职能。

3. 掌握中国人民银行的数据公布。

2 学时。

央行间双边本币互换是一种融资安排，一国央行可以用自己的货币置换另一国货币，以此获得对方货币流动性，一般用于维护金融市场稳定等目的，到期后再换回。中央银行之间签署双边本币互换协议是国际上的成熟做法。20 世纪 60 年代，美联储开始与欧洲部分国家央行开展本币互换合作。目前，美联储、加拿大银行、英格兰银行、欧洲中央银行、日本银行、瑞士国家银行 6 家央行间互相签署互换协议。在与中国人民银行签署本币互换协议外，欧洲中央银行还与丹麦国家银行、瑞典银行、波兰国家银行签署有本币互换协议，日本银行还与泰国银行、新加坡金融管理局、澳大利亚银行签署有本币互换协议。2023 年年末，境外央行或货币当局实际使用人民币互换资金余额为 1 149 亿元人民币，实际使用余额占双边本币互换签约总规模不到 3%。为防范汇率变化可能产生的影响，本币互换协议设置了汇率保障机制，互换资金使用期间，双方货币汇率波动超过一定幅度后，会及时按新汇价调整互换货币数量。(2023 年第四季度《中国货币政策执行报告》)

一、中央银行的负债业务

（一）货币发行业务

货币发行业务指中央银行向社会投放现金的业务。当今各国的货币发行，都由各国的中央银行垄断。其具有两重含义：①货币投放与货币回笼。当从中央银行流出的货币数量大于从流通中回笼的数量，形成净投放；反之，则为净回笼。②中国人民银行对人民币发行的管理，在技术上主要是通过货币发行基金和业务库的管理来实现的。发行基金是中国人民银行为国家保管的待发行的货币，保管发行基金的金库则称为发行库。

货币发行是中央银行最重要的负债业务。中央银行的纸币再通过贴现、贷款、购买证券、收购金银外汇等方式投入市场，从而形成流通中的纸币，以满足经济发展对货币的需要。

（二）存款业务

经营存款业务是中央银行重要的负债业务。但是中央银行存款业务与一般商业银行的存款业务是有区别的，中央银行经营存款业务主要有以下几个方面的目的与意义：①有利于调控信贷规模与货币供给量。②有利于维护金融业的安全。③有利于国内的资金清算。中央银行的存款业务主要有如下形式。

1. 集中存款准备金

存款准备金由以下三个部分组成：①库存现金，它是商业银行和非银行金融机构为保证存款支付和票据清算而保留的货币资金。②法定存款准备金，即根据法律规定，商业银行必须按一定比例转存中央银行的部分。③超额存款准备金，即商业银行在中央银行的存款超过法定存款准备金的部分。

2. 其他存款业务

其他存款业务包括：①政府存款，包括中央政府和各级地方政府的存款。②非银行金融机构存放在央行主要用于清算的存款。③外国存款，指外国中央银行或政府的存款，可以用于贸易结算或清算债务。④特种存款，指中央银行根据商业银行和其他金融机构信贷资金的营运情况，以及银根松紧和宏观调控的需要，以存款的方式向这些金融机构集中一定数量的资金而形成的存款。

（三）其他负债业务

1. 发行中央银行债券

发行中央银行债券是中央银行的一项主动的负债业务，发行的对象是国内金融机构。其目的有两个：①减少商业银行的超额储备，以有效地控制货币供给量。②作为公开市场操作的工具之一。

2. 对外负债

中央银行的对外负债主要包括从国外银行借款、对外国中央银行的负债、国际金融机构的贷款、在国外发行的债券等。中央银行对外负债的主要目的包括：平衡国际收支，稳定本国汇率水平，应对货币危机和金融危机。

3. 资本业务

中央银行的资本业务实际上是筹集、维持和补充自身资本的业务。中央银行自有资本的形成主要有三个途径：政府出资，地方政府或国有机构出资，私人银行或部门出资。

二、中央银行的资产业务

（一）贴现及放款业务（参照阅读项目10：模块10-2"货币政策工具"）

中央银行的贴现及放款业务，主要包括中央银行对商业银行的再贴现和再贷款。再贴现是中央银行对金融机构持有的未到期已贴现商业汇票予以贴现的行为。通俗来讲，就是银行把从企业手中买来的票据再卖给央行，获得资金补充。对中央银行来说，再贴现是买进商业银行持有的票据、流出现实货币、扩大货币供应量。再贷款是中央银行对金融机构的贷款，可以调整货币供应量。

（1）中央银行对商业银行的贷款。中央银行对商业银行的贷款是中央银行作为"银行的银行"的职责的具体体现。

（2）中央银行对政府的贷款。中央银行对政府的贷款是政府弥补财政资金亏空的应急措施之一。对政府放款一般有两种方式：透支和按协议直接贷款。

（3）其他贷款。其他贷款占贷款业务的比重不大，其中包括中央银行对外国银行和国际性金融机构的贷款以及对国内工商企业少量的直接贷款等。

（二）证券业务

中央银行的证券业务是指在公开市场上进行证券买卖操作的业务，是中央银行货币政策操作三大基本工具之一。中央银行买卖证券最重要的意义在于影响金融体系的流动性，调控基础货币，从而调节货币供应量，实现货币政策目标。

证券买卖业务指中央银行在公开市场上从事有价证券的买卖。中央银行在公开市场上买进证券就是直接投放了基础货币，而卖出证券则是直接回笼了基础货币。当需要紧缩银根、减少货币供给量时，中央银行可以在公开市场上出售所持有的有价证券从而回笼货币；反之，则买入有价证券。

中央银行可通过两种方式进行有价证券的买卖。①直接买卖。当中央银行认为需要增加或减少商业银行的超额存款准备金时，就会直接购入或出售某种有价证券，直至达到目的。②附有回购协议的买卖。中央银行在出售有价证券时就签订协议，即必须在指定的日期将售出的证券按固定的价格购入；而在买入证券时，则必须在指定的日期将所购入的证券按协议价格再出售。前者称为"正回购"，而后者称为"逆回购"。对中央银行而言，直接买卖有价证券是一种主动式的资产业务，而附有回购协议的证券买卖则是防御式的资产业务。目前，中央银行的证券买卖业务多以附有回购协议的方式进行。（参照阅读项目10：模块10-2"货币政策工具"）

（三）黄金外汇储备

黄金和外汇是稳定一国货币的币值、灵活调节国际收支、防止出现国际支付困难或危机的重要手段。中央银行担负着为国家管理外汇和黄金储备的责任。一般要兼顾安全性、流动性和营利性，所以既要在总量上保持一个适度的规模，同时还要使国际储备的结构更合理。从总量上看，储备量过多，会使保有储备的机会成本上升，而储备过少又不能满足一国对外支付和干预外汇市场的需要，所以要根据本国经济发展的实际容量和国际经济环境确定一个适宜的量。从结构上看，主要是合理安排国际储备的各项构成，使各项储备资产有一个合理的比例。

三、中央银行的支付清算业务

（一）清算业务发展及作用

中央银行作为一国支付清算体系的管理者和参与者，通过一定的方式、途径，使金融机构的债权债务清偿及资金转移顺利完成并维护支付系统的平稳运行，从而保证经济和社会生活正常运行。世界上最早的支付清算体系是1773年在英国伦敦成立的票据交换所；1854年，英格兰银行首先建立票据清算制度，支付清算很快地发展为中央银行的基本业务之一，目前大多数国家都有法律明文规定中央银行负有组织支付清算的职责。《中华人民共和国中国人民银行法》（2003年修正后）明确规定，中国人民银行具有"会同有关部门制定支付结算规则，维护支付、清算系统的正常运行"的职能。

中央银行清算业务的作用：①支持跨行支付清算。②支持货币政策的制定和实施。③有利于商业银行流动性管理。④有利于防范和控制支付风险（支付系统设置的头寸预警功能可在金融机构清算账户达到余额警戒线时自动报警，中央银行可对清算账户实施必要的控制）。

（二）支付清算系统的主要类型

1. 大额实时全额支付系统

该系统实行逐笔实时处理支付令，全额清算资金，旨在为各银行和广大企事业单位以及金融市场提供快速、安全、可靠的支付清算服务。通常每笔资金转账数额都很大，但其支付金额占各国支付业务总量的绝大部分，因而是一国支付清算体系中的主干线。

2. 小额定时批量支付系统

该系统实行批量发送支付指令，轧差净额清算资金，旨在为社会提供低成本、大业务量的支付清算服务，支持各种小额支付业务，满足社会各种经济活动的需求。小额支付系统的服务对象主要是工商企业、个人消费者以及其他小型经济交易的参与者。

四、中央银行的宏观经济分析和货币政策

中央银行角色从最后贷款人向最后交易商转变，建立并不断完善以货币政策和宏观审慎双支柱为基本框架的现代中央银行制度，在强化对流动性精准调控的同时，有效防控金融风险。

2022 年以来，全球经济增长放缓，通胀高位运行，地缘政治冲突持续，外部环境动荡不安；国内经济恢复的基础尚不牢固，需求收缩、供给冲击、预期转弱三重压力持续。中国人民银行适时调整货币政策，实现了广义货币供应量（M_2）和社会融资规模增速与名义国内生产总值（GDP）增速基本匹配的政策目标。

近年来，中国人民银行主要实施了以下几项货币政策工具：①动态调整存款准备金率，并运用定向降准支持经济发展。②灵活运用再贷款政策工具。③深化利率市场化改革，疏通利率传导机制。④创设直达实体的货币政策工具。

经验分享5-2

即测即练

即测即练5-2

项目小结

2024 年 1 月 16 日，习近平总书记在省部级主要领导干部推动金融高质量发展专题研讨班开班式上发表重要讲话，明确了坚定不移走中国特色金融发展之路的方向，指出强大的中央银行，是金融强国的关键因素之一。中央银行负责调控货币总

闸门，既支持经济转型升级，又防止发生严重通货膨胀或通货紧缩以及系统性金融风险，确保我国现代化进程顺利推进，维护国家安全。

中央银行要着力营造良好的货币金融环境，切实加强对重大战略、重点领域和薄弱环节的优质金融服务，把握金融要为经济社会发展提供高质量服务的方向，全面建设社会主义现代化国家。

中央银行要立足中国经济实际，加大政策实施和工作推进力度，保持流动性合理充裕、融资成本持续下降，加强对新科技、新市场的金融支持，加快培育新动能、新优势。

技能训练

一、简答题

1. 中央银行的产生与商业银行有哪些联系？

2. 西方国家的中央银行有哪几种制度形式？

3. 中央银行在支付体系中承担哪些重要作用？

4. 中央银行提供哪些支付清算服务？

5. 简述我国中央银行体制的建设与发展。

二、案例操作

登录中国人民银行官网，查阅信息分哪几个方面公开，浏览了解相关业务及内容，对应理解央行的部门划分及业务范围。特别注意央行调查统计的数据范围涉及哪些方面，方便以后工作时收集整理。

阅读由中国人民银行金融研究所发布的最新年份年报，了解中国人民银行机构设置，特别是中国人民银行分行、营业管理部及下辖省会（首府）城市中心支行、副省级城市中心支行，总结分析总分行制的优缺点。

项目6　非银行业金融机构

导语

随着金融市场的多元化发展，非银行业金融机构逐渐成为现代金融体系中不可或缺的一部分。它们在金融服务领域发挥着重要的作用，为实体经济提供多样化、专业化的金融支持。本项目在项目3相关内容的基础上，从非银行业金融机构的视角，重点学习投资银行、保险公司、信托机构和其他非银行金融机构的定义、分类、地位与作用，以及它们在风险管理、创新产品、市场表现等方面的实践与挑战。

项目摘要

本项目学习非银行业金融机构的相关知识。计划分四个模块讲授：一是投资银行；二是保险公司；三是信托机构；四是其他非银行类金融机构。

思维导图

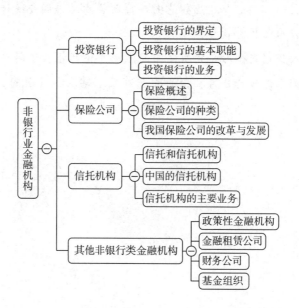

模块 6-1 投资银行

知识目标

1. 了解投资银行的界定。
2. 熟悉投资银行的基本职能。
3. 掌握投资银行的概念及我国证券公司的业务。

技能目标

1. 了解投资银行的定义及区别。
2. 熟悉投资银行在资本市场上的特点。
3. 掌握投资银行的业务种类及操作思路。

素质目标

1. 了解我国证券公司坚持以人民为中心的发展思想。
2. 熟悉我国证券公司是满足人民群众和实体经济多样化金融需求的机构。
3. 掌握中华人民共和国证券法的基本内容。

建议学时

2 学时。

情境导入

自 20 世纪初的工业革命以来，投资银行随着全球经济的发展，经历了从传统到现代的演变，逐渐形成了今天我们所见的业务广泛、技术复杂的金融中介。例如，在证券发行方面，各投行如何为企业提供咨询，帮助其在股票或债券市场筹集资金；在并购重组方面，如何为买方或卖方提供策略建议，促成交易；在债务融资方面，如何为企业设计合适的债务结构，以降低融资成本。此外，各投行在风险控制方面采取的措施，以及与其他金融机构（如商业银行、保险公司等）的合作关系等，都体现了投资银行演变的历史过程。

知识储备

一、投资银行的界定

投资银行在各国的称谓有所不同。美国和欧洲大陆称为投资银行，英国称为商人银行，日本和我国则称为证券公司。现代意义的投资银行产生于欧美，主要由18世纪众多销售政府债券和贴现企业票据的金融机构演变而来。19世纪30年代，美国发生金融恐慌，商业银行开始缩减证券业务，专门从事证券承销和交易业务的投资银行逐渐发展壮大起来。在1929—1933年的世界经济大危机中，美国商业银行大量破产倒闭，许多经济学者将其原因归于商业银行的综合性业务经营，尤其是经营风险较大的证券业务。因此，美国国会通过了《格拉斯—斯蒂格尔法》。该法案规定，任何以吸收存款为主要资金来源的商业银行，除了可以进行投资代理、经营指定的政府债券、用自有资本有限地买卖股票债券这三种投资性业务外，不能同时经营证券投资等长期性投资业务；相反，经营证券投资业务的投资银行不能从事吸收存款等商业银行业务。

美国金融投资专家罗伯特·库恩根据投资银行业务的发展和趋势，对投资银行作出了如下四种定义。

（1）凡是经营华尔街金融业务的银行，都可以被称为投资银行。此定义所包含的金融机构最为广泛，它不仅包括从事证券业务的金融机构，还包括保险公司和各类不动产经营公司。

（2）经营部分或全部资本市场业务的金融机构，才能被称为投资银行。此处所指的资本市场是指期限在1年以上（包括1年）的中长期资金市场。因此，证券包销与承销、资本金筹集、兼并与收购、各种投资咨询服务、基金管理、风险资本以及证券私募发行都属于投资银行业务，但是不动产经纪、保险、抵押除外。

（3）较为狭义的投资银行业务仅包括部分资本市场业务，如包销业务、兼并与收购，但是基金管理、风险资本、风险管理工具的创新等资本市场业务则被排除在外。

（4）最狭义定义认为，只有在一级市场承销证券、筹集资金和在二级市场上交易证券的金融机构才是投资银行。

《中华人民共和国证券法》规定，证券公司可以经营下列部分或者全部证券业务：①证券经纪。②证券投资咨询。③与证券交易、证券投资活动有关的财务顾问。④证券承销与保荐。⑤证券融资融券。⑥证券做市交易。⑦证券自营。

⑧其他证券业务。

二、投资银行的基本职能

投资银行是联系资本市场上筹资者和投资者极为重要的金融中介，在现代金融体系中执行着其他金融机构无法替代的职能。

（一）媒介资金供需，提供直接融资服务

在资本市场上，投资银行通过帮助资金需求者发行股票和债券等直接融资工具，并将其出售给资金供给者，而将资金供需双方连接起来，实现资金的互通有无。在这种直接融资方式下，投资银行是资金供求双方的中介人，虽然自己并不直接与资金的供给者和需求者发生融资契约关系，但通过自己的中介服务，在帮助资金需求者寻找到资金来源的同时，也帮助资金供给者寻找到了投资机会。而且，投资银行通过设计合理的交易方式，以及对期限、利率、还本付息方式等的选择，使资金供求双方在互利互惠的基础上达成协议，互通有无。

（二）构建发达的证券市场

证券市场是金融市场的核心组成部分之一。投资银行在证券市场的构建方面有着其他金融机构无法替代的作用。

（1）投资银行通过咨询、承销、分销、代销等方式帮助构建证券发行市场。证券发行工作较为复杂，证券发行者必须准备各种资料，进行大量宣传工作，提供各种技术条件，办理复杂的手续，因此仅依靠发行者自身的力量发售证券，不仅成本高，而且效果很不理想。所以大多数的证券发行工作总是要依靠投资银行才能顺利完成。

（2）投资银行以做市商、经纪商和交易商的身份参与证券交易市场活动，发挥重要作用。①在证券承销完毕一段时间内，投资银行经常作为做市商参与证券交易活动，收集市场信息，预测市场行情，并因此吞吐大量证券，起到发现市场价格的作用，保证了证券价格的连续性和稳定性。②在证券交易市场中，投资银行以经纪商的身份接受客户的委托，代其进行证券买卖活动，方便了客户买卖证券，活跃了市场交易，提高了交易效率，保障了交易活动的顺利进行。

（3）在证券市场的业务创新中发挥重要作用。投资银行本着分散风险、保持合理流动性、追求最大化利润的原则，不断推出创新的金融工具，以满足客户的各种需求。投资银行通过业务创新不仅显示了其创新精神和开拓能力，更使证券市场大大拓宽了交易领域，保持着高效率的运行状态。

（4）投资银行促进证券市场的信息披露。投资银行在证券市场中通过收集资

料、调查研究、提供咨询、介入交易，极大地促进了各种有关信息在证券市场的披露与传播。例如，投资银行通过信息收集可将各级证券管理者、交易机构的信息及时、准确地传递给投资者；通过调查研究将企业财务状况信息及时向投资者公布，使投资者拥有尽可能多的信息，避免了信息不对称的误导，保证了证券市场的信息效率和信息公平。

（三）优化资源配置

投资银行作为证券市场上的中介机构，通过对不同企业和不同项目融资的收益和风险的确定，可以起到引导社会资金流向、优化金融资源配置的作用。那些产业前景好、盈利能力强、发展潜力大的企业更容易通过发行股票、债券方式获取发展所需资金，投资银行通过向投资者推介与承销这些企业发行的股票与债券，使资金流向这些企业，取得更好的资金使用效率。此外，投资银行提供并购服务促进优质企业并购劣质企业，使优质企业掌握更多资源，也起到了优化资源配置的作用。

（四）促进产业集中

生产的高度社会化必然导致产业的集中和垄断，而产业的集中和垄断又反过来促进生产社会化向更高层次发展，推动经济进一步发展。资本市场出现以前，产业集中是通过企业自身价值成长的内在动力以及优胜劣汰的自然规律驱动完成的。资本市场出现以后，其更注重企业未来价值的成长性，从而为资金流向提供一种信号，引导更多的资金流向优质企业，从而加速产业集中进程。投资银行通过募集资本的投向和并购方案的设计，帮助优质企业获得资金，加快产业集中进程。

由于企业并购是一项技术性很强的工作，选择合适的并购对象、合适的并购时机、合适的并购价位以及针对并购的财务安排，都需要大量的资料、专业人员和先进技术，投资银行利用自身的优势，促进了企业规模的扩大、资本的集中和生产的社会化，成为产业集中进程中不可替代的重要力量。

三、投资银行的业务

现代投资银行突破了传统的证券承销、证券交易与经纪等业务，并购、资产管理、财务顾问与咨询、风险投资等已经成为投资银行的核心业务。

（一）证券承销业务

证券承销是投资银行最为传统与基础的业务，它是指投资银行帮助证券发行人策划发行证券，并将公开发行的证券出售给投资者以筹集到发行人所需资金的业务活动。时至今日，该项业务仍然是投资银行的主营及核心业务之一，在美国，对投资银行的专业能力与实力的排名都是依据其所完成的承销额来评判的。投资银行承销证券的范围相当广泛，包括：本国中央政府、地方政府、政府部门发行的债券，各类企业发行的债券和股票，外国政府和外国公司发行的证券，以及国际金融机构发行的证券等。

标准的证券承销包括三大步骤：①投资银行就证券发行的时间、条件、方式、种类等向发行人提出建议。投资银行在进行调查研究的基础上，再结合丰富的经验，向证券发行人提出最佳的发行方案，并提示发行方案的利弊和风险等信息。②当证券发行方案确定并经证券管理机关批准后，发行人与投资银行签订承销证券协议，投资银行帮助发行人销售证券。③双方签订协议之后，进入实质性的证券分销阶段。为了销售证券，投资银行通常组成一个规模庞大的承销团，形成庞大的销售网络，迅速地向投资者推销证券。

投资银行在对证券进行承销的操作中，一般会按照所承销的金额与风险的大小来选择相应的承销方式，通常采用的方式有代销和包销两种。

（1）代销。代销是证券代理销售的一种形式，由发行人与投资银行签订代销协议，按照协议条件，投资银行在约定的期限内销售所发行的证券，到期未售出的证券退还发行人，投资银行不承担责任。代销实际上是发行人与投资银行之间的一种委托代理关系，投资银行不承担销售风险，因此代销的佣金较低。

（2）包销。包销又分全额包销和余额包销。①全额包销。全额包销是指由投资银行与发行人签订协议，由投资银行按约定价格买下发行的全部证券，然后以稍高的价格向社会公众出售，即低价买进、高价售出，差额为投资银行赚取的利润。如果到期，投资银行不能将证券全部销售出去，则投资银行承担相应风险。②余额包销。余额包销是指投资银行与发行人签订协议，在约定的期限内发行证券，并收取佣金，到约定的销售期满，售后剩余的证券由投资银行按协议价格全部认购。余额包销实际上是先代理、后包销。

投资银行证券承销业务的利润来源有两个：①价差，即投资银行支付给证券发行者的价格和投资银行实际销售的价格的差额。②佣金，即投资银行按照发行金额的比例提取佣金。一般而言，承销金额的大小、发行的难易程度、竞争者的价格、成本等都是影响投资银行承销业务利润的决定因素。

（二）证券交易与经纪业务

证券交易与经纪也是投资银行的一项基本业务，它是证券承销业务的延续业务。证券交易所作为场内交易市场，通常规定只有交易所会员才能入场进行交易。普通投资者要想买卖证券交易所内上市证券，必须通过投资银行等经纪商，由其代为买卖，这就是证券的经纪业务。在经纪业务中，投资银行与客户是一种委托代理关系，客户是委托人，投资银行是受托人。投资银行必须严格按照客户的交易指令（包括证券的种类、数量、价格和指令的有效时间等要素）买卖证券，不能擅自更改客户的交易指令。投资银行不承担证券交易中的风险，以向客户收取佣金作为报酬。除了经纪业务，投资银行还会动用自有资金参与证券交易，通过赚取买卖差价而获利，这是投资银行的交易业务。

（三）并购业务

并购业务即兼并与收购业务，对企业的兼并与收购业务已成为投资银行除承销与经纪业务外最为重要的业务种类。

兼并是指由两个或两个以上的企业实体形成新经济单位的交易活动。收购是指两家公司进行产权交易，由一家公司获得另一家公司的大部分或全部股权以控制该公司的交易活动。企业的兼并与收购业务是一项专业性极强又十分繁杂的交易活动，投资银行利用其专长为进行此项交易活动的任何一方提供价值评估、策划咨询、设计并购案、协助融资和反收购等相关专业服务活动，从而获取报酬收入。

在并购业务中，投资银行的业务有两大类：①投资银行充当并购策划和财务顾问，以中介人的身份，为并购交易的主体和目标企业提供顾问、策划和相应的融资业务；②投资银行是并购的主体，将并购活动作为一种股权投资行为，先买下企业，后进行整体转让，或分拆卖出，或包装上市卖出股权，以进行套现。

投资银行在并购业务中对参与各方有着积极且重要的影响。对企业并购中的买方来说，投资银行帮助它以最优的方式用最优惠的条件收购合适的目标企业，从而实现自身最优的发展；对企业并购中的卖方来说，投资银行帮助它以尽可能高的价格将标的企业卖给最合适的买主。在敌意并购中，投资银行反并购业务帮助目标企业及其大股东以最低的代价取得反收购行动的成功，捍卫其自身正当的权益。

（四）资产管理业务

资产管理业务的产生源于企业及个人的财富积累和谋求资产增值的市场需求。在成熟的资本市场中，投资者愿意将自己的资产委托给专业机构进行理财管理，从而避免自身作为缺乏相关投资知识及时间的非专业人士进行投资而招致的损失。投资银行开办资产管理业务，以受托人的身份，根据与委托人（投资者）签订的相关资产委托管理的协议，依靠其专业能力为委托人控制风险，获取投资收益，从而使委托人实现资产的增值。

资产管理业务是投资银行在传统业务基础上发展起来的新兴业务，在成熟证券市场上该业务已经成为投资银行的核心业务。资产管理业务中的"资产"，从理论上来说，涵盖一切形式的资产，包括现金、证券、股权、债权、实物资产等，当然通常是货币、证券等金融资产。

资产管理业务是我国投资银行发展的一个重要趋势，具有广阔的发展空间，风险小，同时能够带动投资银行其他业务的发展，如发行与承销业务、交易业务等。

（五）财务顾问与咨询业务

财务顾问与咨询业务是投资银行所承担的对公司尤其是上市公司的一系列证券市场业务的策划和咨询业务的总称。主要指投资银行在公司的股份制改造、上市、在二级市场再筹资以及发生兼并收购、出售资产等重大交易活动时提供的专业性财务意见。根据内容的不同，投资银行主要提供重组并购顾问、投资咨询、管理咨询等服务。

1. 重组并购顾问

在企业的重组并购过程中，企业的战略规划、经营策略、财务管理、业务重组等需要重新考虑。在这一过程中，投资银行充当企业的咨询顾问，并提供下列服务：①帮助企业进行财务分析，找出当前危机的根源所在，并找出渡过危机需首先解决的问题。②根据企业的现状和资源禀赋，重新制定企业发展战略和经营战略，使企业发展目标明确。③协助企业进行融资，补充企业进一步发展所需要的资金。④根据客观的现状，重新分析企业的经营计划，并排列出业务的主次，剔除不熟悉或不盈利的业务，以便集中利用有限的资源。⑤咨询审查企业的组织结构和分支机构，对于那些对企业发展无影响甚至有负面作用的分支机构作出撤销、销售处理。

2. 投资咨询业务

投资银行的投资咨询业务，主要包括债券投资咨询业务和股票投资咨询业务两大类。在债券投资咨询业务中，投资银行帮助客户选择债券种类、选择与收益率相对应的债券价格、帮助客户分析债券投资的风险等。在股票投资咨询业务中，投资银行帮助客户分析股票市场行情、树立正确的投资理念，并指导客户形成正确的投资方法。投资咨询业务本身充满了风险，一旦建议严重失误，就会给客户带来很大的经济损失，因此投资银行从业人员素质的高低是关键。

3. 管理咨询服务

投资银行通过管理咨询服务定期或者不定期向企业提供专业的管理建议。其主要包括企业的发展战略、组织架构、激励体系、信息流动、市场和财务状况以及客户资源管理等。同时，结合企业的行业运行特点及发展趋势，从第三方角度对企业管理框架进行规划，逐步从人员结构及管理框架优化上提升企业的发展后劲。

（六）风险投资业务

风险投资又称创业投资，是指对新兴公司在创业期和拓展期进行的资金融通，表现为风险大、收益高。新兴公司一般是指运用新技术或新发明生产新产品，具有很大的市场潜力，可以获得远高于平均利润的利润但却充满了极大风险的公司。由于高风险，普通投资者往往都不愿涉足，但这类公司又最需要资金的支持，因而为投资银行提供了广阔的市场空间：①采用私募的方式为这些公司筹集资本。②对于某些潜力巨大的公司进行直接投资，成为其股东。③设立"风险基金"或"创业基金"，向这些公司提供资金来源。

投资银行参与风险投资主要通过它的风险资本部进行。风险资本部不仅作为中介部门为新生公司融资或管理风险基金，而且直接对新生公司进行股权投资。新生公司在创业期和成长期早期的失败率与死亡率极高，投资七八个项目可能才成功一两个项目，但一个风险投资项目的成功可能带来成百上千万元的利润。除了少数比较富有进取精神的投资银行介入早期的风险投资活动外，大部分投资银行偏向于向处于成长后期的公司提供风险资本，如二级资金、桥梁资金、借贷收购资金等。二级资金用来支持新产品已经打开销路但生产规模需要扩大的企业，以供它们添置各种设备、厂房等固定资产。桥梁资金用来支持初具规模实力，以及产品和市场较为稳定的企业在首次上市前的未成熟阶段的公司。借贷收购资金用来支持新生公司的经理层收购一家现成的企业或者生产线以扩大生产规模。

随着市场需求的变化和金融市场的发展，我国的证券公司越来越积极地参与企业并购项目融资、风险投资、公司理财、资产管理、基金管理、资产证券化等市场活动，充当客户的投资顾问、财务顾问、金融顾问等，为客户的融资、财务管理、投资选择、公司并购等提供服务，并不断研究和开发新业务，业务多元化的经营格局已经显现。

经验分享6-1

即测即练

即测即练6-1

模块6-2　保险公司

知识目标

1. 了解不同类型保险公司的基本业务。
2. 熟悉保险的基本职能。
3. 掌握保险的基本原则。

技能目标

1. 了解商业性保险公司的基本业务。
2. 熟悉政策性保险公司的基本业务。
3. 掌握我国保险公司的发展概况。

素质目标

1. 了解保险行业健康正确的融资功能和发展方向。
2. 熟悉保险公司的股权结构、业务经营模式。
3. 掌握正确的风险保障理念。

建议学时

2学时。

情境导入

随着金融市场的快速发展，保险行业面临着前所未有的竞争压力。众多保险公司纷纷加大营销投入，通过各种手段争夺市场份额。在这样的市场环境下，如何吸引并留住优质客户成为保险公司的关键挑战。那么，接下来我们一起来探讨保险公司如何在竞争中脱颖而出，赢得客户的心。

知识储备

一、保险概述

（一）保险的概念

保险是运用互助共济（大数法则）的原理，将个体面临的风险通过一定的组织形式、根据合同约定的权利与义务由群体来分担的一种经济行为。《保险法》（以下简称《保险法》）中对保险的表述为：保险是指投保人根据合同约定，向保险人支付保险费，保险人对于合同约定的可能发生的事故因其发生所造成的财产损失承担赔偿保险金责任，或者当被保险人死亡、伤残、疾病或者达到合同约定的年龄、期限时承担给付保险金责任的商业保险行为。不难看出，《保险法》中的保险仅指商业保险，是一种狭义的保险概念。广义上的保险是指保险人向投保人收取保险费，建立专门用途的保险基金，并对投保人负有法律或者合同规定范围内的赔偿或者给付责任的一种经济保障制度，既包括商业保险，又包括政策性保险。

（二）保险的基本职能

分散风险、补偿损失是保险的基本职能。

1. 分散风险职能

在经济学中，风险就是损失的不确定性，是引起或者增加损失的可能性，是一种预计损失。对于个别投保人而言，灾害事故的发生是一种偶然和不确定，仅表现为一种风险；但对于全体投保人而言，灾害事故的发生就是必然和确定的，表现为实实在在的损失。从这个意义上来看，分散风险职能即分摊损失职能。保险的基本职能就是分散风险、分摊损失，起到"千家万户保一家"的互助共济的作用。这是保险业区别于其他金融业的根本标志。

2. 补偿损失职能

补偿损失职能就是把全体投保人通过缴纳保险费建立起来的保险基金用于少数投保人遭遇灾害事故所受损失的经济补偿。按照保险合同对遭受灾害事故的单位和个人进行经济补偿，以保障经济活动的顺利进行以及给予受难者经济帮助是保险的目的，通过收取保险费以分散造成经济损失的风险是保险进行经济补偿的一种手段。

当然，补偿损失主要就财产保险和责任保险而言，人身保险存在非补偿成分，因为人的生命价值并不能够用货币资金进行衡量。许多人身保险品种具有储蓄性质，人身保险的补偿一般称为给付保险金。

保险的两大基本职能相辅相成、缺一不可。只有分散风险、分摊损失，才能进行经济补偿；没有经济补偿的需要也就无须通过分摊损失以分散风险。

二、保险公司的种类

保险公司作为专门经营保险业务的非银行金融机构，在保险合同的当事人中，是保险人，即按照保险费率收取保险费，并按照保险合同规定负责赔偿灾害事故所致的经济损失或履行保险金给付义务的人。保险公司的种类有很多，有不同的分类方法，我们将保险公司划分为两大类：商业性保险公司和政策性保险公司，下面分别介绍这两大类保险公司的主要业务。

（一）商业性保险公司

现代商业性保险业务由人身保险、财产保险、责任保险和再保险四大部分组成。《保险法》以法律的形式确立了产、寿险分业经营的原则，"保险人不得兼营人身保险业务和财产保险业务。但是，经营财产保险业务的保险公司经国务院保险监督管理机构批准，可以经营短期健康保险业务和意外伤害保险业务。"因此，寿险公司只能以人身保险为主要经营业务，财产保险公司只能以财产保险和责任保险为主要经营业务，再保险公司则以再保险为主要经营业务。

1. 人寿保险公司

人寿保险公司主要经营人身保险。人身保险是以人的身体或者生命为保险标的的一种保险。根据保障范围的不同，可以区分为人寿保险、意外伤害保险和健康保险。

（1）人寿保险。人寿保险是人身保险中最基本的人身保险。人寿保险又称生命保险，以人的寿命为保险标的，当发生保险事故时，保险人对被保险人履行给付保险金的责任。可以说，人寿保险是以人的生存或者死亡作为保险事故的人身保险业务。人寿保险分为死亡保险、生存保险、生死合险。

①死亡保险是被保险人在合同有效期限内死亡，保险人给付保险金的一种保险，分为定期保险和终身保险。定期保险提供一个确定时期内的保险，比如5年、10年，或者被保险人达到某个年龄为止，比如70岁。如果被保险人在合同规定的期限内死亡，保险人要向受益人给付保险金。终身保险是一种不定期死亡保险，提供终身保障，一般以生命表的终极年龄100岁为止。若被保险人在100岁以前任何时候死亡，保险人都必须向受益人给付保险金。

②生存保险是以被保险人在规定期限内生存作为保险人给付保险金条件的一种保险，分为年金保险和定期生存保险。年金保险即通常所说的养老金保险，被保险人按照约定定期支付保险费后，保险人根据合同约定日期起在被保险人生存期间定期给付相同金额的年金，直至被保险人死亡。如果被保险人在保险期内死亡，保险合同终止，保险人的给付责任也终止。人们购买年金保险的目的是保证长寿生活的稳定，防止因寿命过长而可能导致的收入来源丧失或者储蓄耗尽。定期生存保险是被保险人在保险期满时仍生存，由保险人根据保险合同的规定向被保险人给付保险

金的一种保险。如果被保险人在保险期内死亡，保险公司不再承担给付责任，也不退还保费，死亡的被保险人缴纳的保险费及其所得利息，由生存到约定年限的受益人享有。该险种可以为被保险人今后的工作、生活提供一笔基金。例如，中国人寿保险公司推出的子女教育金、婚嫁金保险，就是被保险人在上高中或者大学时领取教育金，在被保险人达到法定结婚年龄时领取婚嫁金。

③生死合险又称两全保险，它是定期生存保险和定期死亡保险的混合险种。它不仅在被保险人在保险期限内死亡时向其受益人给付保险金，而且在被保险人保险期满时仍生存向其本人给付保险金。生死合险的责任范围包括生存保险和死亡保险两者的责任范围，因此它的保险费要高于单纯的生存保险和死亡保险。生死合险最能体现人寿保险中保险和储蓄的性质。

（2）意外伤害保险。意外伤害保险是指在保险期限内因发生意外事故导致被保险人死亡或者残废，由保险人按照保险合同的规定给付保险金的保险品种。意外伤害保险的保障项目包括被保险人因意外伤害导致的死亡给付、残疾给付、医疗给付和收入损失给付。一种意外伤害保险可以提供这四项保障，也可以提供其中任何一项或若干项。该险种可单独办理，也可以附加于其他人身险种作为一种附加险种。它分为普通意外伤害保险和特种意外伤害保险两大类。前者作为独立险种，专门为被保险人因各种意外事故导致身体伤害而提供保障；后者保障范围仅限于特定原因或特定地点所造成的伤害，如电梯乘客意外保险、旅游意外伤害保险等。

（3）健康保险。健康保险是以人的身体为对象，当被保险人在保险有效期内因为疾病、分娩而造成的经济损失由保险人提供经济保障的一种保险。按照损失的种类，健康保险分为三类：①收入保险，即被保险人由于疾病所致的全部工作能力或者部分工作能力丧失，不能获取正常收入，由保险人分期给付保险金的一类健康保险。②医疗费用保险，即被保险人由于疾病或分娩所支出的医疗费用，由保险人给予经济保障的一类健康保险。③死亡和残疾保险，即被保险人由于疾病或分娩导致残疾或死亡，由保险人给付一次性的残疾保险金或死亡保险金的一类健康保险。

2. 财产保险公司

财产保险公司主要经营财产保险业务。《保险法》第95条把财产保险业务的范围规定为"包括财产损失保险、责任保险、信用保险、保证保险等保险业务"。这里的财产保险是广义的财产保险，基本上把除人身险以外的所有其他各种保险均纳入财产保险范畴。财产保险公司的经营业务范畴是一种广义的财产保险范畴。

（1）财产损失保险。此处的财产损失保险即狭义的财产保险，主要是对处于相对静止状态的有形财产的直接损失以及相关间接损失提供补偿的保险业务。该险种主要承保财产自身可能由于火灾、风暴、冰雹、地震、爆炸、航空器及其他运输工具坠落等原因引起的损失，以及财产损失引起的收入损失。例如，出租的房子受损，租金就会丧失；工厂的制成品受损，利润就会丧失等。具体来说，财产损失保险主要包括火灾保险、海上保险、汽车保险、航空保险、工程保险、利润损失保险、农业保险等。

（2）责任保险。责任保险以被保险人依法应负的民事损害赔偿责任或者经过特别合同约定的合同责任作为保险标的的一种保险。责任保险种类繁多，根据承保方式的不同分为两大类：第一类是作为各种财产保险的附加险承保的责任保险，包括机动车辆保险第三者责任、船舶碰撞责任、旅客责任、飞机保险的第三者责任、建筑和安装工程保险的第三者责任保险等；第二类是单独承保的责任保险，包括公众责任保险、产品责任保险、雇主责任保险、职业责任保险等。责任保险在当前的全球范围内受到广泛重视，尤其在一些经济发达国家，责任保险已经成为保险公司主要业务种类。

（3）信用保险。信用保险是指权利人向保险人投保债务人的信用风险的一种保险，是企业用于风险管理的保险产品。其主要功能是保障企业应收账款的安全。其原理是把债务人的保证责任转移给保险人，当债务人不能履行其义务时，由保险人承担赔偿责任。信用保险通常涵盖政治风险和商业风险，前者包括债务人所在国发生汇兑限制、征收、战争及暴乱等，后者则包括拖欠、拒收货物、无力偿付债务、破产等。信用保险是一种有效的风险管理工具，能够帮助企业转移应收账款风险、保障资金流稳定。在实际操作中，企业应根据自身情况和需求选择合适的信用保险产品，并严格按照保险合同的约定履行相关义务。

（4）保证保险。保证保险是指被保证人根据权利人的要求，请求保险人担保自己信用的一种保险。保证保险的保险人代替被保证人向权利人提供担保，如果被保证人不履行合同或存在犯罪行为，导致权利人遭受经济损失，由保险人负责赔偿责任。例如，承包商为政府桥梁管理部门承建一座桥梁，如果不能按时完工，保证人要对项目按时完工或者雇用另一个承包商额外费用负责。保证保险分为忠诚保证保险和确实保证保险两大类。前者承保雇主因雇员各种不法行为而受到的各种经济损失；后者承保工程所有人因承包人不能按时、按质、按量完成工程所遭受的经济损失。

3. 再保险公司

根据《保险法》第二十八条的规定，再保险的定义为："保险人将其承担的保险业务，以分保形式部分转移给其他保险人的，为再保险。"再保险作为"保险的保险"，对于保障保险市场安全，为直接保险公司分散赔付风险、扩大承保能力和巨灾保障功能，辅助保险市场调控以及强化行业风险管理发挥了重要的作用。

在我国，中国再保险（集团）股份有限公司通过旗下中国财产再保险股份有限公司、中国人寿再保险股份有限公司及集团国际业务部经营再保险业务，经营范围主要包括财产再保险业务、人寿再保险业务等。

财产再保险公司的经营业务主要包括比例合同分保业务、非比例合同分保业务、临时分保业务、国际再保险业务；寿险再保险公司的经营业务主要包括寿险再保险业务、健康险再保险业务、意外伤害险再保险业务、年金再保险业务。比例再保险是以保险金额为基础来确定分出公司自留额和分入公司分得保额的再保险方式。分出公司和分入公司对于保险费的分配与赔款的分摊按照分配保险金额同一比例进行。非比例再保险是以赔款金额为基础确定分出公司自负责任和分入公司分保责任的再保险方式。当分出公司的赔款超过约定的额度或标准时，其超过部分由分入公司在一定额度或标准内负责。临时再保险是分出公司根据承保业务的需要，将有关风险和责任进行临时分出的再保险安排。在作出临时再保险安排时，要将分出业务的具体情况和分保条件逐笔告知对方，双方均具有自由选择权。

（二）政策性保险公司

政策性保险公司主要从事政策性保险业务，即经营政策保险。所谓政策保险是指政府为实现其政治、经济、社会、伦理等方面的政策目的，利用保险形式实施的措施。从保险目的来看，它表现为政府政策的贯彻实施；从保险范围来看，它具有全面性；从保险形式来看，它是强制性的。目前，政策性保险主要包括出口信用保险和存款保险，分别由出口信用保险公司和存款保险公司经营。

1. 出口信用保险公司

出口信用保险公司的诞生与国际贸易市场上的激烈竞争有着密切联系。出口商为了扩大销售采取各种手段提升竞争力，其中一个重要手段就是向买方提供商业信用，允许买方以银行信用证的方式付款，甚至延期付款。目前，欧美等发达经济体超过80%采用非信用证方式完成交易，这大大增加了收汇风险。为了保障收汇安全，世界上先后有几十个国家成立出口信用保险机构。中国人民保险公司在1998年成立了出口信用保险部，开始办理出口信用保险业务，并对其进行独立核算。该业务是一项政策性业务，不以营利为目的。2001年12月18日，中国出口信用保险公司成立。该公司是我国唯一承办政策性信用保险业务的金融机构，资本来源为出口信用保险风险基金，由国家财政预算安排。

出口信用保险公司主要经营出口信用保险业务，包括短期出口信用保险和中长期出口信用保险以及其他与对外经济开放相关联的业务，如海外投资保险。短期出口信用保险保障1年期以内，出口商以信用证（L/C）、付款交单（D/P）、承兑交单（D/A）、赊销（OA）方式从中国出口或转口的收汇风险。在这种保险中，出口信用保险公司一般承保商业风险和政治风险。具体来说就是承保被保险人与国外买家签订销售合同或订单生效日至出运日的时间内，被保险人已按销售合同规定的条件进行生产或采购，因国外买家的商业风险或买家所在国的政治风险导致被保险人无法正常履行合同，出运前直接成本难以全额收回或得到补偿的直接经济损失。

中长期出口信用保险旨在鼓励出口企业积极参与国际竞争，特别是高科技、高附加值的机电产品和成套设备等资本性货物出口及承包海外工程项目；支持银行等金融机构为出口贸易提供信贷融资。中长期出口信用保险包括买方信贷保险和卖方信贷保险两种主要形式，前者是指在买方信贷项下出口信用保险机构为支持本国资本性货物出口所提供的贷款担保和信用风险的保险；后者指一国出口信用保险机构对卖方信贷项下本国出口商信用风险的保险。

海外投资保险是为了支持我国企业到境外投资，鼓励外国及中国港、澳、台地区的投资者来我国内地（大陆）投资而开办的保险业务。我国投资保险的责任范围包括战争险、征用险和外汇险三种，同时我国保险公司规定，投资保险应该与财产保险或工程保险一起投保。

2. 存款保险公司

存款保险公司主要经营存款保险业务。存款保险是指由商业银行等金融机构以其依法吸收的存款为保险标的，向存款保险公司投保并缴付保险费的一种政策性保险。当商业银行等金融机构发生停业或无法清偿其所收受的存款等情形时，由存款保险公司在保险额度范围内赔付存款人的存款，以保障存款人权益并维护金融稳定。存款保险承保的对象一般是一国依法成立的各种金融机构，包括商业银行、信托投资公司、外国银行分行、信用合作社等。

三、我国保险公司的改革与发展

1949年10月20日，中国人民保险公司在北京成立，标志着新中国保险业的开端。新中国成立初期，登记复业的华商保险公司有63家，外商保险公司有41家。1958年后保险业一度陷入停顿状态，全国保险系统职工人数锐减至不足500人。改革开放后，国家于1980年恢复中国人民保险公司，保险业进入新的发展阶段。

1986 年至 1991 年期间，新疆生产建设兵团保险公司、平安保险公司、太平洋保险公司等股份制保险公司相继成立。此后，随着中国改革开放的不断深入，华泰财险、泰康人寿、新华人寿、永安财险等一批股份制保险公司又相继设立，促进了市场竞争。同时，我国保险业对外开放初步试点。1992 年，美国友邦保险有限公司在上海市设立分公司，经营人寿保险业务和财产保险业务。

1995 年，《保险法》颁布实施，以法律的形式确立了产、寿险分业经营的原则，标志着中国保险业进入有法可依、依法管理阶段。1996 年，中国人民保险公司按照国务院的部署改建成集团公司，下辖 3 个子公司，即中保财产保险有限公司、中保人寿保险有限公司和中保再保险有限公司。1998 年，上述 3 家保险公司分别更名为中国人民保险公司、中国人寿保险公司、中国再保险公司。在随后 10 余年的发展过程中，这 3 家保险公司分别组建成中国人民保险集团、中国人寿保险集团、中国再保险集团。

伴随着保费收入的增加，保险公司资金运用范围也不断扩大。1999 年，《保险公司投资证券投资基金管理执行办法》颁布，标志着证券投资基金市场对保险公司开放，保险资金"间接入市"。同年，中资保险公司获准同商业银行试办 5 年期以上的大额协议存款，并可申请成为银行间同业拆借市场成员，办理现券和国债回购业务，以及买卖部分中央企业债券。

经过 40 年的改革，中国保险市场体系逐步完善。截至 2025 年 2 月，我国共有 239 家保险机构。其中，保险集团（控股公司）公司 13 家，财产险公司 89 家，寿险公司 75 家，健康险和养老公司 17 家，保险资产管理公司 34 家，其他类型机构 11 家。此外，各种保险中介机构达 2 543 家。包括保险经纪公司 493 家，保险代理公司 147 家，保险销售公司 91 家，保险公估公司 323 家，区域保险代理公司 1 321 家，区域保险销售公司 118 家，区域保险公估公司 50 家。

我国保险公司自改革开放以来，取得了世人瞩目的成就，但发展仍然存在如下几个问题：①风险防范意识不足，化解风险能力不强，如定价风险、公司治理结构不完善风险、内控不严格的风险等。②呈现粗放型的增长方式，具体表现为高投入、高成本、高消耗、低效率的特点。③保险产品开发缺乏创新意识，这导致没有适销对路的保险产品来满足众多消费者的保险需求。④许多保险公司在诚信经营方面存在问题，表现为理赔难、销售诱导等。对此，保险公司应该增强保险业风险的识别、预警、防范和化解能力，尤其需要完善公司治理结构，加强内部控制，同时积极引入创新所需要的人才和技术，最重要的是保险公司始终要坚持诚信经营的理念。

经验分享6-2

即测即练

即测即练6-2

模块6-3 信托机构

知识目标

1. 了解信托和信托机构的概念。
2. 熟悉我国信托机构发展概况。
3. 掌握信托机构的主要业务。

技能目标

1. 了解信托关系人。
2. 熟悉信托的法律关系。
3. 了解我国的信托机构及主要业务。

素质目标

1. 了解实体经济是金融的根基，金融是实体经济的血脉。
2. 熟悉信托机构要深刻把握金融工作的政治性和人民性。
3. 掌握金融报国情怀，站稳政治立场，强化责任担当。

建议学时

2学时。

情境导入

随着经济的快速发展和金融市场的逐步开放，信托机构成为金融业的重要支柱之一。截至2022年年底，全国共有68家信托公司，管理的信托资产规模已突破21.14万亿元人民币，服务了数百万投资者。它们不仅连接着投资者与项目，还承担着资产管理和风险防控的重要职责。随着金融市场的复杂性和不确定性的增加，信托机构面临着日益严峻的挑战。例如，监管政策的调整、市场竞争的加剧及资产质量的风险等。为了应对这些挑战，信托机构需要不断创新业务模式、提升风险管理能力，并加强与各方合作伙伴的协同合作。为了更好地理解信托机构在金融市场中的作用和挑战，我们将从以下内容来展开深入学习和探讨。

知识储备

一、信托和信托机构

信托是指财产的所有者（自然人或法人）为本人或他人的利益，将其财产交与受托人，委托受托人根据一定的目的对财产进行妥善的管理和有利的经营的一种经济行为。

信托机构是从事信托业务、充当受托人的法人机构。信托机构的性质是主要从事信托业务，在信托业务中充当受托人的法人金融机构。其职能是财产管理，即接受客户委托，代客户管理、经营、处置财产。

二、中国的信托机构

1979 年，为了丰富融资形式，满足社会日益增长的融资需求，我国开始设立信托投资公司。随后几年，中国的信托行业开始恢复并迅速发展。由于缺乏明确的定位和基本业务规范，加上监管法律滞后，信托投资公司先后经历了多次清理整顿。2001 年 4 月通过的《中华人民共和国信托法》和 2006 年 12 月修订实施的《信托投资公司管理办法》等，以法律形式明确了信托业的地位，强调了信托公司的主要业务，进一步确立了信托业与银行业、证券业和保险业的分业经营框架。

三、信托机构的主要业务

（一）信托业务种类

信托机构的业务活动范围相当广泛，几乎涉足所有金融领域，就其信托业务而言，按不同的划分方法可以有多种分类。

（1）按信托的内容不同，信托可分为贸易信托和金融信托。贸易信托是指商业贸易机构接受客户的委托，从事商品代理买卖的信托行为，它是比较古老的信托方式；金融信托是指经营金融委托代理业务的信托行为，它以代理他人运用资金、买卖证券，发行债券、股票，管理财产等为主要业务。金融信托与银行信贷、保险并列为现代金融业的三大支柱。在国际上办理信托业务的主要机构有商业银行信托部、专业性的信托公司和信托银行等。

（2）按信托关系建立的方式不同，信托可分为任意信托和法定信托。任意信托是指信托当事人按照信托法规，根据信托当事人之间的自由意思表示，自愿协商而成立的信托，它是最常见的信托，一般包括遗嘱信托和契约信托；法定信托是指由司法机关按照其法定权力来确定的当事人之间的信托关系而成立的信托，常见于英美法系国家，一般包括强制信托和鉴定信托。

（3）按委托人或受托人的性质不同，信托可分为法人信托和个人信托。法人信托是指具有法人资格的企业、事业和社团等法人组织以法人身份委托受托人办理信托业务的信托；个人信托是指以个人身份委托受托人办理信托业务的信托，一般包括生前信托和生后信托。

（4）按受益对象的不同，信托可分为私益信托和公益信托。私益信托是指委托人为了特定的他人或委托人自己的利益而设立的信托，其受益人是固定的；公益信托是以促进社会福利、慈善事业、科技进步、学术研究、教育发展等公益利益为目的而设立的信托，其受益人为非特定的多数人。

（5）按信托资产的不同，信托可分为资金信托、动产信托、不动产信托和其他财产信托。资金信托是指设立信托时，委托人转移给受托人信托财产的一种信托业务；动产信托是指以各种动产作为信托财产而设定的信托；不动产信托是指以土地及土地上固定物为信托财产的信托；其他财产信托是指除了资金信托、动产信托、不动产信托以外的财产信托。财产权信托业务、有价证券信托业务、非有价证券的金融债权信托是其主要的表现形式。其中，财产权信托涉及著作权、专利权、商标权和特许经营权，以及专有技术等。

（二）我国信托公司的主要业务

根据 2006 年 12 月中国银行业监督管理委员会颁布、自 2007 年 3 月 1 日起施行的《信托公司管理办法》的规定，我国的信托公司可以申请经营下列部分或者全部本外币业务：①资金信托。②动产信托。③不动产信托。④有价证券信托。⑤其他财产或财产权信托。⑥作为投资基金或者基金管理公司的发起人从事投资基金业务。⑦经营企业资产的重组、购并及项目融资、公司理财、财务顾问等业务。⑧受托经营国务院有关部门批准的证券承销业务。⑨办理居间、咨询、资信调查等业务。⑩代保管及保管箱业务。⑪法律法规规定或中国银行业监督管理委员会批准的其他业务。

（三）我国信托资产发展的现状及规模

自 20 世纪 80 年代我国信托业起步以来，信托公司主要扮演政府投融资平台的角色，资产规模相对较小。随着市场经济的深入发展和金融体制改革的推进，信托公司逐渐拓展业务领域，资产规模也开始快速增长。特别是在经济结构调整、产业升级的大背景下，信托公司通过不断创新业务模式和服务方式，有效满足了实体经济的融资需求，进一步促进了信托资产规模的扩大。随着我国经济的高质量发展和金融市场的进一步开放，信托资产规模有望继续保持增长态势。2013—2019 年中国信托资产规模及变化趋势见图 6 – 1。

图 6 – 1　2013—2019 年中国信托资产规模及变化趋势

2022 年我国主要信托公司排名情况见表 6 – 1。

表 6 – 1　2022 年我国主要信托公司排名情况

信托公司名称	信托公司简介
平安信托	全称平安信托有限责任公司，成立于 1996 年，注册资本 130 亿元，由中国平安保险（集团）股份有限公司和上海市糖业烟酒（集团）有限公司控股，2021 年营收 232.91 亿元，净利润 48.19 亿元
华润信托	全称华润深国投信托有限公司，成立于 1982 年，注册资本 110 亿元，由华润金控投资有限公司和深圳市投资控股有限公司控股，2021 年营收 45.92 亿元，净利润 34.11 亿元
中信信托	全称中信信托有限责任公司，成立于 1988 年，注册资本 112.76 亿元，由中国中信有限公司和中信兴业投资集团有限公司控股，2021 年营收 86 亿元，净利润 35.02 亿元
华能信托	全称华能贵诚信托有限公司，成立于 2002 年，注册资本 61.95 亿元，由华能资本服务有限公司、贵州乌江能源投资有限公司、人保投资控股有限公司、贵州省技术改造投资有限责任公司、中国有色金属工业贵阳有限责任公司、首钢水城钢铁（集团）有限责任公司和贵州开磷有限责任公司控股，2021 年营收 66.40 亿元，净利润 37.88 亿元
五矿信托	全称五矿国际信托有限公司，成立于 1997 年，注册资本 130 多亿元，由五矿资本控股有限公司、青海省国有资产投资管理有限公司和西宁城市投资管理有限公司控股，2021 年营收 45.97 亿元，利润总额 31.34 亿元，净利润 23.62 亿元
建信信托	全称建信信托有限责任公司，成立于 1986 年，注册资本 105 亿元，由中国建设银行股份有限公司和合肥兴泰金融控股（集团）有限公司控股，2021 年营收 36.21 亿元，净利润 22.02 亿元
重庆信托	全称重庆国际信托股份有限公司，成立于 1984 年，注册资本 150 亿元，由同方国信投资控股有限公司、国寿投资保险资产管理有限公司、上海淮矿资产管理有限公司、重庆国投股权投资管理有限公司和新疆宝利盛股权投资有限公司控股，2021 年营收 77.42 亿元，净利润 20.52 亿元

续表

信托公司名称	信托公司简介
外贸信托	全称中国对外经济贸易信托有限公司，成立于1987年，注册资本80亿元，由中化资本有限公司和中化集团财务有限责任公司控股，2021年营收33.4亿元，净利润16.45亿元
中融信托	全称中融国际信托投资有限公司，成立于1987年，注册资本120亿元，由经纬纺织机械股份有限公司、中植企业集团有限公司、哈尔滨投资集团有限责任公司和沈阳安泰达商贸有限公司控股，2021年营收58.58亿元，净利润14.87亿元
中航信托	全称中航信托股份有限公司，成立于2009年，注册资本46多亿元，由中航投资控股有限公司和华侨银行有限公司控股，2021年，公司实现营业总收入34.88亿元，净利润16.79亿元；信托主业手续费及佣金净收入39.43亿元；信托资产总规模为6 774.71亿元

信托行业在快速发展的同时，也面临不少挑战。信托行业应加强监管、完善法律法规、优化市场环境、提升信托公司的专业能力和风险管理水平。同时，信托公司也应积极探索创新业务模式，提高服务质量和效率，以满足不断变化的市场需求。总之，我国信托资产规模在经历了数十年的快速发展后，已经具备了相当的规模和实力。

经验分享6-3

即测即练

即测即练6-3

模块 6-4　其他非银行类金融机构

知识目标

1. 了解非银行类金融机构的概念。

2. 熟悉非银行类金融机构的业务。

3. 掌握非银行类金融机构的组成。

技能目标

1. 了解财务公司的主要业务。

2. 熟悉金融租赁公司的主要业务。

3. 掌握我国基金组织的发展概况。

素质目标

1. 了解引导金融资产管理公司聚焦主业，守正创新，提升不良资产处置、服务中小银行改革化险、助推实体企业纾困的核心能力。

2. 熟悉消费金融公司突出消费信贷功能，向中低收入客群提供适当、有效、可负担的消费金融服务和产品；引导汽车金融公司突出专业汽车消费信贷的差异化特色定位，为促进汽车销售、畅通汽车产业链发挥作用；引导货币经纪公司坚持特色化和专业化发展，巩固传统产品经纪服务优势，积极探索产品和服务创新。

3. 掌握金融租赁公司的业务方向和业务结构，紧紧围绕企业对设备的采购和更新需求，促进制造业企业产品销售，减少资金占用，推动社会投资和生产力提升；集团财务公司发挥贴近产业优势、围绕集团主业优化金融服务，以加速资金循环，提升支付结算效率为专长，加大对专精特新企业和中小企业、先进制造业、制造业科技创新、制造业绿色低碳发展等重点领域的支持力度。

建议学时

2 学时。

情境导入

在日常生活中，我们经常需要与各种金融机构打交道，除了银行、保险公司和信托机构之外，还有许多其他非银行类型的金融机构，如政策性金融机构、金融租赁公司、财务公司、基金组织等。这些机构提供的金融产品和服务也越来越丰富，满足了人们多样化的金融需求。

知识储备

一、政策性金融机构

在项目 3 相关内容的基础上，本模块对政策性金融机构进一步介绍如下。

（一）政策性金融机构概述

政策性金融机构是指由政府或政府机构发起、出资创立、参股或保证的，不以利润最大化为经营目的，在特定的业务领域内从事政策性融资活动，以贯彻和配合政府的社会经济政策或意图的金融机构。

政策性金融机构的建立旨在支持政府发展经济，促进社会全面进步。世界各国都根据各自的发展需要建立了相关的政策性金融机构，如一些国家为了解决银行不良资产而成立金融资产管理公司，一些国家为了防止存款人资金遭受损失而成立存款保险公司。这些政策性金融机构都属于专业性金融机构。

（二）中国的政策性金融机构

1. 政策性银行

1994 年以前，我国没有专门的政策性金融机构，国家的政策性金融业务分别由当时的 4 家国有专业银行承担。1994 年，我国组建了 3 家政策性银行：国家开发银行、中国进出口银行、中国农业发展银行。3 家政策性银行都是直属国务院领导的政策性金融机构，其目的在于实现政策性金融和商业性金融的分离，为建立社会主义市场经济条件下真正自主经营的国有商业银行创造条件。同时，以政策性银行的业务来引导社会投资方向，实现经济资源的合理配置。

2008 年 12 月 16 日，经国务院批准，国家开发银行整体改制成国家开发银行股份有限公司。国家开发银行股份有限公司成为第一家由政策性银行转型而来的商业银行，标志着我国政策性银行改革取得重大进展。

2015 年 4 月 12 日，国务院正式批复国家开发银行、中国进出口银行、中国农业发展银行 3 家政策性银行的改革方案，要求 3 家机构认真组织实施。国家开发银行坚持开发性金融机构定位，适应市场化、国际化新形势，充分利用服务国家战略、依托信用支持、市场运作、保本微利的优势，进一步完善开发性金融运作模式，积极发挥在稳增长、调结构等方面的重要作用，加大对重点领域和薄弱环节的支持力度。中国进出口银行改革则要强化政策性职能定位，坚持以政策性业务为主体，合理界定业务范围，明确风险补偿机制，提升资本实力，建立资本充足率约束机制，强化内部管控和外部监管，建立规范的治理结构和决策机制，充分发挥在稳增长、调结构、支持外贸发展、实施"走出去"战略中的功能和作用。中国农业发展银行改革，则坚持以政策性业务为主体，通过对政策性业务和自营性业务实施分账管理、分类核算，明确责任和风险补偿机制，确立以资本充足率为核心的约束机制，建立规范的治理结构和决策机制，把中国农业发展银行建设成为具备可持续发展能力的农业政策性银行。

2. 金融资产管理公司

金融资产管理公司是各国用于清理银行不良资产的金融中介机构，通常是银行出现危机时由政府设立的、不以营利为目的。

为了处理好我国国有商业银行的不良资产，化解由此可能导致的金融风险，我国于 1999 年相继设立了中国华融资产管理公司、中国长城资产管理公司、中国信达资产管理公司和中国东方资产管理公司 4 家金融资产管理公司，它们分别收购、管理和处置 4 家国有商业银行与国家开发银行的部分不良资产。

我国组建金融资产管理公司是为达到以下三个目的：①改善 4 家国有独资商业银行的资产负债状况，提高其国内外资信，深化国有独资商业银行改革。②运用金融资产管理公司的特殊法律地位和专业化优势，通过建立资产回收责任制和专业化经营，实现不良贷款价值回收最大化。③通过金融资产管理，对符合条件的企业实施债权转股权，支持国有大中型亏损企业摆脱困境。

二、金融租赁公司

在《项目 3——模块 3-3》内容的基础上，本模块对金融租赁公司再做进一步的介绍。

（一）金融租赁公司的性质

金融租赁公司是专门经营融资租赁业务的金融机构，是租赁设备的物主。通过提供租赁设备而定期向承租人收取租金，将自己的物件借给他人收取费用称为租，借他人的物件而支付费用称为赁。租赁是所有权和使用权之间的一种借贷关系。金融租赁公司开展业务的过程是：租赁公司根据企业的要求，筹措资金，提供以"融物"代替"融资"的设备租赁；在租期内，作为承租人的企业只有使用租赁物件的权利，没有所有权，并要按租赁合同规定，定期向租赁公司交付租金。租期届满时，承租人向租赁公司象征性地交付租赁物件残值价格，双方即可办理租赁物件的产权转移手续。

（二）中国的金融租赁公司

中国的融资租赁公司是在 20 世纪 80 年代开始建立并发展起来的。1987 年 7 月，中国国际信托投资公司与内资机构合作成立了我国第一家融资租赁公司——中国租赁有限公司。目前，大型金融租赁公司有浙江金融租赁股份有限公司、国银金融租赁有限公司、建信金融租赁股份有限公司、民生金融租赁有限公司等。根据 2014 年 3 月 13 日实施的《金融租赁公司管理办法》的规定，经中国银行业监督管理委员会批准，金融租赁公司可以经营下列部分或全部本外币业务：①融资租赁业务。②转让和受让融资租赁资产。③固定收益类证券投资业务。④接受承租人的租赁保证金。⑤吸收非银行股东 3 个月（含）以上定期存款。⑥同业拆借。⑦向金融机构借款。⑧境外借款。⑨租赁物变卖及处理业务。⑩经济咨询。

三、财务公司

在《项目3——模块3-3》的基础上，从非银行业金融机构的视角，对财务公司再做如下阐述。

（一）国外的财务公司

财务公司起源于18世纪的法国，后来在英、美等国相继出现。国外的财务公司主要是经营消费贷款、汽车贷款等消费信贷业务的非银行金融机构。

国外的财务公司虽然也经营贷款业务，却不以存款作为资金来源，而是靠发行长期债券或以短期借款来筹集资金，或以自身拥有的资本进行营运。财务公司的资金运用主要是消费信贷，少数财务公司也向企业发放贷款。财务公司和银行的不同之处在于它们较少接受存款而依赖于长短期负债。由于财务公司同商业银行相比，实际管制较松，因而它的业务范围仍在继续扩大，如包销证券，提供各种金融服务等。

（二）中国的财务公司

在我国，财务公司是"企业集团财务公司"的简称，是应企业集团发展之需、由企业集团内部各成员单位入股、向社会募集中长期资金的金融股份有限公司。中国的企业集团财务公司产生于20世纪80年代中后期，是具有中国特色的为企业集团发展配套的非银行金融机构，实质上是大型企业集团附属的金融公司，如中国电力财务有限公司、中航工业集团财务有限责任公司等。财务公司在业务上受国家金融监督管理总局监管，在行政上则受各企业集团领导，是自主经营、自负盈亏、独立核算的企业法人。中国的财务公司都是由企业集团内部集资组建的，其宗旨和任务是为本企业集团内部各企业筹资和融通资金，促进其技术改造和技术进步。

四、基金组织

（一）基金组织的含义

基金组织是指筹集、管理、运用某种专门基金的金融机构。基金组织起源于19世纪的英国，盛行于20世纪，特别是第二次世界大战后的美国。

（二）基金组织的类别

1. 养老基金组织

养老基金组织是向参加养老基金计划的公司雇员以年金形式提供退休收入的金

融机构。其基金来源是政府部门、雇主的缴款及雇员个人自愿缴纳的款项、运用基金投资的收益。由于养老基金是按事先商定的数额提取的,其支付完全可以预测,需要的流动性很低,所以,像人寿保险公司一样,养老基金组织多投资于股票、债券及不动产等高收益资产项目。

2. 共同基金组织

共同基金组织也可称为投资基金组织或投资公司,它是一种间接的金融投资机构或工具,在不同的国家有不同的称谓,如在美国称为共同基金、互助基金或互惠基金,在英国称为单位信托基金,在日本、韩国则称为证券投资信托基金等。它是一种利息共享、风险共担的金融投资机构或工具。其运作方式是通过发行基金证券,集中许多小投资者的资金投资于多种有价证券,投资者按投资的比例分享其收益并承担相应的风险。

投资基金有许多种类型,按其是否可赎回可分为开放型基金和封闭型基金,按组织形态不同可分为公司型基金和契约型基金,按风险与投资不同可分为积极成长型基金、成长型基金、成长及收入型基金、平衡型基金、收入型基金等,按投资对象不同可分为股票基金、债券基金、指数基金、期货基金等。

3. 货币市场互助基金

货币市场互助基金既有一般共同基金组织的特征,又在一定程度上发挥着存款机构的功能。像大多数共同基金一样,它依靠出售股份获取资金,然后把资金投资于既安全又富有流动性的货币市场金融工具,如短期国债等,再把这些资产的利息收入付给股份持有者。

这类货币市场互助基金的一个关键特征是,股份持有者可以根据他们的股份持有额的价值来签发支票。基金股份就如同支付利息的支票存款,只是在签发支票的特权方面有些限制,如通常签发支票金额不得低于一个规定的下限。最初开设账户时,还要求存入相当数量的货币。

(三) 中国的基金业

在中国,证券投资基金在管理部门的大力扶植下,依托高速成长的新兴市场环境,获得了突飞猛进的发展。1997 年 11 月,国务院颁布《证券投资基金管理暂行办法》;1998 年 3 月,基金安泰、基金开元设立。证券投资基金业数量和规模迅速增长,市场地位日趋重要;开始试点的 1998 年只有 5 只基金,净值 107.4 亿元;1999 年有 22 只,资产规模 484.2 亿元;2000 年有 33 只,总资产 845.9 亿元。

2001 年开放式基金的出现,推动了基金数量的爆发式增长,打开了中国基金业的成长空间，各类型基金大量出现。到 2006 年，开放式基金已初步形成了股票基金、混合基金、债券基金、货币市场基金、保本基金及 QDII 基金的总体框架。2011 年 RQFI 起航，2013 年余额宝推出，引领以"宝宝类"为代表的货币基金率先实现金融理财与金融支付的融合。截至 2022 年 3 月 31 日，我国公募基金数量已达到15 102 只。

经验分享6-4

即测即练

即测即练6-4

项目小结

本项目主要介绍了非银行类金融机构，包括投资银行（我国称为证券公司）、保险公司、信托机构及其他非银行类金融机构（金融租赁公司、集团财务公司、金融资产管理公司、消费金融公司、汽车金融公司、货币经纪公司、典当行等）、基金组织等机构的概念、性质及业务发展概况，它们和银行业金融机构共同构成了我国社会主义金融机构体系。

技能训练

一、简答题

1. 什么是投资银行？你怎样看待国际投资银行的发展前景？

2. 在现代经济运行中，投资银行具有怎样的功能？

3. 什么是保险？保险具有哪些基本职能？

4. 我国信托机构的主要业务有哪些？

5. 政策性金融机构主要特征有哪些？改革的主要方向是什么？

二、案例操作

谁应该承担房屋损坏的保险责任？

有一承租人向房东租借房屋，租期 9 个月。租房合同中写明，承租人在租借期内应对房屋损坏负责，承租人为此而以所租借房屋投保火灾保险一年。租期满后，租户按时退房。退房后一个月，房屋毁于火灾。于是承租人以被保险人身份向保险公司索赔。保险人是否承担赔偿责任？为什么？如果承租人在退房时，将保单转让给房东，房东是否能以被保险人身份向保险公司索赔？为什么？

参考解析：首先，保险人不承担赔偿责任，因为承租人对该房屋已经没有保险利益。其次，房东不能以被保险人的身份索赔，因为保单转让没有经过保险人办理批单手续，房东与保险人没有保险关系。

项目7 金 融 市 场

导语

在全球化经济的大背景下，金融市场扮演着至关重要的角色。它不仅为投资者提供了丰富的投资机会，还为企业提供了获取资金的渠道。那么，金融市场究竟是什么？它的重要性又体现在哪里？本项目将深入解析金融市场的奥秘。

项目摘要

本项目内容是学习金融市场理论，计划分四个模块讲授：一是金融市场概述；二是外汇与汇率；三是货币市场；四是资本市场。

思维导图

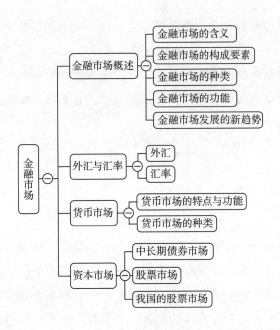

模块 7 - 1　金融市场概述

知识目标

1. 了解金融市场的含义。

2. 熟悉金融市场的构成要素及种类。

3. 掌握金融市场的功能。

技能目标

1. 了解金融市场基本定义，能够根据市场数据和信息分析金融经济现象。

2. 熟悉金融市场的构成要素及种类，能够根据投资目标和风险承受能力选择适当的金融工具，提升金融工具和产品的选择能力。

3. 掌握金融市场的功能，增强金融交易实践能力。

素质目标

1. 了解金融市场基本理论，培养服务实体经济的意识，理解金融市场服务于实体经济发展的重要性，推动金融与实体经济深度融合。

2. 熟悉金融市场的构成要素及种类，维护金融市场良好秩序。

3. 掌握金融市场的功能，增强风险防范意识，自觉维护国家金融安全。

建议学时

2 学时。

情境导入

想象一下，你是一位投资者，想要在股票市场购买一些公司的股票。或者你是一位企业家，想要通过发行债券或股票来筹集资金。在这些情况下，你需要了解金融市场的运作。金融市场是资金供求双方通过各种金融工具进行交易的场所。它是一个庞大的体系，涉及许多不同的参与者、交易工具和交易场所。为了更好地理解金融市场，我们从了解金融市场的含义与构成要素入手。

知识储备

一、金融市场的含义

金融市场是资金供求双方借助金融工具进行货币资金融通与配置的市场。在现代经济社会中，资金供求双方之间货币资金余缺的调剂构成金融市场的主要活动内容，这种资金余缺的调剂可以采取直接融资与间接融资两种方式进行。直接融资方式是指资金的需求者通过发行债券和股票等直接融资工具直接从资金的所有者那里融通资金，由此形成的市场被称为直接金融市场。间接融资方式是指资金所有者将其手中的资金存放于银行等金融中介机构，然后再由这些机构转贷给资金需求者，由此形成的市场被称为间接金融市场。一般来说，广义的金融市场既包括直接金融市场，又包括间接金融市场；狭义的金融市场则仅包括直接金融市场。

二、金融市场的构成要素

（一）市场参与主体

金融市场的参与主体非常广泛，政府部门、中央银行、各类金融机构、工商企业和居民个人等出于不同的目的，广泛地参与着金融市场的交易活动。

政府部门通常是一国金融市场上主要的资金需求者，通过发行公债和国库券为基础设施建设、弥补财政预算赤字等筹集资金。中央银行参与金融市场的主要目的不是为了盈利，而是进行货币政策操作，通过在金融市场上买卖证券进行公开市场操作，达到调节货币供给量、引导市场利率的目的。各类金融机构是金融市场的重要参与者，它们既是资金的供给者和需求者，同时还是金融市场上最重要的中介机构。以商业银行为例，商业银行是间接金融市场上最重要的金融机构：作为资金的需求者，商业银行通过其负债业务大量吸收居民、企业和政府部门暂时闲置不用的资金；作为资金的供应者，商业银行又通过贷款等资产业务向其他的资金需求者提供资金。通过自己的这些业务活动，商业银行使资金盈余者与短缺者实现了互通有无，沟通了储蓄与投资。除此之外，商业银行也广泛地参与直接金融市场的活动，是同业拆借市场、票据贴现市场、政府债券市场等的重要参与者。企业部门也是金融市场的重要参与者。①企业是金融市场主要的资金需求者，既通过市场筹集短期资金维持正常的运营，又通过发行股票或中长期债券等方式筹措资金用于扩大再生产和经营规模。②企业又是金融市场上的资金供应者之一，企业会将生产经营过程中暂时闲置的资金进行短期投资，以获得保值和增值。居民一般是金融市场上的主要资金供应者。居民通常将其收入减去消费之后的储蓄用来进行金融投资，通过在金融市场上合理购买各种金融工具来进行组合投资，既满足日常的流动性需求，又能获得资金的保值与增值。

（二）金融工具

金融工具是金融市场至关重要的构成要素，因为金融市场中所有的货币资金交易都以金融工具为载体，资金供求双方通过买卖金融工具实现资金的相互融通。金融工具有时也被人们习惯性地称为金融资产，这是从金融工具持有者的角度来界定的。比如，某一居民个人将其收入减去消费之后的货币盈余分成三部分：一部分存入银行，一部分购买国债，另一部分购买股票。对于该居民个人来说，银行存款属于其货币资产，国债属于其债券资产，股票属于其股票资产，这三种资产都是金融资产的组成部分。金融工具具有以下几个特征。

（1）期限性。期限性是指金融工具通常都有规定的偿还期限，即从举借债务到全部归还本金与利息所跨越的时间。当金融工具到期时，债务人有义务按期偿还本金，并按约定的条件和方式支付相应的利息。一般情况下，金融工具上都标有该工具的偿还期限，如政府发行的三年期国债上，会标明其起始日与偿还日。对于金融工具的持有者来说，更有现实意义的是从他持有该金融工具日起到金融工具到期日止所经历的时间。例如，偿还期为三年的国债，投资者在发行两年后从债券市场买入这一债券，对于该投资者来说，这一国债的偿还期限是 1 年，将用此时间衡量其持有该国债所获得的收益率水平。金融工具的偿还期限有两种极端情况：一种类似于活期存款的零期限，随时可以存取；另一种是类似于股票和永久性债券的无偿还期限，永远没有到期日。

（2）流动性。流动性是指金融工具的变现能力，即转变为现实购买力货币的能力。通常来说，金融工具的变现能力越强，成本越低，其流动性就越强；反之，流动性越弱。偿还期限、发行资信程度、收益率水平等是影响金融工具流动性强弱的主要因素。一般情况下，偿还期限与金融工具的流动性呈反向变动关系，而发行人的资信程度和收益率水平则与金融工具流动性呈正向变动关系：偿还期越长，流动性越弱；偿还期越短，流动性越强。因此，短期金融工具的流动性要强于长期金融工具；金融工具发行者的信誉状况越好，金融工具的流动性越强；反之，流动性越弱。因此，国家发行的债券、信誉卓著的大公司签发的商业票据、银行发行的大额可转让存单等都具有很强的流动性；金融工具的收益率水平越高，愿意持有该金融工具的投资者越多，该金融工具的流动性也越强。对持有者来说，流动性强的金融工具相当于货币。

（3）风险性。风险性是指购买金融工具的本金和预定收益遭受损失可能性的大小。购买任何一种金融工具都会有风险，风险性是金融工具与生俱来的特征。风险主要来源于两个方面：①金融工具的发行者不能或不愿履行按期偿还本金、支付利息的约定，从而给金融工具的持有者带来损失的可能性，这种风险被称为信用风险；②由于金融市场上金融工具交易价格的波动而给金融工具的持有者带来损失的可能性，这种风险被称为市场风险。信用风险与金融工具发行者的信用等级和经营状况紧密相关，金融工具发行者的信用等级越高、经营状况越好，则该金融工具的信用风险越低。金融工具尤其是长期金融工具的市场风险很难预测，因为政治、经济、政策、市场等诸多方面因素的变动都会影响金融工具的交易价格，使金融工具的交易价格具有很强的不确定性。

（4）收益性。收益性是指金融工具能够为其持有者带来收益的特性。金融工具的持有者之所以愿意购入金融工具，而将自己的货币资金转让给金融工具的发行者使用，就是因为持有金融工具能够给其带来一定的收益。金融工具给其持有者带来的收益有两种：①利息、股息或红利等。②买卖金融工具所获得的差价。金融工具收益性的高低由收益率来表示，不同金融工具的收益率有不同的计算方法。

阅读资料7-1

（三）交易价格

交易价格是金融市场的另一个重要构成要素。市场参与主体间买卖金融工具最终是为了进行货币资金的交易，而货币资金交易与一般商品交易不同，货币资金交易大多只是表现为货币资金使用权的转移，而不是所有权的转移。货币资金使用权的价格通常以利率来显示，因此，利率便成为金融市场上的一种重要价格。金融市场货币资金供求的变动会引起利率的波动，不同金融工具利率的差异会引导市场资金的流向。各类金融工具的交易价格是金融市场上的另一种重要价格。债权类金融工具票面利率与市场利率的差异是决定此类金融工具流通市场转让价格的主要因素。股票是一种所有权凭证，没有偿还期限，其交易价格主要体现为二级流通市场上的买卖价格，此价格受多种因素的影响，但股票收益率与市场利率的差异依然是影响股票交易价格的重要因素。

（四）交易的组织方式

如何组织资金供求双方进行交易涉及金融市场的交易组织方式问题。一般来说，金融市场交易主要有两种组织方式：场内交易方式和场外交易方式。

场内交易方式也称交易所交易方式。交易所由金融管理部门批准建立，为金融工具的集中交易提供固定场所和有关设施，制定各项规则，监督市场交易活动，管理和公布市场信息。交易所的种类主要有证券交易所、期货交易所等。场外交易方式是相对于交易所方式而言的，凡是在交易所之外的交易都可称作场外交易。由于这种交易最早主要是在各金融机构的柜台上进行的，因而也称为柜台交易方式。场外交易方式没有固定集中的场所，分散于各地，规模有大有小，交易主要通过电信手段完成。

三、金融市场的种类

金融市场是一个大系统，它包括许多相互独立又相互联系的市场。按照不同的标准，可以划分出不同类别的金融市场。

（一）货币市场与资本市场

按市场中金融工具期限的长短，金融市场可分为货币市场与资本市场。

货币市场又称短期资金市场，是指以期限在一年以内的金融工具为媒介进行短期资金流通的市场。同业拆借市场、回购协议市场、国库券市场、票据市场、大额可转让定期存单市场等都属于货币市场。交易期限短、流动性强、安全性高、交易额大是货币市场的主要特征。

资本市场又称长期资金市场，是以期限在一年以上的金融工具为媒介进行中长期资金融通的市场。在现实的概念使用中，资本市场有广义和狭义之分。狭义的资本市场专指发行和流通股票、债券、基金等证券的市场，我们通常称其为证券市场。广义的资本市场除了证券市场外，还包括银行的中长期借贷市场。因为证券市场和银行的中长期借贷市场在业务操作、运行机制等许多方面都有很大的不同，因此，在大多数情况下，资本市场是指证券市场。

（二）票据市场、证券市场、衍生工具市场、外汇市场、黄金市场

按市场中交易的标的物，金融市场可分为票据市场、证券市场、衍生工具市场、外汇市场、黄金市场等。

票据市场是指各种票据发行、交易的市场，是货币市场的重要组成部分。

证券市场主要是股票、债券、基金等有价证券发行和流通转让的市场。

衍生工具市场是远期、期货、期权、互换等金融衍生工具进行交易的市场。金融衍生工具是在基础性金融工具的基础上创造出来的新型金融工具，一般表现为一些合约，其价值由标的物的价格决定。

外汇市场同货币市场一样，是各种短期金融工具交易的市场，不同的是货币市场交易的是同一种货币或以同一种货币计值的票据，而外汇市场上进行的则是以不

同种货币计值的两种票据之间的交换。外汇市场有狭义和广义之分。狭义的外汇市场指的是银行间的外汇交易，包括各外汇银行间的交易、中央银行与外汇银行间以及各国中央银行之间的外汇交易活动，通常被称为批发外汇市场。广义的外汇市场是指由各国中央银行、外汇银行、外汇经纪人及客户组成的外汇买卖、经营活动的总和，包括上述的批发市场以及银行同企业、个人间外汇买卖的零售市场。我国外汇市场由零售市场和银行间市场两部分构成。在外汇零售市场上，企业和个人按照《外汇管理条例》和结售汇政策规定通过外汇指定银行买卖外汇。在银行间外汇市场上经国家外汇管理局批准可以经营外汇业务的境内金融机构（包括银行、非银行金融机构和外资金融机构）通过中国外汇交易中心进行人民币与外币之间的即期、远期和货币掉期交易。

黄金市场是专门集中进行黄金买卖的交易中心或场所。黄金市场早在19世纪初就已形成，是最古老的金融市场。但随着时代的发展，黄金非货币化趋势越来越明显，黄金市场的地位也随之下降。目前，世界上共有40多个黄金市场。其中，伦敦、纽约、苏黎世、芝加哥和香港的黄金市场被称为五大国际黄金市场。1949年新中国成立后，我国对黄金等贵金属实行严格的管制，黄金开采企业必须将黄金交售给中国人民银行，用金单位按配额由中国人民银行配售，黄金主要用于紧急国际支付和外汇储备。直到2001年，黄金"统购统配"的计划管理体制才被取消。2002年10月30日，上海黄金交易所成立。2010年，上海黄金交易所内的黄金交易量突破6 000吨，成为世界第一大现货黄金交易所。目前，我国的黄金市场已经初步形成以上海黄金交易所为核心，商业银行柜台黄金业务、上海期货交易所黄金期货交易并存的市场体系。

（三）发行市场和流通市场

按金融资产的发行和流通特征，金融市场可分为发行市场和流通市场。

发行市场又称一级市场或初级市场，是票据和证券等金融工具初次发行的场所。在这个市场中，筹资者将金融工具出售给最初始的投资者，因此，发行市场的主要功能是资金筹集。流通市场又称二级市场或次级市场，是对已发行金融工具进行转让交易的市场。当金融工具的持有者在金融工具未到期前想将其转让变现，则需要在流通市场上寻找买方。因此，流通市场最重要的功能是实现金融资产的流动性。

发行市场与流通市场有着紧密的依存关系。发行市场是流通市场存在的基础和前提，没有发行市场中金融工具的发行，就不会有流通市场中金融工具的转让；同时，流通市场的出现与发展会进一步促进发行市场的发展，因为如果没有流通市场，

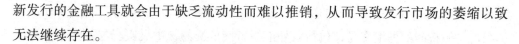

新发行的金融工具就会由于缺乏流动性而难以推销，从而导致发行市场的萎缩以致无法继续存在。

（四）现货市场和期货市场

按交割方式，金融市场可分为现货市场和期货市场。

现货市场也称即期交易市场，是指交易双方达成成交协议后，在1~3日内立即进行付款交割的市场。由于现货市场的成交日和结算日之间没有间隔，所以，其价格变动风险较小。期货交易则是指交易双方达成成交协议后，并不立即进行交割，而在一定时间内，如1个月、2个月或3个月后进行交割。在期货交易中，成交与交割的时间相分离，由于交割时要按成交时的协议价格进行，因此，在成交与交割之间，金融工具价格的波动会引起交易双方的损失或收益，风险较高。

（五）有形市场和无形市场

按有无固定场所，金融市场可分为有形市场和无形市场。

有形市场是指有固定交易场所的市场，一般指交易所市场。无形市场则是对交易所外进行的金融交易的统称，它的交易一般通过现代化的电信工具在各金融机构、证券商及投资者之间进行。它是一个无形的网络，金融资产及资金可以在其中迅速地转移。在现实中，大部分的金融资产交易均在无形市场上进行。

（六）国内金融市场和国际金融市场

按金融交易的地域，金融市场可分为国内金融市场和国际金融市场。

国内金融市场的活动范围限于本国领土之内，参与交易的双方当事人都为本国的自然人和法人；国际金融市场的活动范围则超越了国界，其范围可以是某一区域性的，如中东地区、东南亚地区等，也可以是世界性的。国际金融市场的交易主体可以是不同国家和地区的自然人与法人。

四、金融市场的功能

金融市场作为现代经济的核心，在整个国民经济运行过程中发挥着重要的功能。

（一）资金聚集与资金配置

现代经济运行中，国民经济各部门内部的不同经济主体，如企业部门各种类型的企业，各不相同的居民个人，都会经常出现货币资金收入与支出在时间上不一致的现象，一些经济主体在一定的时间内可能存在货币资金盈余，而另一些经济主体则可能存在货币资金短缺。金融市场可以帮助实现盈余者与短缺者之间的货币资金调剂，发挥资金聚集与资金配置功能。

1. 资金聚集

金融市场为货币资金盈余者提供了多种可供其选择的金融工具,实现了资金聚集。在其资金闲置期间,盈余者可以根据其资金闲置的时间、自己可承受的风险程度和预期收益率等因素选择具有不同特征的金融工具进行投资,以实现其货币资金保值与增值的目的。例如,闲置期限短的货币资金,可以选择银行的短期存款、货币市场中的短期金融工具;闲置期限长的货币资金,则可以选择银行的中长期存款、中长期债券和股票;注重投资安全、对收益率没有太高要求的资金盈余者可以选择银行存款、国债进行投资,而具有较高风险承担能力、喜欢冒险、期望获得较高收益率的资金盈余者则可选择股票、衍生金融工具进行投资。当众多、相对零散、小额的闲置资金通过各种金融工具聚集到金融市场上时,就可以为企业发展、政府进行大规模的基础设施建设等提供大量的资金。如银行通过吸收众多小额资金盈余者的存款而聚集起规模庞大的资金,企业通过在金融市场上发行债券和股票而聚集起足以满足其发展需求的资金规模。

2. 资金配置

金融市场中各种金融工具价格的波动将引导货币资金流向最具有发展潜力,能够为投资者带来最大利益的部门和企业,从而实现金融资源的最优配置。金融市场中拥有各种类型的金融工具,不同金融工具在金融市场上的交易价格实际上反映出不同金融工具发行主体的信誉状况、经营状况、盈利状况、发展前景等综合信息,投资者会通过各种公开信息及金融工具价格波动所反映出的信息判断各种金融工具发行主体的状况,从而决定其货币资金的投向。一般来说,在价格机制的引导下,资金总是会流向那些经营管理好、产品畅销、有发展前景的行业和企业,从而有利于提高投资效益,实现资源的最优配置。

(二) 风险分散和风险转移

1. 风险分散

金融市场的风险分散功能体现在两个方面:①金融市场上多样化的金融工具为资金盈余者的金融投资提供了多种选择。投资者可以根据自己的风险、收益偏好将其盈余资金投资在不同的金融工具上,进行投资组合。例如,可以将一部分资金存在银行,一部分资金购买债券,一部分资金购买不同企业发行的股票,这样就避免了金融投资的集中与单一,实现了投资风险的分散。②在金融市场上筹集资金的资金需求者面对众多的投资者发行自己的金融工具,这使得众多的投资者共同承担了该金融工具发行者运用这笔资金的经营风险。

2. 风险转移

金融市场的风险转移功能体现在金融工具在流通市场上的转让。当某一种金融工具的持有者认为继续持有该金融工具的风险过高，则他会通过流通市场将此金融工具卖出，在其卖出该金融工具的同时，也将该金融工具的风险转移了出去。需要强调的是，金融工具的转让只是将风险转移给了购买该金融工具的另一个投资者，并没有消除风险。

(三) 对宏观经济的反应与调控

1. 反应

金融市场，尤其是股票市场通常被称为国民经济的"晴雨表"，它往往先于宏观经济运行的变化而作出提前的反应，是公认的国民经济信号系统，这便是金融市场对宏观经济运行的反应功能。金融市场之所以具有这个功能，是因为在一个有效率的金融市场中，金融市场的价格，尤其是股票市场的价格，能够及时、准确地把企业的经营管理情况及发展前景表现出来，而企业的经营，既是一国宏观经济运行的重要组成部分，更直接地受到本国宏观经济运行状况的影响。

2. 调控

市场经济的缺陷导致了政府对经济运行的干预和调控。货币政策与财政政策是政府对宏观经济进行调控的两大主要政策，而这两大调控政策的实施都离不开金融市场。①金融市场是中央银行进行货币政策操作的场所。中央银行在金融市场中进行公开市场业务操作，通过在市场中买卖国债等金融工具调节市场中的货币量，引导市场利率水平，进而通过利率对投资、消费的影响引起各微观经济主体经济活动的改变，最终达到调节整个宏观经济运行的目的。②财政政策的实施也离不开金融市场。当政府要实施扩张型的财政政策刺激经济增长，调控经济运行时，需要在金融市场上通过发行国债的方式来为其规模巨大的政府支出筹集资金来源。③一个成熟、规模庞大的金融市场也是财政政策能够顺利发挥其调控作用的前提条件。

五、金融市场发展的新趋势

(1) 新融合。科技与金融的有效融合和有机融合，表现为大数据的广泛应用使得"长尾"客户享受到金融服务的实惠，同时，信息化、数据化、自动化、智能化风控模式，使风控系统更加智能、高效。

(2) 新稳定。监管科技的加速发展。金融科技让金融环节中的信任分析、风险管理、贷款审批等变得更加高效、准确，强有力地促进和确保金融稳定，从而使全行业呈现出新稳定态势。所谓新稳定，是在金融业务边界渐趋模糊、金融服务覆盖面日趋广泛、中外金融机构合作空间日渐广阔的普惠金融背景下，监管也更趋科技范儿，即基于技术追踪整个业务信息流，真正实现高效而全面的"无死角式"监管。

（3）金融市场国际化。金融市场发展超越国界的限制，与世界金融日益融合，逐渐趋向全球一体化。这主要表现在金融机构跨国化，金融资产经营国际化，以及货币国际化。

经验分享7-1

即测即练

即测即练7-1

模块7-2　外汇与汇率

知识目标

1. 了解外汇、汇率的概念及种类。
2. 熟悉外汇市场的运行及汇率制度。
3. 掌握汇率的三种标价方法和影响汇率波动的主要因素。

技能目标

1. 了解外汇、汇率的基本理论，能够正确分析和预测汇率的走势。
2. 熟悉外汇市场的基本构成和运作方式，分析汇率制度的选择对经济产生的影响。
3. 掌握汇率的三种标价方法，学会在不同标价法下，正确利用汇率计算可兑换货币金额及套汇。

素质目标

1. 了解外汇、汇率的变化，从全球化的视野，正确认识我国经济发展对维护世界经济稳定的巨大作用。

2. 熟悉外汇市场的运作方式，人民币汇率形成机制改革会持续朝更加市场化的方向迈进，更加坚定经济发展自信。

3. 掌握了汇率的标价方法，培养学生的国际视野和经济意识，能够更好地理解和分析国内外经济环境，提升分析问题和解决问题的能力。

建议学时

2 学时。

情境导入

想象一下，如果你是一位跨国企业的 CEO，需要将手中的美元兑换成欧元来支付欧洲供应商的货款；或者你是一位投资者，想要通过持有不同货币的资产来分散投资风险。在这些场景中，外汇与汇率成为影响你决策的关键因素。在国际贸易和投资中，外汇市场扮演着举足轻重的角色。它为企业提供了支付手段，帮助其顺利完成进出口交易；也为投资者提供了套期保值和风险对冲的工具。外汇市场的波动，直接影响着企业的成本和盈利状况，甚至关乎国家经济的稳定。

知识储备

一、外汇

（一）外汇的含义

外汇（foreign exchange）有动态和静态之分。动态的外汇是国际汇兑的简称，它强调外汇是一种活动，即把一国货币兑换成另一国货币用以清偿国际的债权债务；静态的外汇是指以外币表示的可用于国际结算的支付手段，即国际货币或以国际货币表示的用于国际结算的支付凭证，如汇票、本票、支票等。

1. 广义的外汇

广义的外汇是指国际货币基金组织和各国外汇管理法令中的外汇。国际货币基金组织对外汇所下的定义是：外汇是货币行政当局（中央银行、货币管理当局、外汇平准基金组织或财政部）以银行存款、国库券、长短期政府债券等形式所保有的，在国际收支逆差时可以使用的债权。按照《中华人民共和国外汇管理条例》（2008 年修订）第三条的规定，外汇是指下列以外币表示的可以用作国际清偿的支付手段和资产：①外币现钞，包括纸币、铸币。②外币支付凭证或者支付工具，包括票据、银行存款凭证、银行卡等。③外币有价证券，包括债券、股票等。④特别提款权。⑤其他外汇资产。

2. 狭义的外汇

狭义的外汇是指以外币表示的用于国际结算的支付手段。狭义的外汇必须具有以下几个特征：①必须是以外币表示的国外资产，而本国货币表示的信用工具不能视为外汇，如美元、日元、英镑等属于国际通用货币，但对于美国而言，美元不是外币，而是本币，因此美元不是美国的外汇，日元、英镑等其他货币同理。②必须是在国外能得到补偿的债权，凡是不能在国际上得到偿付或不能自由兑换的各种空头支票、拒付汇票等均不能视为外汇。③必须是以可自由兑换的货币表示的支付手段，只有各国普遍接受的支付手段，才能用于国际结算。

综合上述条件，广义外汇中，以外币表示的有价证券和黄金不能视为外汇，因为它们不能用于国际结算，只有把它们卖掉，变成国外银行的存款才能用于国际结算。至于外币现钞，严格地讲，也不能算作狭义外汇，因为外币现钞在发行地属于法定货币，一旦流入他国，就失去了法定货币的身份和地位，持有外币现钞的银行只有将其运至货币发行国，变为海外银行存款，才可获得利息收入和用于国际结算。因此，狭义外汇是指在国外的银行存款以及索取这些存款的外币票据与外币凭证，如汇票、本票、支票等。

广义外汇包含狭义外汇，广义外汇中的第二部分即是狭义外汇的主体，其余部分可以在必要时转化为狭义外汇，用于国际支付；而狭义外汇也可以转化为广义外汇以增加盈利。

3. 国际标准化外汇符号

为了能够准确而简易地表示各国货币的名称，便于开展国际的贸易金融业务和计算机数据通信，1970 年，联合国欧洲经济委员会首先提出要制定一项国际贸易单证和信息交换使用的货币代码。1973 年，国际标准化组织（ISO）技术委员会在其他国际组织的通力合作下制定了一项适用于贸易、商业和银行使用的货币和资金代码，即国际标准 ISO－4217 三字符货币代码。1978 年 2 月，联合国贸易和发展会议与欧洲经济委员会将三字符货币代码作为国际通用的货币代码或货币名称缩写向全世界推荐。国际贸易界、金融界反应积极，很快接受了这套三字符货币代码。另外，除使用国际标准代码外，在一些国际经贸活动中，货币符号还有其他习惯表示法，如美元（USD）为 $，日元（JPY）为 ¥，英镑（GBP）为 £，瑞士法郎（CHF）为 SF 等。世界主要货币名称及符号见表 7－1。

表 7－1　世界主要货币名称及符号

货币名称	货币符号	货币名称	货币符号
人民币	RMB（CNY）	美元	USD（$）
日元	JPY（¥）	欧元	EUR（€）
英镑	GBP（£）	德国马克	DEM
瑞士法郎	CHF	法国法郎	FRF（ƒ）
加拿大元	CAD	澳大利亚元	AUD
港币	HKD	奥地利先令	ATS
芬兰马克	FIM	比利时法郎	BEF
爱尔兰镑	IEP	意大利里拉	ITL
卢森堡法郎	LUF	荷兰盾	NLG（ƒ）
葡萄牙埃斯库多	PTE	西班牙比塞塔	ESP
印尼盾	IDR	马来西亚林吉特	MYR
新西兰元	NZD	菲律宾比索	PHP
俄罗斯卢布	SUR	新加坡元	SGD
韩国元	KRW	泰铢	THB

（二）外汇的种类

1. 自由兑换外汇、限制兑换外汇和记账外汇

按外汇兑换时受限制的程度，外汇可分为自由兑换外汇（即自由外汇）、限制兑换外汇和记账外汇。

（1）自由兑换外汇。自由兑换外汇指无须经过货币发行国货币管理当局批准，在国际金融市场上能自由兑换成其他国家的货币或可以向第三国办理支付的、以外币表示的不同形式的支付手段，如美元（USD）、欧元（EUR）、英镑（GBP）、日元（JPY）、瑞士法郎（CHF）、丹麦克朗（DKK）、瑞典克朗（SEK）、加拿大元（CAD）、澳大利亚元（AUD）、新西兰元（NZD）等。根据 IMF 有关条款的规定，凡是属于"自由兑换"的货币，都必须具备以下三个条件：①对国际性经常往来的支付和资金移动不加限制。②不得实行多种汇率制。③如果其他国家提出要求，其有义务随时购回对方经常项目往来所结存的本国货币。自由兑换外汇在国际交往中被广泛使用，是典型的外汇形式。

（2）限制兑换外汇。限制兑换外汇是指未经货币发行国批准，不能自由兑换成其他货币或对第三国进行支付的外汇。国际货币基金组织规定，凡对国际性经常往来的支付和资金转移有一定限制的货币均属于有限自由兑换货币。目前我国人民币在经常项目下已经可以自由兑换，但在资本项目下还不能自由兑换。

（3）记账外汇。记账外汇又称协定外汇或双边外汇，是指根据两国政府有关部门贸易清算（支付）协定所开立的清算账户，为贸易、贷款、经济援助、经济技术合作等协定项下使用的外汇。记账外汇不经货币发行管理当局批准，不能自由兑换为其他国家货币，也不允许支付给第三国。目前，我国除中国银行总行还有部分记账外汇业务外，其他银行办理的都是自由外汇结算业务。

2. 贸易外汇和非贸易外汇

按外汇的来源和用途，外汇可分为贸易外汇和非贸易外汇。

（1）贸易外汇。贸易外汇是指与商品进出口及其从属费用的收付相关的外汇，从属费用主要包括与商品进出口直接关联的运费、保险费等。

（2）非贸易外汇。非贸易外汇是指与除商品进出口以外的其他对外经常往来相关的外汇，主要涉及侨汇以及旅游、运输、邮政、保险、海关等方面的收入和支出。

3. 即期外汇和远期外汇

按外汇买卖交割期限，外汇可分为即期外汇和远期外汇。

（1）即期外汇又称现汇，是指银行与客户或与同业之间于当日或两个营业日内按成交时的汇率进行交割的外汇。即期外汇是外汇市场上最常见、最普遍的一种形式。

（2）远期外汇又称期汇，是指外汇市场上用作远期付款交割的外汇。买卖双方按预先商定的汇价、交易数量和限期，订立外汇买卖合约，到约定的日期进行实际交付，远期交易是一种预约性的交易。

二、汇率

（一）汇率及其标价方法

汇率又称汇价、外汇行市，是不同货币之间兑换的比率或比价，也可以说是以一种货币表示的另一种货币的价格。在国际汇兑中，既可以用本币来表示外币的价格，也可以用外币来表示本币的价格，本、外币都具有表现对方货币价格的功能，这就是标价方法。①直接标价法又称应付标价法，是以一定单位（如1、100、1 000等）的外国货币作为标准，折合为一定数量的本国货币的标价方法。目前，世界上绝大多数国家都采用直接标价法，我国人民币对外币也采用这种标价方法。在直接标价法下，外币数额不变，本币金额随外币币值的变化而变化：如果一定单位的外币兑换本币数额增多，说明外币币值上升，本币币值下降，称为外汇汇率上升；反之，则称为外汇汇率下降。②间接标价法又称应收标价法，是以一定单位（如1、

100、1 000 等）的本国货币为标准，来计算应收若干单位的外国货币。世界上采用间接标价法的主要是以英美为代表的少数几个国家。在间接标价法下，本国货币数额固定不变，而外国货币的数额随两国货币价值的变化而变化：如果一定单位的本币兑换的外币数额减少，说明外汇汇率上升；相反，如果一定单位的本币兑换的外币数额增多，说明本币币值上升，外汇汇率下跌。③美元标价法。第二次世界大战后建立起来的布雷顿森林体系是一个"双挂钩"的国际货币体系：美元和黄金挂钩，各国货币和美元挂钩，美元成为中心货币。各国外汇市场上公布的外汇行情均以美元为标准，这种标价方法被称为"美元标价法"。美元标价法与前两种标价方法并不矛盾。根据外汇交易规则，银行在外汇市场报价时，需围绕美元报价，如果需要计算非美元货币之间的比价，可通过各自与美元的比价进行套算。

（二）汇率的分类

（1）从银行买卖外汇的角度，汇率可分为买入汇率、卖出汇率和中间汇率。买入汇率又称买入价，是银行向客户或同业买入外汇时所使用的汇率。由于出口商是最主要的外汇提供者，因此买入价又称出口汇率。卖出汇率又称卖出价，是银行向客户或同业卖出外汇时所使用的汇率。由于进口商是最主要的外汇需求者，因此卖出价又被称为进口汇率。买入价低于卖出价，买卖差价即为银行的经营费用和利润。通常情况下，买卖价格均指银行买卖外汇的价格。买入价与卖出价的平均数为中间汇率，又称为中间价，新闻报刊报道汇率消息时，通常报的是中间汇率。中国外汇交易中心网站、国家外汇管理局网站都会实时发布人民币对主要国家货币汇率的中间价。

（2）按汇率制定方法的不同，汇率可分为基础汇率和套算汇率。基础汇率是指一国货币与某个关键货币之间的汇率。世界上的货币种类繁多，不可能一一制定本国货币与各种货币兑换的比率，因此通常需要选择在一国国际贸易或国际收支中使用最多、外汇储备中所占比重最大、自由兑换性最强、汇率较为稳定、为各国普遍接受的某一关键货币作为制定汇率的主要对象。目前，各国普遍把美元作为制定汇率的关键货币，因此本币与美元之间的汇率一般作为基础汇率。套算汇率又称交叉汇率，是指根据本国货币对关键货币的基础汇率和关键货币对其他国家货币的汇率，套算得到本国货币对其他国家货币的汇率。例如，2010 年 8 月 9 日，我国基础汇率是 1 美元兑 6.764 7 元人民币，而美元对英镑的汇率是 1 英镑兑 1.596 7 美元，则 1 英镑可兑换 10.801 2（1.596 7×6.764 7）元人民币。

（3）按汇率的测算方法，汇率可分为名义汇率、实际汇率、有效汇率与实际有效汇率。名义汇率是指官方公布或在市场上进行外汇买卖时所使用的汇率。由于名义汇率没有考虑通货膨胀对货币购买力的影响，因此提出了实际汇率的概念。实际汇率是对名义汇率用外国与本国价格水平之比调整后的值，公式为：实际汇率＝名义汇率×（外国价格指数/本国价格指数）。实际汇率能够更完整、准确地测算两国相对（价格）竞争力的强弱。如果外国通货膨胀率更高，即使本国名义汇率不变，也能用外汇购买相对更多的本国商品，则有利于本国商品出口，不利于外国商品进口，本币实际汇率贬值。有效汇率是本币对一组外币汇率的加权平均数，反映一国货币对多国货币的综合变动趋势和变动幅度。这一指标对于考察汇率变动对一国的贸易影响更有意义，因而权重一般选择双边贸易在该国对外贸易中的比重。实际有效汇率是对各个国家汇率经过通货膨胀调整后，再按贸易权重加权后计算的汇率。实际有效汇率最能全面考察汇率变动对一国贸易竞争力的影响。

（4）按外汇交易中支付方式的不同，汇率可分为电汇汇率、信汇汇率和票汇汇率。电汇汇率是指银行用电汇方式通知国外银行付款的外汇价格。电汇方式交收时间最快，一般银行不能占用客户的资金，因此电汇汇率最高。目前，国际支付大多采用电汇方式，电汇汇率就成为外汇市场的基准汇率，其他汇率都以电汇汇率为基础，一般外汇市场上所公布的汇率多为电汇汇率。信汇汇率是指银行用信函方式通知国外银行付款的外汇价格。信汇付款需要通过航空邮寄，所需时间比电汇方式长，银行可占用客户的资金，因此信汇汇率较电汇汇率低。票汇汇率是指银行以票汇方式买卖外汇时所使用的汇率。银行在办理票汇业务时，从卖出到付款有一段时间，因此票汇汇率也低于电汇汇率。票汇汇率根据银行汇票支付期限的不同，又可分为即期票汇汇率和远期票汇汇率。远期票汇汇率较即期票汇汇率更低，因为银行占用客户资金的时间更长一些。

（5）按外汇交易的交割时间，汇率可分为即期汇率和远期汇率。即期汇率又称现汇汇率，是指外汇买卖双方成交后，在两个营业日内办理交割所使用的汇率。这一汇率一般就是现时外汇市场的汇率水平。远期汇率又称期汇汇率，是买卖远期外汇所使用的汇率。买卖双方签订合同，约定交割日期，届时不管汇率如何变动，协议双方都要按约定的汇率进行结算。协议中约定的这一汇率就是远期汇率。要特别指出的是，远期汇率虽然是未来交割所使用的汇率，但与未来交割时的市场现汇汇率不同，远期汇率是事先约定好的汇率，后者是将来的即期汇率。

（6）按外汇营业时间，汇率可分为开盘汇率和收盘汇率。开盘汇率也称开盘价，是指外汇市场在每个营业日开始时进行外汇买卖所采用的汇率。收盘汇率也称收盘价，是指外汇市场在每个营业日结束时的外汇交易中所采用的汇率。

（7）按汇率制度的不同，汇率可分为固定汇率和浮动汇率。固定汇率是由一国政府制定公布的汇率。对汇率的上下波动幅度有一定的限制，超过规定的限度，政府有义务通过各种手段对汇率进行干预，以保持汇率的稳定。浮动汇率是指由外汇市场供求情况决定的汇率。政府不规定汇率波动的范围，汇率可自由涨跌，政府无义务进行干预。但事实上，大多数国家的政府由于各种目的仍对浮动汇率进行干预。

（三）汇率的决定

1. 金本位制度下的外汇汇率

金本位制是以一定成色及重量的黄金为本位货币的一种货币制度，黄金是货币体系的基础。金本位制包括金铸币本位制、金块本位制和金汇兑本位制，其中金铸币本位制是典型的金本位制度，后两种是削弱了、变形了的金本位制度。在典型的金本位制度下，各国都通过立法程序规定货币的含金量。两国货币的含金量之比，即为铸币平价，铸币平价是决定两国货币汇率的基础。例如，1925—1931 年，英国 1 英镑所含纯金数量是 7.322 36 克，1 美元所含纯金数量是 1.504 63 克，由此，英镑与美元的铸币平价即各自含金量之比是 7.322 36 ÷ 1.504 63 = 4.866 6，即 1 英镑金币的含金量是美元的 4.866 6 倍，这是英镑和美元之间汇率的决定基础，它建立在法定含金量的基础上，法定含金量一经确定，一般不会轻易改动，因此作为汇率基础的铸币平价是比较稳定的。

一般来讲，铸币平价不会轻易变动，而汇价却时有涨落，这是由外汇的供求关系引起的。在金本位制度下，汇率变动不是漫无边际的，而是有一定限度的，这个限度就是黄金输送点。在金本位制度下，国际的结算可以采取两种方式进行：①使用外汇汇票。②使用黄金作为支付手段，黄金可以自由输出入。如果汇价涨得太高，人们就都不愿购买外汇，而要通过运送黄金来进行清算了，但运送黄金是需要种种费用的，如包装费、运费、保险费和运送期的利息等。假定在英国和美国之间运送一英镑黄金的费用为 0.03 美元，那么铸币平价 4.866 6 美元加上运送费 0.03 美元等于 4.896 6 美元。如果 1 英镑的汇价高于 4.896 6 美元，美国债务人觉得购买外汇不合算，不如直接向英国运送黄金有利，于是美国的黄金就要向英国输出，4.896 6 美元就是美国的黄金输出点、英国的黄金输入点。相反，如果 1 英镑的汇价低于 4.836 6 美元，美国的债权人就不要外汇，而宁肯自己花运费从英国输入黄金，这一汇价就是美国的黄金输入点、英国的黄金输出点。

阅读资料7-2

2. 纸币制度下的外汇汇率

纸币流通分两种情况：①固定汇率制度下的纸币流通。②浮动汇率制度下的纸币流通。

1944 年建立起来的布雷顿森林体系是一种固定汇率制度。在这一体系下，各国政府都参照过去流通的金属货币的含金量规定了本国货币所代表的法定含金量。在国际汇兑中，两国货币之间的汇率就是它们所代表的含金量之比，这就是固定汇率制纸币流通下决定汇率的基础。根据协定，各成员又规定市场汇率的波动幅度不能超过黄金平价的上下 1%（后来这一幅度又进一步放宽），如果市场汇率超过这个波动幅度，各国政府有义务进行干预。1973 年布雷顿森林体系崩溃后，各国普遍实行浮动汇率制度，黄金的非货币化使各国货币间汇率不再以其黄金平价确定。

阅读资料7-3

（四）影响汇率变动的主要因素

1. 国际收支

国际收支情况对一国汇率的变动产生直接的影响。当一国国际收支出现较大顺差时，该国外汇收入大于支出，即外汇的供给大于需求，在外汇市场上引起外汇汇率下跌，本币汇率上升；当国际收支出现逆差时，外汇支出大于收入，即外汇需求大于供给，在外汇市场上引起外汇汇率上升，本币汇率下跌。例如，1976—1979 年，日本的经常项目收支曾出现先顺差、后逆差的格局，与此同时，日元汇率也出现了先上升、后下跌的情形。一般而言，暂时的、小规模的国际收支差额可以较容易地被国际资本流动等有关因素抵消或调整，只有巨额的、长期存在的国际收支差额才会影响本国汇率。国际收支是影响汇率变动的长期因素。

2. 通货膨胀

通货膨胀对汇率变动的影响也属于长期因素。在纸币流通的条件下，世界各国均不同程度地存在通货膨胀的问题，它影响一国商品劳务在世界市场上的竞争力。由于通货膨胀，国内物价上涨，一般会引起出口商品的减少和进口商品的增多。这些变化将对外汇市场上的供求关系产生影响，从而导致汇率的变动。同时，一国货币对内价值的下降不可避免地影响其对外的价值，削弱该国货币在国际市场上的信用地位，从而导致汇价下跌。一般来说，通货膨胀对汇率的影响有一个过程，这一过程需要半年或更长的时间，这种影响一旦起作用，其延续的时间会比较长，可能要持续好几年。从长远看，汇率终将根据货币的实际购买力自行调整到合理的水平。

3. 利率

利率可作为金融情况的一种反映。信贷紧缩时，利率上升；信贷松动时，利率下降。国际利率的差异，将引起短期资金在国际的移动，高利率国家发生资本内流，低利率国家则发生资本外流。资本流动将引起外汇市场供求关系的变化，从而对汇率产生影响。在通常情况下，一国利率提高，信用紧缩，将导致该国货币升值；反之，则导致货币贬值。近些年，利率作为货币政策工具被各国央行频繁使用，其目的在于影响汇率水平。2015 年 12 月 16 日，美联储加息，使全球货币环境收紧，美元走强，新兴经济体货币普遍对美元贬值。2015 年全年，巴西雷亚尔（BRL）对美元贬值幅度高达 33%，南非兰特（ZAR）对美元贬值 25%，俄罗斯卢布（RUB，₽）、马来西亚林吉特（MYR）和土耳其里拉（TRY）贬值幅度也达 20% 左右。其他货币中，韩元（KRW）、新元（SGR）和印度卢比（INR）贬值幅度较为温和，处于 4%～7% 之间。

4. PMI

PMI 英文全称为 purchase management index，意即采购经理指数。分为制造业 PMI、服务业 PMI，也有一些国家建立了建筑业 PMI。PMI 以 50 为荣枯分水线。当 PMI 大于 50 时，说明经济在发展，PMI 越大于 50 说明经济发展越强势；当 PMI 小于 50 时，说明经济在衰退，越小于 50，说明经济衰退越快。PMI 与 GDP 具有高度相关性，且其转折点往往领先于 GDP 几个月。PMI 越高，意味着经济越有活力，经济增长越快，国际外汇市场上各交易商对其货币越有信心，因而货币汇率有上升的可能。当经济增长率的变化在各国同时发生时，对汇率不会产生太大的影响，只有各国经济增长的速度不同，才会影响对外贸易和外汇市场交易的活动。国际上，PMI 体系无论是对政府部门、金融机构、投资公司，还是对企业来说，在经济预测和商业分析方面都有重要意义。PMI 作为预测经济的重要工具，已成为美联储、美国中央银行、华尔街、道琼斯通讯社、路透社等广为应用、传播的重要信息。

上述几个方面可以看作一个国家的经济基本面，经济基本面是维持汇率稳定的根本保障。一国经济基本面出现问题，会使金融市场丧失对该国的信心，从而抛售以该国货币标示的资产，使该国汇率下跌，资本外逃。

5. 政府的干预

第二次世界大战后，西方各国政府纷纷放松了对本国的外汇管制，同时布雷顿森林体系崩溃后，主要国家都采取了浮动汇率制度，政府对市场的干预仍然是影响市场供求和汇率水平的重要因素。当外汇市场上汇率的变化不利于本国经济发展时，该国货币当局便入市参与外汇买卖，以改变外汇供求关系，进而达到改善汇率水平的目的。

6. 重大的国际政治因素对汇率变动的影响

重大政治事件和重大政策改变，会影响国际经济交易和资本的流动，从而引起汇率的变化。2013 年末爆发的乌克兰危机使俄罗斯迅速卷入其中。2014 年初始，西方国家对俄罗斯进行了多轮经济制裁，这些制裁涉及能源、金融、国防等俄罗斯经济的主要领域，导致卢布对美元汇率大跌，从最初的 35 卢布兑换 1 美元跌至 80 卢布。2016 年 7 月 15 日，土耳其发生政变，土耳其里拉直线下跌 5%，创下 2008 年以来的最大跌幅。2015—2016 年，土耳其经历了两次大选、总理辞职以及一系列恐怖袭击，这些波折沉重打击了土耳其的重要外汇收入来源——旅游业。

阅读资料7-4

总之，影响汇率变动的因素是很复杂的，除了上述因素外，还包括诸如外贸政策、外汇管制的宽严、人们的心理预期、自然灾害、外汇交易商对汇率走势的预期与技术性因素等。各个因素之间互相联系又互相制约，所处的地位又经常发生变化，有时以这些因素为主，有时又以另一些因素为主；同一因素在不同的国家、不同的时间所起的作用也不相同，所以汇率变动是一个极其错综复杂的问题。

（五）汇率变动对经济的影响

汇率是联结国内外商品市场和金融市场的一条重要纽带。一国汇率的变动要受许多因素的影响，而汇率的变动反过来又会对其他经济因素产生广泛的影响。在当前浮动汇率制度下，汇率的频繁变动对各国经济产生的冲击日益深刻，汇率及汇率调整已成为各国经济政策的重要组成部分。因此了解汇率变动对经济的影响，无论是对一国货币当局还是对企业都有极其现实的意义。

1. 汇率变动对一国贸易收支的影响

一般认为，一国汇率下跌将有利于扩大出口、限制进口、改善贸易收支状况。这是因为一国货币汇率下跌后，如果出口商在国际市场上继续以过去的价格出售商品，可以有更大的获利空间，进一步刺激出口；若出口商让利于进口商，则能增强出口商品的竞争力，扩大销售市场，获得更多的外汇收入。对于进口商而言，由于本币汇率的下跌，购买等量价值的进口商品需要支付更多的本国货币，因而有限制进口的趋势。有些国家的货币当局通过促使本币对外贬值（货币对外贬值的程度大于对内贬值的程度）以降低本国出口商品在国际市场上的销售价格来倾销商品，从而达到提升商品的海外竞争力、扩大出口、增加外汇收入和改善贸易收支差额的目的，这就是外汇倾销。但本国汇率下跌对贸易收支的改善是有条件的，就是一国进出口弹性要符合马歇尔—勒纳条件。一国汇率上升对贸易收支的影响可以反过来认识。

2. 汇率变动对非贸易收支的影响

（1）对旅游和其他劳务收支的影响。一国汇率下跌对经常账户中旅游和其他劳务的收支状况也会起到改善的作用。因为一国货币贬值后，外币的购买能力相对提高，对外国游客而言，本国的商品、住宿、劳务、交通等费用都相对便宜，增强了对外国游客的吸引力；而对本国居民而言，由于本币的贬值，出国旅游的成本提高了，进而抑制了旅游出口。对其他无形贸易收支的影响也大体如此。

（2）对国际资本流动的影响。一种观点认为，一国汇率下跌有利于吸引长期资本流入。因为汇率下跌可使同量的外币投资折合本币的资本数量增加，可能吸引更多的国外资金内流。但是，汇率下跌也会使外商汇回国内的利润减少，因而外商会有不追加投资或抽回投资的可能。在其他条件不变的情况下，一国汇率下跌最终是否有利于吸引长期资本流入，主要取决于汇率下跌前后外商获利大小的比较。本币汇率下跌对短期资本流动的影响，主要取决于人们对未来汇率走势的预期。如果贬值后人们认为贬值的幅度还不够，则汇率进一步贬值将不可避免，那么人们就会将资金从本国转移到其他国家，以避免货币贬值的损失。但如果人们认为贬值已使本国汇率处于均衡水平或贬值已过头，其后必反弹，那么就会将资金从其他国家调拨到本国，以谋取汇率上升带来的好处。近些年来，国际资本市场在美联储紧缩货币政策的预期下，美元不断走强，随之而来的是新兴市场可能出现金融危机的预期大增。这种预期集中表现在新兴市场国家货币迅速贬值，资本恐慌性外逃。

（3）对国际储备的影响。汇率变动对国际储备的影响体现在两个方面：①汇率变动会影响国家外汇储备资产实际价值的变化，如果储备货币的汇率上涨，则会使该国储备资产的实际价值增加，反之会导致该国储备资产实际价值的减少。②汇率的变动，可以通过对资本流动和进出口贸易的影响间接使该国的储备增加或减少。

3. 汇率变动对国内物价水平的影响

在本币汇率下跌的情况下，由于进口商品成本增加，进口商必然会把一部分增加的成本转嫁给国内市场，提高商品在国内市场的售价，或者减少商品的进口，使国内商品供应量相对减少，引起物价上涨；同时，由于外汇汇率的上涨有利于扩大出口，在国内生产能力已充分利用的情况下，会相应减少国内市场的商品供应量，加剧国内商品的供需矛盾，从而带动国内物价的上涨。相反，在本币汇率上升的情况下，带动本国物价的下跌。

阅读资料7-5

4. 汇率变动对就业和国民收入的影响

本币汇率下跌、外汇汇率上升，会促使该国出口增加，从而刺激国内出口商品生产规模的扩大，进而带动国内其他行业的发展，推动就业水平的提高，增加国民收入；反之会抑制商品的出口，增加商品

经验分享7-2

的进口，促使商品生产规模缩小，不利于本国经济的发展，失业人数增加，国民收入减少。

即测即练

即测即练7-2

模块7-3 货币市场

知识目标

1. 了解货币市场的基本概念、特点和功能，及其在金融体系中的地位和作用。

2. 熟悉货币市场的主要子市场运行机制和交易规则，包括同业拆借市场、回购市场、票据市场、短期政府债券市场等。

3. 掌握货币市场的利率决定理论，利率期限结构、利率风险等因素对货币市场的影响。

技能目标

1. 了解货币市场的基本理论，包括资金拆借、债券买卖等，使其能够熟练运用货币市场工具进行资金融通。

2. 熟悉货币市场的主要子市场运行机制和交易规则，提升学生分析货币市场变动趋势的能力，能够准确判断市场利率走势，为投资决策提供有力支持。

3. 掌握货币市场的利率决定理论，分析货币政策对货币市场的影响及传导机制，培养学生运用货币政策工具进行宏观调控的能力。

素质目标

1. 了解货币市场的基本理论和市场规则。

2. 熟悉货币市场的双重性，促进经济发展的积极作用和可能带来的负面影响。

3. 掌握货币市场的利率决定理论，认识利率对于国家经济发展的重要性。

2 学时。

情境导入

货币市场连接着各种金融机构，如银行、证券公司、保险公司等，确保资金的有效流动。那么，货币市场究竟有哪些特点和功能？它又是如何影响我们日常生活的呢？让我们一起深入探讨货币市场的奥秘。

知识储备

一、货币市场的特点与功能

（一）货币市场的特点

货币市场是指以期限在 1 年以内的金融工具为媒介进行短期资金融通的市场。总体来看，货币市场具有以下几个特点。

（1）交易期限短。货币市场中的金融工具一般期限较短，最短的期限只有两个小时，最长的不超过 1 年，即筹资者只能在此市场中筹集短期临时性周转资金。之所以如此，是因为货币市场上的资金主要来源于居民、企业和金融机构等暂时闲置的资金，调剂资金头寸是货币市场主要的功能之一。

（2）流动性强。货币市场金融工具的短期性决定了其较强的流动性，偿还期越短，流动性越强。此外，货币市场的二级市场交易相当活跃，这意味着金融工具首次发行后可以很容易地找到下一个购买者，从而进一步增强了货币市场的流动性。

（3）安全性高。货币市场是个安全性较高的市场，除了交易期限短、流动性强的原因外，更主要的原因在于货币市场金融工具发行主体的信用等级较高，只有具有高资信等级的企业或机构才有资格进入货币市场来筹集短期资金，也只有这样的企业或机构发行的短期金融工具才会被主要追求安全性和流动性的投资者所接受。

（4）交易额大。货币市场是一个批发市场，大多数交易的交易额都比较大，个人投资者难以直接参与市场交易，因此，货币市场是一个典型的以机构投资者为主体的市场。

（二）货币市场的功能

（1）供政府和企业调剂资金余缺，满足短期融资需要。政府的国库收支经常面临先支后收的矛盾，解决这个矛盾的一个较好的方法就是政府在货币市场上发行短期政府债券——国库券，因而，国库券市场是货币市场的一个非常重要的子市场。流动资金快速周转的特征决定了短期融资是企业生产经营过程中最经常的融资需求，通过签发合格的商业票据，企业可以从货币市场及时、低成本地筹集大规模的短期资金满足这种需求。与此同时，流动资金暂时闲置的企业也可以通过购买国库券、商业票据、大额可转让定期存单等货币市场工具，实现合理的收益回报，达到安全性、流动性和收益性相统一的财务管理目的。

（2）供商业银行等金融机构进行流动性管理。商业银行等金融机构的流动性是指其能够随时应对客户提取存款或满足必要的借款及对外支付要求的能力。流动性管理是商业银行等金融机构资产负债管理的核心，流动性的缺乏意味着偿付能力的不足，有可能引发挤兑危机。商业银行等金融机构通过参与货币市场的交易活动可以保持业务经营所需的流动性。

（3）供一国中央银行进行宏观金融调控。中央银行是货币市场交易的重要参与主体和监管主体。在市场经济国家，中央银行为调控宏观经济运行所进行的货币政策操作主要是在货币市场中进行的。

（4）生成市场基准利率。市场基准利率是一种市场化的无风险利率，被广泛用作各种利率型金融工具的定价标准，是名副其实的市场利率的风向标。货币市场交易的高安全性决定了其利率水平作为市场基准利率的地位，基准利率不仅是中央银行重要的货币政策中介指标，也是决定和影响其他利率的基础变量。货币市场生成市场基准利率，决定了其在一国微观金融运行与宏观经济调控中的重要性。

二、货币市场的种类

（一）同业拆借市场

1. 同业拆借市场的含义

同业拆借市场是金融机构同业间进行短期资金融通的市场，其参与主体仅限于金融机构。金融机构以其信誉参与资金拆借活动，也就是说，同业拆借通常是在无担保的条件下进行的，是信用拆借，因此市场准入条件往往比较严格。在美国，只有在联邦储备银行开立准备金账户的商业银行才能参加联邦基金市场（美国的同业拆借市场）的交易活动。我国同业拆借市场的主体目前包括大多数类型的金融机构，但金融机构进入同业拆借市场必须经中国人民银行批准。

2. 同业拆借市场的形成与功能

同业拆借市场的形成源于中央银行对商业银行法定存款准备金的要求。中央银行规定商业银行吸收来的存款必须按照一定的比率缴存到其在中央银行开立的准备金账户上，用以保证商业银行的清偿能力（流动性）。如果商业银行缴存的准备金达不到中央银行规定的比率，则商业银行将受到中央银行的处罚；相反，如果商业银行缴存的准备金超过了中央银行规定的比率，对于超过部分的超额存款准备金，中央银行不支付利息或仅按照极低的利率来支付利息。于是，经过双方信息交换，准备金不足的银行从准备金盈余的银行拆入资金，以满足中央银行对法定存款准备金的要求，准备金盈余的银行也因资金的拆出而获得收益。拆出拆入银行间资金的划转通过它们在中央银行开设的准备金账户进行，拆借期限很短，最常见的是隔夜拆借，即拆入资金在交易后的第二天偿还。由此可见，同业拆借市场上交易的主要是商业银行等存款类金融机构存放在中央银行存款账户上的超额准备金，其主要功能在于为商业银行提供准备金管理的场所，提高其资金使用效率。

3. 同业拆借的期限

阅读资料7-6

同业拆借市场的拆借期限有隔夜、7 天、14 天、21 天、1 个月、2 个月、3 个月、4 个月、6 个月、9 个月、1 年等，其中最普遍的是隔夜拆借。在美国的联邦基金市场上，隔夜交易大致占到所有联邦基金交易的 75%；在 2016 年、2017 年我国的同业拆借市场中，隔夜拆借占到了 85% 以上，其次是 7 天拆借，交易额占比在 10% 左右。

4. 同业拆借利率

阅读资料7-7

同业拆借利率是一个竞争性的市场利率，同业拆借市场上资金供给与需求的力量对比决定了同业拆借利率的变动。同业拆借利率是货币市场的基准利率，在整个利率体系中处于非常重要的地位，它能够及时、灵敏、准确地反映货币市场的资金供求关系，对货币市场上其他金融工具的利率具有重要的导向和牵动作用。因此，它被视为观察市场利率变化趋势的风向标，也是中央银行观测市场流动性状况的重要指标。许多发达市场经济国家的同业拆借利率，如美国联邦基金利率、伦敦银行同业拆放利率（LIBOR）、欧元区银行间同业拆放利率（EURIBOR）、新加坡银行间同业拆放利率（SIBOR）等。这些同业拆借利率在本国甚至在世界范围内为各类金融产品的定价提供参考，显示本国或本区域国家中央银行货币政策的态势。

5. 我国的同业拆借市场

1984 年，中国人民银行专门行使中央银行职能后，确立了"统一计划、划分资金、实贷实存、相互融通"信贷资金管理体制，鼓励金融机构利用资金的行际差、地区差和时间差进行同业拆借。于是，一些地区的金融机构开始参与同业拆借活动，但拆借量很小，没有形成规模。

阅读资料7-8

1986年1月，国务院颁布《中华人民共和国银行管理暂行条例》，对银行间资金的拆借作出了具体规定。从此，同业拆借在全国各地迅速开展起来。1988年，部分地区金融机构违反资金拆借的有关规定，超过自己承受能力大量拆入资金，使拆借资金到期无法清偿，拆借市场秩序混乱，国务院决定对同业拆借市场秩序进行整顿。1990年，中国人民银行颁布了《同业拆借管理试行办法》，第一次对同业拆借市场管理做了比较系统的规定。1992—1993年，受当时经济金融环境的影响，同业拆借市场又出现了严重的违规现象，影响了银行的正常运营，扰乱了金融秩序。1993年7月，中国人民银行根据国务院整顿拆借市场的要求，把规范拆借市场作为整顿金融秩序的一个突破口，出台了一系列措施，再次对拆借市场进行整顿，撤销了各商业银行及其他金融机构办理同业拆借业务的代理中介机构，规定了同业拆借的最高利率，拆借秩序开始好转。

1995年，中国人民银行参考意大利屏幕市场模式，决定建立一个全国联网的拆借网络系统，以形成全国统一的同业拆借市场。1996年1月，全国统一的同业拆借市场网络开始运行，标志着我国同业拆借市场进入一个新的规范发展时期。1996年6月，中国人民银行放开了对同业拆借利率的管制，拆借利率由拆借双方根据市场资金供求状况自行决定，由此形成了全国统一的同业拆借市场利率——中国银行间同业拆放利率（CHIBOR）。1998年之后，中国人民银行不断增加全国银行间同业拆借市场的交易成员，保险公司、证券公司、财务公司等非银行金融机构陆续被允许进入银行间同业拆借市场进行交易，市场交易量不断扩大，拆借期限不断缩短，同业拆借市场成为金融机构管理流动性的重要场所。

2007年1月4日，上海银行间同业拆放利率（SHIBOR）正式运行，标志着中国货币市场基准利率培育工作的全面启动。目前，SHIBOR已经确立了货币市场基准利率的地位，在反映市场资金供求状况、为金融产品定价提供基准参考标准、促进金融机构提高自主定价能力、完善货币政策传导机制等方面发挥了日益重要的作用。

（二）回购协议市场

1. 回购协议与回购协议市场

回购协议市场就是指通过回购协议进行短期资金融通的市场。证券持有人在卖出（或质押）一定数量证券的同时，与证券买入方签订协议，双方约定在将来某一日期由证券的出售方按约定的价格再将其出售的证券如数赎回。从表面上看，回购协议是一种证券买卖，但实际上是以证券为质押品而进行的一笔短期资金融通。证券的卖方以一定数量的证券进行质押借款，条件是一定时期内再购回证券，且购回价格高于卖出价格，两者的差额即为借款的利息。作为质押品的证券主要是国库券、政府债券或其他有担保债券，也可以是商业票据、大额可转让定期存单等其他货币市场工具。与上述证券交易方向相反的操作被称为逆回购协议，即证券的买入方在获得证券的同时，与证券的卖方签订协议，双方约定在将来某一日期由证券的买方按约定的价格再将其购入的证券如数卖回。实际上，回购协议和逆回购协议是一项交易的两个方面。同一项交易，如果是证券提供者主动发起的是回购，如果是资金提供者主动发起的交易业务，则是逆回购。

2. 回购协议的期限与利率

阅读资料7-9

回购协议的期限从 1 天到数月不等，期限只有 1 天的称为隔夜回购，1 天以上的称为期限回购协议。最常见的回购协议期限在 14 天之内，如 2017 年，我国银行间债券回购市场隔夜回购的成交量占比为 80.5%。在回购协议的交易中，回购利率是交易双方最关注的因素。约定的回购价格与售出价格之间的差额反映了借出资金者的利息收益，它取决于回购利率的水平。回购利率与证券本身的年利率无关，它与证券的流动性、回购的期限有密切关系。

证券回购价格、售出价格与回购利率之间的关系可用下列公式表示为

$$回购价格 = 售出价格 + 约定利息$$
$$回购利率 = [（回购价格 - 售出价格）/ 售出价格] \times [360/ 距到期日天数] \times 100\%$$

2017 年 5 月，中国人民银行推出了银行间回购定盘利率（FDR，包括隔夜、7 天、14 天三个期限）和以 7 天银行间回购定盘利率（FDR007）为参考利率的利率互换产品，强化了存款类金融机构间质押回购利率的基准性作用，是完善货币市场基准利率体系的一个重要举措。

（三）国库券发行市场

国库券是中央政府发行的期限在 1 年以内的短期债券。高安全性和高流动性是国库券的典型特征。由于有国家信用做支撑，二级市场发达，流通转让十分容易，投资者通常将国库券看作无风险债券。国库券市场是发行和流通转让国库券的市场。

1. 国库券的发行人

国库券的发行人是政府及政府的授权部门，以财政部为主。在大多数发达国家，所有由政府（无论是中央政府还是地方政府）发行的债券统称为公债，以区别于非

政府部门发行的"私债"，只有中央政府发行的 1 年期以内的债券才称为国库券。我国在改革开放初期，曾将所有由政府财政部门发行的政府债券称为国库券，而不管其期限是在 1 年以内还是在 1 年以上。目前，将中央政府发行的所有期限的债券统称为国债，这种对国库券的界定也与国际社会相一致。

政府财政部门发行国库券的主要目的有两个：①融通短期资金，调节财政年度收支的暂时不平衡，弥补年度财政赤字。此外，通过滚动发行国库券，政府可以获得低息、长期的资金来源用以弥补年度的财政赤字。②调节经济。

2. 国库券的发行方式

作为短期债券，国库券通常采取贴现发行方式，即政府以低于国库券面值的价格向投资者发售国库券，到期后按面值偿付，面值与购买价之间的差额即为投资者的利息收益。收益率的计算公式为

$$i = \frac{F - P}{P} \times \frac{360}{n}$$

其中，i 表示国库券投资的年收益率；F 表示国库券面值；P 表示国库券购买价格；n 表示距到期日的天数。

【例 7-1】 假设你以 9 750 元的价格购买了一张 91 天期的面额为 10 000 元的国库券，那么，当你持有此张国库券到期时，你能获得的年收益率是多少？

$$i = \frac{F - P}{P} \times \frac{360}{n}$$

$$= [(10\ 000 - 9\ 750)/9\ 750] \times (360/91) = 10.14\%$$

这项投资给你带来的年收益率是 10.14%。

3. 国库券发行市场中的一级交易商

短期国库券的拍卖发行通常通过专门的中介机构进行，其中最重要的中介机构是一级交易商。一级交易商是指具备一定资格、可以直接向国库券发行部门承销和投标国库券的交易商团体，一般包括资金实力雄厚的商业银行和证券公司。一级交易商通过批发购买，然后分销、零售，使国库券顺利地发售到最终的投资者手中，形成"批发零售一体化"的分工型发售环节，有利于降低发行费用、减少发行时间，明显地提高了发行效率。

4. 我国的国库券市场

我国的国库券市场处于发展中。1996 年，为配合公开市场业务的启动，财政部曾发行两期国库券，金额 348.7 亿元。此后国库券迟迟

阅读资料7-10

165

没有再现，直到 2002 年，财政部又象征性地发行 355 亿元的国库券。国库券发行频次低、市场规模小，导致短期国债收益率曲线不完善。十八届三中全会后，为了"健全反映市场供求关系的国债收益率曲线"，财政部按照国债余额管理制度的相关规定，从 2015 年第二季度起每月滚动发行一次 6 个月记账式贴现国债，四季度起按周滚动发行 3 个月记账式贴现国债。

（四）票据市场

票据市场是指各类票据发行、流通和转让的市场。在大多数西方发达国家，票据市场通常分为商业票据市场和银行承兑汇票市场。在我国目前的票据市场统计中，则仅包括商业汇票的承兑市场、贴现市场和再贴现市场。自 2003 年起，中国人民银行开始发行中央银行票据，包括商业票据市场、银行承兑汇票市场、票据贴现市场以及中央银行票据市场。

1. 商业票据市场

本教材项目 2 从信用的角度出发，将商业票据定义为"在商业信用中被广泛使用的表明买卖双方债权债务关系的凭证"。这种界定强调商业票据的签发以真实的商品交易为基础，将商业票据视为商品交易支付和结算的工具。相关的票据行为，如汇票承兑、贴现等，形成银行承兑汇票市场、票据贴现市场等。在以美国为代表的大多数西方发达国家，商业票据市场中的商业票据被界定为一种由企业开具、无担保、可流通、期限短的债务融资。这种纯粹的融资性本票类似于我国非金融企业在银行间债券市场发行的短期融资券，也是本书在此处介绍商业票据市场时使用的商业票据概念。由于无担保，所以只有信誉卓越的公司才有资格发行商业票据。商业票据的期限较短，在世界最发达的美国商业票据市场上，商业票据的期限不超过270 天，通常在 20 ~ 45 天。

2. 银行承兑汇票市场

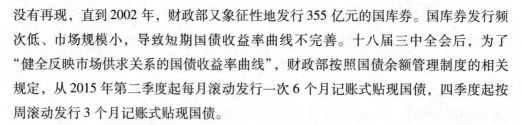

阅读资料7-11

银行承兑汇票，是指商业汇票到期前汇票付款人或指定承兑银行确认票据载明事项，承诺在汇票到期日支付汇票金额给汇票持有人并在汇票上签名盖章的票据行为。如果是银行在汇票上签名盖章，承诺在汇票到期日承担最后付款责任，则此汇票为银行承兑汇票。银行承兑汇票曾广泛应用于国际与国内贸易。以国内贸易为例，A 公司与 B 公司达成了商品交易合同，约定 3 个月后A 公司向 B 公司支付 100 万元的货款。在此项商业信用中，为了规避风险，B 公司要求 A 公司开具银行承兑汇票，则 A 公司向其开户银行 C 银行申请开立以 A 公司为出票人、B 公司为收款人、C 银行为承兑人、票面金额为 100 万元人民币、期限为 3 个月的汇票。C 银行审查同意后，对汇票进行承兑。A 公司将此张经 C 银行承兑的汇票交付给 B 公司，B 公司向 A 公司发货。汇票到期前 A 公司应将 100 万元的货款交存 C 银行。汇票到期后，B 公司向 C 银行提示付款，则 C 银行向 B 公司支付货款。如果汇票到期时 A 公司在 C 银行存款账户上的存款不足 100 万元，银行也必须向 B 公司无条件地履行支付责任，并对其垫付的部分款项视同逾期贷款向 A 公司计收罚息，直至 A 公司还清为止。

3. 票据贴现市场

阅读资料7-12

票据贴现市场是指将未到期票据进行贴现，为客户提供短期资金融通的市场。贴现是指持票人在票据尚未到期前在贴现市场上寻求变现，受让人扣除贴现利息后将票款付给出让人的行为。票据贴现是商业银行重要的资产业务之一。沿用上面的例子，如果 B 公司在持有此张银行承兑汇票期间有融资的需要，它可以将还没有到期的银行承兑汇票转让给银行，银行按票面金额扣除贴现利息后将余额支付给 B 公司，此种票据行为称为贴现。贴现利息的计算公式为

$$贴现利息 = 汇票面额 \times 实际贴现天数 \times 月贴现利率/30$$

则 B 公司实际获得的贴现金额为

$$汇票面额 - 贴现利息$$

如果在此张银行承兑汇票到期前贴现银行也出现了融资需求，则贴现银行可以将这张银行承兑汇票向其他金融机构进行转让。转让给其他商业银行，叫转贴现；转让给中央银行，叫再贴现。

票据的贴现直接为企业提供了融资服务；转贴现满足了商业银行等金融机构间相互融资的需要；再贴现则成为中央银行调节市场利率和货币供给量，实施货币政策的重要手段。

4. 中央银行票据市场

中央银行票据是中央银行向商业银行发行的短期债务凭证，其实质是中央银行债券，之所以称"中央银行票据"，是为了突出其短期性特点。大多数中央银行票据的期限在 1 年以内。中央银行发行票据的目的不是筹集资金，而是减少商业银行可以贷放的资金量，进而调控市场中的货币量，因此，发行中央银行票据是中央银行进行货币政策操作的一项重要手段。

阅读资料7-13

（五）大额可转让定期存单市场

大额可转让定期存单（CDS），是由商业银行发行的具有固定面额、固定期限，可以流通转让的大额存款凭证。顾名思义，大额可转让定期存单市场就是发行与流通转让大额可转让定期存单的市场。

1. 大额可转让定期存单市场的功能

阅读资料7-14

商业银行等存款类金融机构是大额可转让定期存单市场的主要筹资者。商业银行通过发行大额可转让定期存单可以主动、灵活地以较低成本吸收数额庞大、期限稳定的资金，甚至改变了其经营管理理念。在大额可转让定期存单市场出现以前，商业银行通常认为其对于负债是无能为力的，存款人是否到银行存款、存多少取决于存款人的意愿，商业银行处于被动地位，因而其流动性的保持主要依赖于持有数额巨大的流动性资产，但这会影响其营利性。大额可转让定期存单市场诞生后，商业银行发现通过主动发行大额可转让定期存单增加负债也是其获取资金、满足流动性的一个良好途径，而不必再持有大量的、收益较低的流动性资产。于是，大额可转让定期存单市场便成为商业银行调整流动性的重要场所，商业银行的经营管理策略也在资产管理的基础上引入了负债管理的理念。

大额可转让定期存单市场的投资者种类众多，非金融性企业、非银行性金融机构、商业银行，甚至较富裕个人都是这个市场的积极参与者。大额可转让定期存单到期前可以随时转让流通，具有与活期存款近似的流动性，但与此同时又拥有定期存款的收益水平。这种特性很好地满足了大宗短期闲置资金拥有者对流动性和收益性的双重要求，成为其闲置资金的重要运用方法。

2. 大额可转让定期存单的期限与利率

期限最短的大额可转让定期存单是14天，典型的大额可转让定期存单的期限多为1个月到4个月，也有6个月的，超过6个月的存单较少。

大额可转让定期存单的利率有固定的，也有浮动的，浮动利率的存单期限较长。发行银行的信用评级、存单的期限和存单的供求量是决定大额可转让定期存单利率水平的主要因素。通常来说，大额可转让定期存单的利率水平类似于其他货币市场工具，但略高于同期的国库券利率，利差为存单相对于国库券的风险溢价。

3. 我国的大额可转让定期存单市场

1986年下半年，中国银行和交通银行开始发行大额可转让定期存单，之后逐渐扩展到我国所有的商业银行。1989年5月和11月，中国人民银行下发两个文件：

《大额可转让定期存单管理办法》和《关于大额可转让定期存单转让问题的通知》，分别对大额可转让定期存单的期限、面值、利率、计息办法和转让问题作出了统一规定。1990—1993 年，每年各商业银行发行大额可转让定期存单总量约 500 亿元，均由中国人民银行实行指标管理，其利率可以比同期限的定期存款利率高 5% ~ 10%。

阅读资料7-15

经验分享7-3

即测即练

即测即练7-3

模块 7 - 4 资本市场

知识目标

1. 了解资本市场的定义、结构、功能和运作原理，包括股票、债券、期货、期权等金融工具的特性和交易机制。

2. 熟悉资本市场相关的法律法规、监管政策以及市场准入条件，理解合规经营和风险管理的重要性。

3. 掌握资本市场投资分析理论和方法，如财务分析、估值模型、市场趋势分析等。

技能目标

1. 了解资本市场分析的基本方法，提高投资决策的准确性和效益性。

2. 熟悉资本市场相关的法律法规，能够识别和评估投资项目中的各类风险，制定风险管理策略和措施，提高风险控制和应对能力。

3. 掌握资本市场基本的交易技能和操作策略，培养对资本市场运行规律和投资策略的理解和应用能力，提高实际操作能力和市场适应性。

1. 了解资本市场基本理论，引导学生正确理解资本市场对于国家经济发展和个人财富增长的重要性，增强金融素养和责任感。

2. 熟悉资本市场相关的法律法规，引导学生遵守市场规则，维护市场秩序和公平交易。

3. 掌握资本市场基本的交易技能，引导学生正确理解投资行为对社会、环境和企业的影响，强化社会责任意识，促进可持续发展。

建议学时

2 学时。

情境导入

资本市场是财富增长的重要途径之一。但是，对于这个充满机会与风险的领域，你是否感到困惑和迷惘？别担心，让我们一起深入学习资本市场的相关知识，探索它如何助力你的财富增值。

知识储备

一、中长期债券市场

短期政府债券市场称为国库券市场，企业和金融机构筹集短期资金的市场称为票据市场，本项目中，我们将中长期债券市场简称为债券市场。债券市场是债券发行、流通市场的统称，是金融市场的一个重要组成部分。

（一）债券发行市场

债券发行市场（初级市场）是组织新债券发行的市场，其基本功能是将政府、金融机构和工商企业为筹集资金而发行的债券分散发行到投资者手中。

1. 债券发行市场的参与者

债券发行市场主要由发行者、投资者、中介机构和管理者组成。发行者即资金的需求者，在债权债务关系中称为债务人，可以是通过发行债券筹集资金的政府、金融机构和工商企业。投资者即债券的认购者，是资金的供给者，在债权债务关系中称为债权人，以取得利息收益或资本收益为目的。债券市场的投资者众多，各类金融机构、非金融机构、个

阅读资料7-16

人投资者都广泛地参与债券市场的投资活动。

2. 债券的发行方式

债券的发行方式有两种：一种是公募发行，又称公开发行，是由承销商组织承销团将债券销售给不特定的投资者的发行方式。公募发行的优点是面向公众投资者，发行面广，投资者众多，筹集的资金量大，债权分散，不易被少数大债权人控制，发行后上市交易方便，流动性强。但公募发行的要求较高、手续复杂，如发行人必须向社会提供各种财务报表及其他有关资料等，需要承销商参与，发行时间长，费用较私募发行高。另一种是私募发行，又称非公开发行、内部发行或定向发行，即面向少数特定投资者发行债券。私募发行有时不需要承销商参与，由债券发行人与某些机构投资者，如与发行人有密切关系的金融机构、公司、企业等直接接触，洽谈发行条件和其他具体事务。有时候承销商也参与私募发行的操作，为债券发行人寻找投资者。私募发行手续较简便，不必像公募发行那样向社会公开内部信息，它没有必要取得债券资信级别评定，因而发行时间短、效率高，投资者往往已事先确定，不必担心发行失败。但私募发行的债券一般不允许上市流通，流动性比较差，所以投资者一般要求其提供比公募债券更高的收益率。

（二）债券流通市场

债券流通市场指已发行债券买卖转让的市场。债券一经认购，即确立了一定期限的债权债务关系，但通过债券流通市场，投资者可以转让债权，把债券变现。

1. 场内交易市场——证券交易所

证券交易所是专门进行证券买卖的场所，如我国的上海证券交易所和深圳证券交易所。证券交易所内买卖债券所形成的市场，就是场内交易市场。交易所作为债券交易的组织，本身不参加债券的买卖和价格的决定，只是为债券买卖双方创造条件，提供服务，并进行监管。债券投资者要进入证券交易所参与债券交易，必须遵循证券交易所制定的交易程序，即开户→委托→成交→清算与交割→过户。

2. 场外交易市场

场外交易市场是在证券交易所以外进行债券交易的市场。柜台市场是场外交易市场的重要组成部分。许多证券经营机构都设有专门的证券柜台，通过柜台进行债券买卖。在柜台市场中，证券经营机构既

阅读资料7-17

是交易的组织者，又是交易的参与者。此外，场外交易市场还包括银行间交易市场，以及一些机构投资者通过电话、电脑等通信手段形成的市场等。

3. 债券的交易价格

债券发行后，一部分可流通债券在流通市场上按不同的价格进行交易。债券的交易价格反映在行情表上主要有开盘价、最新价、最高价、最低价、收盘价等。在一天的交易中，最高的成交价为最高价，最低的成交价为最低价；当天开市的第一笔交易价为开盘价，闭市前的最后一笔交易价为收盘价。

交易价格是债券流通市场的一个重要构成要素，它的高低变动，取决于众多因素。从理论上讲，债券的票面额、票面利率、市场利率、偿还期限是决定债券交易价格的主要因素。以最通常的定期付息、到期还本债券为例，计算其交易价格的理论公式为

$$P_b = \frac{C}{(1+r)} + \frac{C}{(1+r)2} + \frac{C}{(1+r)3} + \cdots$$
$$+ \frac{C}{(1+r)^n} + \frac{F}{(1+r)^n}$$

其中，C 为票面年利息；F 为债券的面值；n 为距到期日的年限；P_b 为债券的交易价格；r 为当期市场利率。

4. 债券收益率的衡量指标

投资债券是为了获得一定的收益。一般情况下，衡量债券收益的指标有名义收益率、现时收益率、持有期收益率和到期收益率等。

(1) 名义收益率。名义收益率即为债券的票面收益率，是债券的票面年收益与票面额的比率，其计算公式为

阅读资料7-18

名义收益率 = 票面年利息 ÷ 票面金额 × 100%

【例7-2】假设某一债券的票面金额为100元，5年偿还期，年息为6元，则该债券的名义收益率为6%。名义收益率是衡量债券收益最简单的一个指标，当投资人在债券发行时按面额认购，一直持有到期，则该投资人获得名义收益率。

(2) 现时收益率。现时收益率是债券的票面年收益与当期市场价格的比率，计算公式为

现时收益率 = 票面年利息 ÷ 当期市场价格 × 100%

若例7-2中债券的市场价格为105元，则该债券的现时收益率为5.71%。

(3) 持有期收益率。考虑资本利得或资本利失的收益率是持有期收益率。顾名思义，持有期收益率是指从买入债券到卖出债券之间所获得的收益率，在此期间的收益不仅包括利息收益，还包括债券的买卖差价。其计算公式为

持有期收益率 = [（卖出价 - 买入价）÷ 持有年数 + 票面年利息] ÷ 买入价格

在例 7-2 中，投资者以 105 元的价格买入了面额为 100 元的债券，假设其持有到期则他只能收回 100 元的本金额，造成 5 元的资本利失。如果他是在债券发行后 1 年买入的，那么，他 4 年的资本利失为 5 元，平均到每年为

$$5 \div 4 = 1.25（元）$$

将资本利失与票面年利息收入一同考虑，可得出债券的持有期收益率为

$$（6-1.25）\div 105 \times 100\% = 4.52\%$$

（4）到期收益率。到期收益率是采用复利法计算的以当期市场价格买入债券持有到债券到期能够获得的收益率，是衡量债券收益率最重要的指标。

5. 我国的债券市场

我国债券市场从 1981 年恢复发行国债。目前，我国债券市场形成了包括银行间市场、交易所市场和商业银行柜台市场三个基本子市场在内的市场体系。投资者可以根据自己所在的类别和投资水平选择参与市场。

银行间市场是我国债券市场的主体，债券存量和交易量约占全市场的 90%。这一市场的参与者是各类机构投资者，属于大宗交易市场（批发市场），实行双边谈判成交，逐笔结算。银行间市场投资者的证券账户直接开立在中央结算公司，实行一级托管；中央结算公司还为这一市场的交易结算提供服务。

交易所市场是债券市场的另一重要部分，属于集中撮合交易的零售市场，实行净额结算。交易所市场实行两级托管体制，其中，中央结算公司为一级托管人，负责为交易所开立代理总账户；中国证券登记结算公司为债券二级托管人，记录交易所投资者账户。中央结算公司与交易所投资者没有直接的权责关系。交易所交易结算由中国证券登记结算公司负责。

商业银行柜台市场是银行间市场的延伸，也属于零售市场。柜台市场实行两级托管体制，其中，中央结算公司为一级托管人，负责为承办银行开立债券自营账户和代理总账户，承办银行为债券二级托管人。中央结算公司与柜台投资者没有直接的权责关系。与交易所市场不同的是，承办银行每日需将余额变动数据传给中央结算公司，同时中央结算公司为柜台投资人提供余额查询服务，成为保护投资者权益的重要途径。

二、股票市场

股票市场是资本市场的另一基本形态，是其重要的组成部分。股票市场也由发行市场和流通市场组成。

（一）股票发行市场

股票发行市场是股份公司直接或通过中介机构向投资者出售新发行股票的市场。当一家股份公司刚刚成立需要通过发行股票筹集股本金，或者一家老的股份公司因业务发展需要增发股票，它们都在股票发行市场上进行运作。在资本市场发达国家，为了满足不同规模、性质的各类企业利用发行股权的方式进行融资的需求，通常会设置多层次的股权市场。各个层次的股权市场股票发行条件不同。一般而言，主板市场主要服务于稳健发展的大型企业，股票发行条件特别严格；二板、三板、四板等股权市场主要服务于创新型、成长型的中小微企业，发行条件比主板宽松；四板以下的市场发行条件最为宽松。下面以我国主板市场为例说明股票发行条件。主板市场股票发行分为首次公募、增资发行和配股发行，其发行条件也各不相同。

（1）首次公募。首次公募简称 IPO，是指股份有限公司首次向社会公众发行股票。根据《中华人民共和国公司法》《中华人民共和国证券法》等法律、行政法规的规定，申请首次公开发行股票的发行人须在下列主要条件方面符合规定的要求：具备健全且运行良好的组织机构；具有持续盈利能力，财务状况良好；最近三年财务会计文件无虚假记载，无其他重大违法行为等。

（2）增资发行。增资发行是指上市公司为扩大投资、新上项目等，通过增发新股的方式筹集资金。股份有限公司申请增资发行股票，除应当符合首次发行的条件之外，还应当符合的要求有：前一次发行的股份已募足，并间隔一年以上；公司在最近三年内连续盈利，并可向股东支付股利（公司以当年利润分派新股，不受此项限制）；公司在最近三年内财务文件无虚假记载；公司预期利润率可达同期银行存款利率等。

（3）配股发行。配股发行是指上市公司在获得有关部门的批准后，向其现有股东提出配股建议，使现有股东可按其所持股份的比例认购配售股份的行为，也是上市公司发行新股的一种方式。配股集资具有实施时间短、操作简单、成本较低等优点。同时，配股也是上市公司改善财务结构的一种手段。

阅读资料7-20

（二）股票流通市场

公开发行的股票可以在股票的流通市场上进行转让。股票流通市场主要包括证券交易所和场外交易市场。

1. 证券交易所

（1）股票上市交易。公开发行的股票达到一定的条件后可以进入证券交易所进行交易，这种行为通常被称为股票上市交易，相应的股份公司被称为上市公司。股票的上市交易可以提高上市公司的声望和知名度，以及股票的流动性。各国的证券管理机构或证券交易所对股票上市都有相应的规定。《中华人民共和国证券法》第46～49条对股票上市的条件、暂停和终止股票上市等做了有关规定。股票上市的一般程序通常为：股份公司达到上市条件后由保荐人保荐，向证券交易所提出上市申请，由交易所设立的上市委员会对上市申请进行审议。审议通过后，股票发行公司要与证券交易所签订上市协议书，并将股东名册送交证券交易所或证券登记公司备案。之后，其股票可以进入证券交易所挂牌交易。

股票投资者要进入证券交易所参与上市股票交易，必须遵循证券交易所制定的交易程序：开户→委托→成交→交割与过户，与债券交易大同小异。

（2）股票的内在价值。股票的内在价值又称股票的理论价值或真实价值，是考虑了股份公司未来盈利能力，将股票未来收入进行折现的现值。评估一只股票内在价值最通常的方法是用现金流贴现法和市盈率估值法。

阅读资料7-21

现金流贴现法是从股票内在价值定义出发演绎出来的一种评估方法：既然投资股票的目的是在未来取得投资收益，那么，未来可能形成收益的多少就在本质上决定了股票内在价值的高低。用现金流贴现法评估股票内价值：①需要估计投资一只股票未来每年能够获得的股息与红利；②需要选择与该只股票风险相匹配的贴现率。现代金融市场理论中的资产定价模型主要研究的就是如何确定这个贴现率的问题。用现金流贴现法评估出股票的内在价值，将此内在价值与股票的现期市场价格进行对比，如果现期市场价格低于内在价值，将来该只股票的市场价格可能会上涨，现在可以买入；反之则可以卖出。

市盈率估值法是一种相对简单的评估股票内在价值的方法。市盈率是股票的每股市价与每股盈利的比率，计算公式为

$$市盈率 = 每股市价 \div 每股盈利$$

作为评估股票价值的一种方法，上式可转换为

$$股票价值 = 预期每股盈利 \times 市盈率$$

如果可以找到一个能够参照的合理的市盈率，用它乘以预期的每股盈利水平，就可以简便地评估出一只股票的价值。对于投资者来说，由于市盈率在相当程度上反映股票价格与其盈利能力的偏离程度，因此可以依据市盈率的高低进行股票投资

的选择。如果一只股票的市盈率太高,可能意味着该股票的价格较大地高于其价值,此时需要卖出该股票;相反,如果一只股票的市盈率过低,可能意味着该股票的价值被低估,则可以买入该股票。但是,这种判断并不绝对,影响股票市盈率的因素有许多。①市盈率与行业有关,不同的行业,由于其成长性不同,市盈率也不同。如高科技、新能源等行业的市盈率要比基础设施行业的市盈率高。②在同一行业中,不同公司股票的市盈率也不同。同行业中拥有更多自主产权、拥有更多定价权、具备更大成长性的公司,其股票应该具备更高的市盈率。因此,确定一只股票的市盈率,可以先根据该公司所处行业的平均市盈率,再依据该公司在其行业中的地位来测算。

(3)股票交易方式。在证券交易所,股票的交易方式主要有现货交易、期货交易、期权交易和信用交易。

①现货交易。现货交易是指股票买卖成交后,交易双方在2~3个交易日内办理交割手续的交易方式。现货交易是股票交易中最古老的交易方式。最初的股票交易都是采用这种方式进行的。现货交易有以下几个显著的特点:成交和交割基本上同时进行;实物交易,即卖方必须实实在在地向买方转移证券,没有对冲;在交割时,购买者必须支付现款;交易技术简单,易于操作,便于管理。

②期货交易。期货交易是相对于现货交易而言的,在期货交易中,买卖双方就股票的数量、成交的价格及交割时间达成协议,但双方并不马上进行交割,而是在规定的时间履行交割,买方交付款项,卖方交付股票。比如,买卖双方今日签订股票买卖合约,而于30日后履约交易就是期货交易。在实际生活中,由于种种原因,股票的价格在买卖合同签订时和交割时常常是不一致的。当股票价格上涨时,买方会因较低的买入价格而获利;而当股票价格下跌时,卖方会因较高的卖价而获利。

③期权交易。股票期权交易是西方股票市场中相当流行的一种交易策略。期权的英文为option,也常译为选择权。期权实际上是一种选择权交易,规定期权的买方在支付一定的期权费后,有权在一定期限内按交易双方所商定的协议价格购买或出售一定数量的股票。对期权的买方来说,期权合约赋予他的只有权利,而没有任何义务,他可以在规定的期限以内的任何时间(美式期权)或期满日(欧式期权)行使其购买标的资产的权利,也可以不行使这个权利,任其作废;对期权的卖方来说,他只有履行合约的义务,而没有任何权利。

期权交易需要考虑的因素大体上有三个方面:期权的期限,即期权的有效期,它是期权交易的重要内容,一般为3个月左右,各交易所对此都定有上限;交易股票的种类、数量和协议价格;期权费,亦称保险费,是指期权的价格。

④信用交易。信用交易又称垫头交易或保证金交易,是指股票的买方或卖方通

过交付一定数额的保证金，得到证券经纪人的信用而进行的股票买卖。各国因法律不同，保证金数量也不同，大都在30%左右。我国股票市场的"融资融券"业务实际上就是信用交易。信用交易分为保证金买长交易和保证金卖短交易两种。

保证金买长交易，是指对某一股票市场行情看涨的投资者交付一定比例的初始保证金，其余款项由经纪人垫付，为他买进指定股票的交易。保证金买长交易对于经纪人来说相当于在其提供经纪服务的同时，又向客户提供了一笔证券抵押贷款。这种贷款的风险较小，因为保证金买长交易的客户必须把所购股票作为抵押品托管在经纪人处，而且如果未来该股票价格下跌，客户遭受损失而使保证金低于维持保证金的水平时，经纪人就会向客户发出追缴保证金通知。客户接到追缴保证金通知后，必须立即将保证金水平补足到初始保证金的水平，否则，经纪人有权出售股票。对于客户来说，通过保证金买长交易可以减少自有资本金不足的限制、扩大投资效果。当投资者对行情判断正确时，其盈利可大增。当然，如果投资者对市场行情判断错误，则其亏损也是相当严重的。

保证金卖短交易是指对某一股票行情看跌的投资者在本身没有股票的情况下，向经纪人交纳一定比率的初始保证金（现金或证券），从经纪人处借入股票在市场上卖出，并在未来股价下跌后买回该股票归还经纪人的交易。

2. 场外交易市场

场外交易是相对于证券交易所交易而言的，凡是在证券交易所之外的股票交易活动都可称作场外交易。由于这种交易起先主要是在各证券商的柜台上进行的，因而也称为柜台交易。

与证券交易所不同，场外交易市场是一个分散的无形市场。它没有固定的、集中的交易场所，是由许多各自独立经营的证券经营机构分别进行交易，并且主要是依靠电话、电报、传真和计算机网络联系成交的。场外交易市场中的股票交易通常在证券经营机构或是证券经营机构与投资者之间直接进行，不需要中介人。证券经营机构先行垫支资金买进若干股票作为库存，然后同时挂出买入价和卖出价对外进行交易，买入价较低，卖出价较高，差价为证券经营机构的收益。最终的成交价是在挂牌价基础上经双方协商决定的不含佣金的净价。证券经营机构可根据市场情况随时调整所挂的牌价。证券经营机构既是交易的直接参加者，又是市场的组织者，它们制造出股票交易的机会并组织市场活动，因此被称为做市商。在场外交易市场进行交易的股票，大多是未能在证券交易所批准上市的股票。

阅读资料7-22

三、我国的股票市场

目前，我国已经形成了种类齐全、规模巨大、交易活跃、多层次的股权交易市场，主要包括：上海、深圳、北京证券交易所股票市场，全国中小企业股份转让系统（简称"新三板"），区域性场外交易市场等。

（一）上海、深圳、北京证券交易所市场

1990 年 11 月和 1991 年 7 月，上海证券交易所和深圳证券交易所先后开业，我国交易所内的股票市场正式形成，当时沪、深两个交易所市场都属于主板市场。2004 年 5 月，为了解决中小企业筹集资本困难的问题，深圳证券交易所在主板市场内设立中小企业板块。2009 年 6 月，深圳证券交易所创立的中国创业板（简称"二板"）正式启动，由此深圳证券交易所涵盖了主板、中小板和创业板三个市场。2019 年 7 月 22 日，上海证券交易所科创板正式开市，科创板是独立于主板市场的新设板块，主要服务于符合国家战略、突破关键核心技术、市场认可度高的科技创新企业，并在该板块内进行注册制试点。2021 年 9 月 3 日，北京证券交易所成立，主要服务于创新型中小企业。除此之外，还有香港证交所和台湾证交所。

（二）全国中小企业股份转让系统

全国中小企业股份转让系统（简称新三板）成立于 2013 年 1 月 16 日，主要为非上市的创新型、创业型、成长型中小微企业发展服务。境内符合条件的股份公司均可申请在全国中小企业股份转让系统挂牌，公开转让股份，进行股权融资、债权融资、资产重组等。达到股票上市条件的，可以直接向证券交易所申请上市交易。

（三）区域性场外交易市场

区域性场外交易市场是由区域性股权交易市场（简称四板市场）和证券公司主导的柜台交易组成，主要是为所在省级行政区域内的初创前期和种子期的中小微企业提供股权或产权交易服务，是我国多层次资本市场体系的基层组成部分。

经验分享7-4

即测即练

即测即练7-4

项目小结

本项目主要学习金融市场理论，一是了解金融市场的含义与构成要素；二是认识外汇与汇率；三是掌握货币市场的特点与功能；四是全方位审视了资本市场的各类业务的主要内容。旨在帮助学习者全面理解金融市场的运作机制、工具与风险，为未来的金融从业或投资活动打下坚实的基础。我们可以看到金融市场在经济发展中的重要作用以及面临的挑战和机遇。金融市场作为现代经济体系的核心组成部分，对于经济的增长、企业的融资以及个人财富的增值都具有重要的影响。未来，我们需要在继续深化金融市场改革的同时，关注金融产品创新、货币政策调整、金融监管改革等方面的发展动态，以便更好地把握金融市场的运行规律和发展趋势。同时，我们也需要加强国际合作与交流，共同推动全球金融市场的健康发展。

技能训练

一、简答题

1. 金融市场有哪些功能？
2. 公募发行和私募发行有何区别？
3. 简述股票直接发行和间接发行。
4. 货币和资本市场各包含哪些子市场？
5. 股票发行和债券发行有何区别？

二、案例操作

假设某公司计划通过发行债券来筹集资金，以支持其业务扩张。该公司决定在资本市场上发行面值为 100 元、总额为 8 000 万元人民币、年利率为 5%、期限为 10 年的长期债券。为了确保债券的成功发行，请为该公司制订一份详细的发行计划。

在制订债券发行计划时，该公司需要考虑以下几个方面。

1. 发行规模：公司需要根据自身的资金需求和财务状况，确定合适的发行规模。如果发行规模过大，可能会对公司的偿债能力造成压力；如果发行规模过小，则可能无法满足公司的资金需求。因此，公司需要根据实际情况进行权衡和选择。

2. 发行方式：债券的发行方式通常有两种，即公开发行和私募发行。公开发行是指面向广大投资者公开发售债券，私募发行是指面向特定的投资者或机构投资者私下出售债券。公司需要根据自身的需求和市场环境选择合适的发行方式。

3. 销售渠道：销售渠道的选择对于债券的成功发行至关重要。公司可以选择通过银行、证券公司等金融机构进行销售，也可以选择自行销售或通过其他渠道进行销售。选择合适的销售渠道需要考虑目标投资者的分布、公司的品牌影响力和销售能力等因素。

4. 选择债券发行时机。

（1）市场利率。如果市场利率较低，公司可以以更低的价格发行债券，从而降低融资成本。因此，公司在发行债券前需要关注市场利率的变化趋势，选择一个合适的发行窗口。

（2）经济环境。如果经济环境良好，投资者对风险相对较低的债券投资的需求会增加，这有利于债券的顺利发行。因此，公司在发行债券前需要评估当前的经济环境。

（3）市场竞争。为了确保债券的成功发行，公司需要了解竞争对手的发行策略和市场反应，制订一份具有竞争力的发行计划。

项目8 货币供求

导语

货币市场是金融市场的重要组成部分，供需双方在这里进行撮合交易。那么，什么是货币供求？在货币失衡的情况下应该采取什么调节措施？本项目主要讨论货币供求及其基本概念，分析影响货币供求的主要因素，介绍货币供求的主要理论以及调节货币失衡的主要措施。

项目摘要

本项目将学习货币供求及其均衡的相关内容，分为三个模块讲授：一是货币需求；二是货币供给；三是货币均衡与失衡。

思维导图

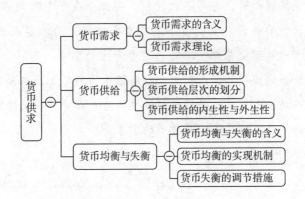

模块8-1 货币需求

知识目标

1. 了解货币需求的决定与影响因素。
2. 熟悉各学派对货币需求理论的概括。
3. 掌握货币需求的基本含义。

技能目标

1. 了解古典学派货币需求公式。
2. 熟悉基础货币的构成与投放机制。
3. 掌握马克思货币需求理论。

素质目标

1. 了解我国经济工作要稳字当头，稳中求进。
2. 熟悉全面贯彻新发展理念，加强宏观政策调控力度的政策导向。
3. 掌握保持广义货币供应量和社会融资规模增速同名义经济增速基本匹配的底线，引导金融机构加大对小微企业、科技创新、绿色发展等领域支持力度。

建议学时

2 学时。

情境导入

货币在充当交换媒介时，与商品相对应，因此，在一个时期内，一个经济体生产出多少商品，就需要相应数量的货币发挥媒介作用，用以实现这些商品的价值，这是实体经济运行对发挥交易媒介职能的货币产生的需求。同时，货币作为财富的一般代表，具有价值储藏职能，人们愿意持有货币作为其资产组合的一个组成部分，用以实现投资效益的最大化，这是微观经济主体对发挥资产职能的货币产生的需求。货币总需求是对这两类发挥不同职能货币的需求总和。

知识储备

一、货币需求的含义

货币需求是指在一定的资源（如财富拥有额、收入、国内生产总值等）制约条件下，微观经济主体和宏观经济运行对执行交易媒介和资产职能的货币产生的总需求。理解货币需求要注意把握以下两点。

（一）货币需求是一种能力与愿望的统一

把需求看作一种有支付能力的需求，而不单纯是一种心理上的主观愿望，这是经济学的通义。货币需求以收入或财富的存在为前提，是市场商品交换总量对货币的客观需求量，即在具备获得或持有货币的能力范围之内愿意持有的货币量。因此，货币需求不是一种无限、纯主观或心理上的占有欲望，不是人们无条件地"想要"多少货币的问题，人们对货币的欲望可以是无限的，但对货币的需求却是有限的。换言之，只有同时满足两个基本条件才能形成货币需求：①必须有能力获得或持有货币。②必须愿意以货币形式保有其资产。有能力而不愿意就不会形成对"货币"的需求，愿意而无能力只是一种不现实的幻想。

（二）现实中的货币需求包括现金和存款货币

现代经济中，货币需求是所有商品流通以及人们储藏财富对货币产生的需求，那么，除了现金能满足这种需求外，存款货币同样能满足这种需求。

二、货币需求理论

在货币需求理论发展演进中，以下几种理论颇具代表性。

（一）马克思货币需求理论

马克思货币需求理论集中反映在其货币必要量公式中。马克思的货币必要量公式以完全的金币流通为假设条件，进行了如下论证。

（1）商品价格取决于商品的价值和黄金的价值，而商品价值取决于生产过程，所以商品是带着价格进入流通的。

（2）商品数量和价格的多少，决定了需要多少金币来实现它。

（3）商品与货币交换后，商品退出流通，货币却要留在流通中多次媒介商品交换，从而一定数量的货币流通几次，就可相应媒介几倍于它的商品进行交换。这一论证可以用公式概括。

执行流通手段的货币必要量＝一定时期内商品价格总额/同名货币的流通速度

若以 M 表示货币必要量，Q 表示待售商品数量，P 表示商品价格水平，V 表示货币流通速度，则有

$$M = \frac{P \cdot Q}{V}$$

该模型反映了商品流通决定货币流通这一基本原理：在一定时期内执行流通手段职能的货币必要量主要取决于商品价格总额和货币流通速度。货币必要量与商品价格总额成正比，与货币流通速度成反比。需要注意的是，马克思从劳动价值论出发，提出商品的价值是由生产过程中的劳动量决定的，商品是带着价格进入流通的，因此，商品价格是决定货币必要量的一个重要因素，这是马克思货币必要量公式与下面介绍的费雪交易方程式的根本不同。也正因为如此，马克思的货币必要量公式

更深入地反映了商品流通对货币需求的决定性作用：货币是为了适应商品交换的需要而产生的，并随商品的交换而进入流通，因交换的需要而调整自身的数量。

（二）古典学派的货币需求理论：两个著名的方程式

1. 交易方程式

美国耶鲁大学经济学家欧文·费雪（Irving Fisher，1867—1947）在其1911年出版的《货币购买力》一书中提出了交易方程式：

$$M \cdot V = P \cdot T$$

其含义是：流通中的通货存量（M）乘以流通速度（V）等于物价水平（P）乘以交易总量（T）。费雪给予了这个方程式古典经济学的解释：

（1）货币流通速度V是由诸如银行及信用机构的组织结构及效率、工业集中程度、人们的货币支出习惯等制度因素决定的，这些因素变动缓慢，故在短期内可视为不变的常量；在长期内，由于经济中支付机制的变化，流通速度会逐渐地以可预料的方式发生变化，但不受M变动的影响。

（2）由于假定供给能够自动创造需求，因而实际产量全部进入流通，实际交易数量就是产出量或充分就业产量，因此在短期内，交易数量也是不变的常量，长期亦不受M变动的影响。

（3）货币仅是方便交易的工具，因此，所有的货币不是用于消费，就是通过储蓄自动转化为投资，全部进入流通充当交易媒介。这样，费雪交易方程式又可表达为

$$P = \frac{M \cdot T}{T}$$

在这个表达式中，由于V、T是常量，故货币数量的变动直接引起物价水平呈正比例变动。因此，费雪交易方程式实质上表述的是一种货币数量与物价水平变动关系的理论。但是，费雪将此交易方程式进行一定的变形，就得到了货币需求方程式：

$$M = \frac{P \cdot T}{V}$$

此公式表明，决定一定时期名义货币需求数量的因素主要是这一时期全社会一定价格水平下的总交易量与同期的货币流通速度。从费雪的交易方程式中也可以看出，他是从宏观分析的角度研究货币需求的，而且仅着眼于货币作为交易媒介的功能。

2. 剑桥方程式

开微观货币需求分析先河的经济学家是英国剑桥大学的经济学教授阿尔弗雷德·马歇尔（Alfred Marshall，1842—1924）和其学生阿瑟·塞西尔·庇古（Arthur

Cecil Pigou，1877—1959）。20世纪20年代，他们创立了"现金余额说"，并用数学方程式的形式予以解释，故又被称作"剑桥方程式"。

现金余额说把分析的重点放在货币的持有方面。马歇尔和庇古认为，人们的财富与收入有三种用途。

（1）投资以取得利润或利息。

（2）消费以取得享受。

（3）持有货币以便利交易和预防意外，从而形成现金余额，即对货币的需求。

这三种用途互相排斥，人们究竟在三者之间保持一个什么样的比例，必须权衡其利弊而决定。如果感觉到保持现金余额所得的利益较大而所受的损失较小，则必然增加现金余额；否则就会减少现金余额。用数学方程式表示，便是

$$M_d = k \cdot P \cdot Y$$

这就是著名的剑桥方程式。式中，Y代表总收入，P代表价格水平，k代表以货币形式保有的收入占名义总收入的比率，M_d为名义货币需求。

3. 两个方程式的区别

比较费雪方程式和剑桥方程式，可以很容易地发现二者的区别主要体现在两点：一是以收入Y代替了交易量T；二是以个人持有货币需求对收入的比率代替了货币流通速度V。这样的变化是自然的。因为以个人货币需求作为考虑的出发点，其影响因素当然是收入，而不是社会的交易量，相应地也就必然有一个新的系数k来代替V。但如果将二者的区别仅仅局限于这样的表面现象则是远远不够的。透过这个表象，我们可以看出两个方程式所强调的货币需求的决定因素是不同的。如前所述，费雪方程式是从宏观角度分析货币需求的产物，它表明要维持价格水平的稳定，在短期内由制度因素决定的货币流通速度可视为常数的情况下，商品交易量是决定货币需求的主要因素。而剑桥方程式则是从微观角度分析货币需求的产物，出于种种经济考虑，人们对于持有货币有一个满足程度的问题：持有货币要付出代价，如丧失利息，这个代价是对持有货币数量的制约。微观主体要在两相比较中决定货币需求的多少。显然，剑桥方程式中的货币需求决定因素多于费雪方程式，特别是利率的作用已经成为不容忽视的因素之一，只是在方程式中没有明确地表示出来。

由此可见，剑桥方程式开创了货币需求研究的新视角。它将货币需求与微观经济主体的持币动机联系起来，从货币对其持有者效用的角度研究货币需求，从而使货币需求理论产生了质的变化。因为如果仅对货币需求进行宏观分析，那应纳入视野的就只是商品实现的需求，从而所需求的只是充当交易媒介的货币。而当开始注重从微观角度考察货币需求后，则显然不只有交易的需求，还有保存财富的需求，

这样，所需求的就不只是发挥交易媒介职能的货币，还包括发挥资产职能的货币，于是，货币需求的影响因素中，就纳入了更加丰富的变量，货币需求理论也被推到了更广博、更精深的层次。后来的西方经济学家正是沿着这样的逻辑思路发展货币需求理论的。

（三）凯恩斯的货币需求理论

凯恩斯的货币需求理论从人们持有货币的动机入手。他认为，人们之所以需要持有货币，是因为存在着流动性偏好这种普遍的心理倾向，而人们偏好货币的流动性是出于交易动机、预防动机和投机动机。交易动机、预防动机和投机动机的内涵见表 8 – 1。

表 8 – 1　交易动机、预防动机和投机动机的内涵

动机	内涵
交易动机	人们为了应付日常的商品交易需要持有一定数量的货币的动机
预防动机	人们为了应付不测之需而持有货币的动机
投机动机	人们持有货币除了为了交易需求和应付意外支出外，还为了储存价值或财富

凯恩斯认为交易媒介是货币的一个十分重要的功能。基于交易动机而产生的货币需求，凯恩斯称之为货币的交易需求。这种货币需求与过去的货币需求理论是一脉相承的。

凯恩斯认为生活中经常会出现一些未曾预料、不确定的支出和购物机会，预防动机引起的货币需求仍然主要作为交易的准备金，只不过是扩大了的准备金。所以，预防动机与交易动机可以归入一个范畴内，由这两个动机所引起的货币需求与收入水平存在着稳定的关系，是收入的递增函数。用函数式表示为

$$M_1 = L_1(Y)$$

式中，M_1 代表满足交易动机和预防动机而需要的货币量；Y 代表收入；L_1 代表 Y 与 M_1 之间的函数关系。

凯恩斯把用于储藏财富的资产分为两大类：货币和债券。人们持有货币资产，收益为零；持有债券资产，则有两种可能：如果利率上升，债券价格就要下跌；如果利率下降，债券价格就会上升。显然，人们对现存利率水平的估价就成为人们在货币和债券两种资产间进行选择的关键。如果人们确信现行利率水平高于正常值，这就意味着他们预期利率水平将会下降，从而债券价格将会上升，人们就必然会多持有债券；反之，则会倾向于多持有货币。由此可以得出一个基本原理：投机性货币需求最主要受利率影响，是利率的递减函数。用函数式可表示为

$$M_2 = L_2(i)$$

式中，M_2 代表投机性货币需求量；i 代表利率；L_2 代表 i 与 M_2 之间的函数关系。

由于投机性货币需求与人们对未来利率的预期紧密相关，受心理预期等主观因素的影响较大，而心理的无理性则使投机性货币需求经常变幻莫测，甚至会走向极端，流动性陷阱就是这种极端现象的表现。所谓流动性陷阱，是指这样一种现象：当一定时期的利率水平降到不能再低时，人们就会产生利率上升从而债券价格下跌的预期，货币需求弹性变得无限大，即无论增加多少货币供给，都会被人们以货币形式储存起来。

由于货币总需求等于货币交易需求、预防需求和投机需求之和，所以货币总需求的函数式是

$$M = M_1 + M_2 = L_1(Y) + L_2(i) = L(Y,i)$$

凯恩斯把利率视为货币需求函数中与 Y 有同等意义的自变量，表明他对利率的高度重视。

（四）弗里德曼的货币需求理论

美国经济学家米尔顿·弗里德曼（Milton Friedman，1912—2006）认为，货币也是一种商品，人们对于货币的需求，就像人们对别的商品和劳务的需求一样，因此，对货币需求问题的分析，可借助消费者选择理论来进行。

一般消费者在对诸多商品进行选择时，必然要考虑以下三个因素：①效用。人们之所以要购买某种商品，是因为它能给自己带来某种效用，如购买汽车带来方便、购买唱片得到享受等。由于效用是一种主观评价，因此个人偏好对效用的影响很大。②收入水平。有限的需求之所以不同于无穷的欲望，是因为受支付能力的限制，在一定的收入水平下，人们只能在众多的商品中选择购买有限的几种。③机会成本。受收入的限制，人们要购买甲商品就要失去购买其他商品的机会，甲商品购买得越多，其他商品买得就只能越少，付出的机会成本就越大，于是人们就要在购买甲商品和其他商品之间进行比较，最终选择购买在有限的收入水平下效用最大而机会成本最小的商品。弗里德曼认为，与消费者对商品的选择一样，人们对货币的需求同样受这三类因素的影响，进而对影响货币需求的这三类因素进行了详细的分析。

1. 总财富水平

弗里德曼将总财富作为决定货币需求量的重要因素。在现实生活中，由于总财富很难估算，所以弗里德曼用收入来代表财富总额，原因在于财富可视为收入的资本化价值。但这个收入不是统计测算的现期收入，而是长期收入，即"永恒收入"（Y）。因为现期收入受年度经济波动的影响，具有明显的缺陷。所谓永恒收入，是

指一个人在比较长的一个时期内的过去、现在和今后预期会得到的收入的加权平均数，它具有稳定性的特点。弗里德曼认为，货币需求与永恒性收入呈正比关系，由总财富决定的永恒性收入水平越高，货币需求越大。弗里德曼进一步把财富分为人力财富和非人力财富两大类。人力财富是指个人获得收入的能力，其大小与接受教育的程度紧密相关；非人力财富指各种物质性财富，如房屋、生产资料等。这两种财富都能带来收入，但人力财富缺乏流动性，给人们带来的收入是不稳定的，很难转化为非人力财富；而非人力财富则能够给人们带来较稳定的收入。因而，如果永恒收入主要来自人力财富，人们就需要持有更多的货币以备不时之需；反之，人们的货币需求就会下降。因此，非人力财富收入在总收入中所占的比重（W）与货币需求呈反比关系。

2. 持有货币的机会成本

持有货币的机会成本是指"其他资产的预期报酬率"。弗里德曼认为，货币的名义报酬率（r_m）可能等于零（手持现金与支票存款），也可能大于零（定期存款和储蓄存款），而其他资产的名义报酬率通常大于零。这样，其他资产的名义报酬率就成为持币的机会成本。其他资产的报酬率主要包括两部分：一部分是目前的收益率，如债券的利率、股票的收益率；另一部分是预期物价变动率。显然，债券的利率、股票的收益率越高，持币的机会成本就越大，货币的需求量就越小；预期的通货膨胀率越高，持币带来的通货贬值损失就越大，对货币的需求就越少。

3. 持有货币给人们带来的效用（U）

持有货币可以给人们带来流动性效用，此效用的大小以及影响此效用的其他因素，如人们的嗜好、兴趣等也是影响货币需求的因素。

弗里德曼货币需求函数式中的自变量明显多于凯恩斯的货币需求函数式，W和U都是弗里德曼列出的独特变量；把机会成本变量展开说明弗里德曼已经将资产的范围扩展开，不再局限于货币和债券，股票等金融资产和实物资产都被囊括在内，尤其是强调预期物价变动率对货币需求的影响，这实质上是20世纪六七十年代通货膨胀在理论上的反映。值得一提的是M_1，货币收益率的概念在凯恩斯那里是没有的，也就是说，凯恩斯把货币收益率视为零。这个变化反映了如下的事实：在凯恩斯那里的货币指的是r_m，即现钞和活期支票存款，在当时的英国，这一口径的货币是无息的；在弗里德曼这里的货币，至少已经扩展到M_2，M_2中很多形态的存款货币则是有利息收入的，可见，将r_m这个变量纳入函数式，说明弗里德曼货币需求函数中的货币，其口径大于凯恩斯学派所考察的货币。此外，弗里德曼货币需求理论还具有一个突出的特点：强调永恒收入（Y）对货币需求的重要影响作用，弱化机会成本变量利率（i）对货币需求的影响。弗里德曼利用实证的研究方法，依据美国1892—1960年近70年的资料论证了在货币需求众多的决定因素中，永恒收入对货币需求的决定具有最重要的作用，而货币需求对利率的变动不敏感。弗里德曼之所以要强调这一点，是因为他要论证货币需求的相对稳定性：永恒收入自身具有稳定性的特点，利率虽然经常变动，但货币需求对其变动不敏感，因此，货币需求是可测的，且相对稳定。由于货币收入、价格水平等变量都是货币需求和货币供给相互作用的结果，论证了货币需求具有相对稳定的特点，就说明货币对于总体经济的影响主要来自货币供给方面。据此，弗里德曼提出了以反对通货膨胀、稳定货币供给为主要内容的货币政策主张。

理论界对货币需求的研究归根结底是为货币政策服务的。凯恩斯与弗里德曼之所以争论到底是规模变量（收入）还是机会成本变量（利率）对货币需求发挥决定作用，其最终目的都是解释如何才能更好地实施货币政策。凯恩斯强调利率对货币需求的影响，论证了货币需求由于受到人们主观预期的影响而变幻莫测，中央银行调控的货币供给量无法与其保持一致，因此，中央银行货币政策的中介目标不应盯住货币供给量，而应选择利率。弗里德曼强调收入对货币需求的影响，则表明货币需求因恒久收入的稳定而具有稳定性，中央银行可以采取稳定的货币政策操作以保持货币供给与货币需求的一致性，因此，中央银行可以盯住货币供给量，将其作为货币政策的中介目标。

经验分享8-1

即测即练

即测即练8-1

模块8-2　货币供给

知识目标

1. 了解货币供给的形成机制。
2. 熟悉货币层次的划分及依据。

3. 掌握派生存款及货币乘数的应用。

技能目标

1. 了解货币层次划分依据及各国操作情况。

2. 熟悉派生存款及信用创造过程。

3. 掌握应用货币乘数测算货币供给总量的方法。

素质目标

1. 了解党的十八大以来，党中央把马克思主义金融理论同当代中国具体实际相结合、同中华优秀传统文化相结合，对金融本质规律认识不断提升到新高度。

2. 熟悉持续推进金融事业实践创新、理论创新、制度创新，走出了一条中国特色金融发展之路。

3. 掌握我国货币供给机制在中国式现代化建设中的"血脉"作用。

建议学时

2 课时。

情境导入

与货币需求相对应的是货币供给。一定时期内，微观经济主体和宏观经济运行对执行交易媒介和资产职能的货币产生多少需求，货币供给的提供者就应该供给多少的货币量与相应的货币需求相一致，用以实现货币供求的均衡。那么，谁是货币供给的提供者？货币供给又是怎样被提供出来的呢？

知识储备

一、货币供给的形成机制

货币供给是指一定时期内一国银行系统向市场中投入或抽离货币的行为过程。这个过程体现为一种货币供给的形成机制。

在现代信用货币制度下，货币供给过程一般涉及中央银行、商业银行、存款人和借款者四个行为主体。在这四个行为主体中，中央银行和商业银行起着决定性作用。货币供给的过程可分为两个紧密相连的部分：中央银行创造基础货币，商业银行创造存款货币。

（一）中央银行的业务活动与基础货币

中央银行是"发行的银行""银行的银行"和"国家的银行"。中央银行在执行其相应的职能时，形成了其独特的资产负债业务。而恰恰是中央银行独特的资产负债业务的运作，形成了货币供给的初级过程。

1. 中央银行的资产负债业务

国外资产、对政府债权、对金融机构债权是中央银行的主要资产项目；储备货币、发行债券与票据、政府存款是中央银行的主要负债项目。

（1）国外资产。中央银行持有的国外资产，主要包括外汇储备、黄金储备和中央银行在国际金融机构的资产。中央银行是"国家的银行"，担负着为国家管理外汇和黄金储备的责任，而黄金和外汇储备要占用中央银行资金，因而国外资产是中央银行的一项重要资产业务。

（2）对政府债权。作为"国家的银行"，在法律许可的情况下，中央银行可通过直接向政府提供短期贷款或购买政府债券等方式向政府提供资金支持，由此形成对政府的债权，具体包括中央银行持有的国库券、政府债券、财政短期贷款、对国库的贷款或法律允许的透支额等。

（3）对金融机构债权。作为"银行的银行"，中央银行充当金融机构的"最后贷款者"，通过再贴现和再贷款的方式对金融机构提供资金支持。再贴现是指商业银行将其对商业企业已经贴现的票据向中央银行再申请贴现的资金融通行为。再贷款是指没有票据载体，中央银行直接向商业银行等金融机构发放抵押贷款或信用贷款。

（4）储备货币。储备货币主要包括流通中的现金、商业银行等金融机构在中央银行的准备金存款等。

作为"发行的银行"，货币发行是中央银行最初和最重要的负债业务。社会上流通的现金都是通过货币发行业务流出中央银行的。中央银行通过货币发行业务，在满足社会经济活动对现金需求的同时，通过调控现金发行量，可以调节社会货币流通量，进而调节社会经济活动，实现宏观调控的目的。

根据模块5-2，商业银行等金融机构在中央银行的准备金存款包括两部分：法定存款准备金和超额存款准备金。各国法律通常规定，商业银行等金融机构必须将其吸收存款的一定比例存入中央银行，这一比例被称为法定存款准备金率。举例来说，假设某一时期A银行的存款总额为1 000亿元人民币，当时中国人民银行规定的法定存款准备金率为 15%，则 A 银行应缴存的法定存款准备金为 150 亿元人民币。如果 A 银行持有的存款准备金超过 150 亿元，则超过的部分就是超额存款准备金。之所以有法定存款准备金的要求，一方面是保证商业银行等存款性金融机构的清偿能力，防止商业银行等将吸收到的存款全部用于发放贷款以至于到期无法满足存款客户的提存；另一方面是有利于中央银行利用调高或调低法定存款准备金率来调控货币供给量。

（5）发行债券与票据。中国人民银行从 2003 年 4 月 22 日起正式发行中央银行票据，至当年年底，共发行 63 期央行票据，发行总量为 7 226.8 亿元，年末央行票据余额为 3 376.8 亿元。此后，中国人民银行逐渐加大央行票据发行力度，2010 年累计发行 4.2 万亿元，达到最高值。通过发行债券与票据，中央银行回笼了货币，借此实现调控货币供应量的目的。

（6）政府存款。作为"国家的银行"，中央银行代理收受国库资金，政府及公共机构暂时保留或结余的资金形成中央银行账户上的政府存款。

2. 基础货币的概念

基础货币（B）又称强力货币或高能货币，是指这种货币是整个银行体系内存款扩张、货币创造的基础，其数额大小对货币供给总量具有决定性的作用。基础货币由流通中的现金（C）和商业银行等金融机构持有的存款准备金（R）构成。存款准备金又有两种存在形式：库存现金和在中央银行准备金存款。基础货币的构成用公式可表示为

$$B = C + R$$

库存现金的"库"是指商业银行的业务库，库存现金也就是指商业银行业务库中存放的现金。商业银行每天要面对众多客户对现金的存取，为保证现金存取的正常进行，商业银行通常都会在其业务库中存放一定的现金。当业务库中的现金无法满足客户的取款要求时，商业银行会从中央银行的发行库中提取现金，中央银行会相应减少商业银行在中央银行准备金存款账户上的存款额；相反，当商业银行业务库中的现金过多时，它会将一部分现金存入中央银行发行库，中央银行会相应增加商业银行在中央银行准备金存款账户上的存款。准备金存款是商业银行等金融机构在中央银行账户上的存款。如上所述，准备金存款包括法定存款准备金和超额存款准备金两部分。

3. 中央银行的资产负债业务与基础货币的收放渠道

作为货币创造的基础，基础货币数量的增加或减少对货币供给量的增加或减少

有着重要的决定作用。中央银行可以通过资产、负债业务调控基础货币。

（1）国外资产业务与基础货币。国外资产是中央银行的一项重要资产业务。当中央银行在金融市场上买入外汇和黄金时，就向经济体系投放了基础货币；相反，当中央银行在市场上卖出外汇和黄金时，就从经济体系收回了相应的基础货币。

1994年外汇管理体制改革后，我国实行有管理的浮动汇率制，为了避免人民币汇率的大幅波动，中国人民银行通过在外汇市场上买卖外汇影响外汇市场的供求关系，保持人民币汇率的相对稳定。伴随着我国出口的快速增长，市场中外汇供给增加，人民币升值压力加大。为了减轻或消除这种升值压力，中国人民银行进入银行间外汇市场进行干预，买进外汇，增加外汇储备，与此同时，购买外汇付出的人民币直接进入商业银行的准备金存款账户，基础货币相应增加。由此可见，当外汇储备增加时，基础货币也相应增加；相反，当外汇储备减少时，基础货币也相应减少。1994年之后，我国外汇储备迅速增长，国外资产逐渐成为中国人民银行投放基础货币的主渠道，到2006年，国外资产已经超过基础货币的总量，中国人民银行不得不采取大量发行中央银行票据和正回购进行冲销操作。美国次贷危机爆发后，由于外需的减少，国外资产渠道投放的基础货币量逐渐减少。

（2）对政府债权业务与基础货币。作为中央银行的另一项重要资产业务，对政府债权表现为中央银行持有的政府债券和向财政透支或直接贷款。市场经济落后的国家多是由中央银行直接贷款或透支给政府用于弥补财政赤字；而追求货币稳定的国家通常不允许财政透支或中央银行向政府直接贷款，这些国家中央银行对政府的债权主要集中在中央银行持有的政府债券上。中央银行虽可代理政府发行债券，一般却不直接认购，而是从公开市场上购买，因此，买卖政府债券成为中央银行本币公开市场业务的重要内容。由于中央银行持有政府债券的目的不是谋取盈利，而是调控货币供给量，故中央银行一般只与商业银行等参与存款货币创造的金融机构进行政府债券的买卖。只要中央银行买进政府债券，就将款项存入商业银行等金融机构的准备金存款账户，基础货币会相应增加；当中央银行卖出政府债券时，金融机构也是用准备金存款来支付，基础货币就会相应减少。因此，中央银行如增加持有对政府的债权，就意味着投放了相应的基础货币；中央银行若减少对政府的债权，则意味着其收回了相应的基础货币。

财政透支借款曾是中国人民银行投放基础货币的一个渠道，在财政赤字比较严重的年份，中央银行的财政透支成为引发我国数次通货膨胀的重要原因。因此，1995年颁布的《中华人民共和国中国人民银行法》中明确规定中央银行不再为财政透支。这样，1995年后中央银行增加的对政府债权都体现在持有的政府债券上，都是中国人民银行从事公开市场业务的结果。目前，公开市场业务已经成为中国人民银行日常调控基础货币的主要工具。

（3）对金融机构债权业务与基础货币。中央银行对商业银行等金融机构债权的变化是通过办理再贴现或再贷款等资产业务来操作的。当中央银行为商业银行办理再贴现或发放再贷款时，直接增加了商业银行在中央银行的准备金存款，负债方的基础货币就会相应增加；相反，当中央银行减少对商业银行等金融机构的债权时，基础货币也会相应减少。

总体来说，中央银行作为一个特殊的金融机构，由于垄断货币的发行权，因此，其资产负债业务具有一个突出的特点，即资产业务决定负债业务。也就是说，中央银行增加资产业务，负债业务总量也随着资产业务的增加而相应增加。基础货币体现在中央银行的负债项，从上面三项中央银行资产业务的增减变化可以看出：当中央银行的资产业务增加时，基础货币量也随之增加；相反，当中央银行的资产业务减少时，基础货币量也随之减少。

（4）负债业务与基础货币。基础货币量的增减变化不仅受中央银行资产业务的影响，也受中央银行负债业务结构变化的影响。发行央行票据是中央银行调节基础货币的另一种手段。

以我国为例，中央银行票据只向商业银行等存款性金融机构发行，商业银行购买央行票据，支付款项后，直接的结果是其在中央银行账户上的准备金存款减少，即基础货币数量减少。这样，中国人民银行在负债总额不变的情况下，通过对负债结构的调整——增加央行票据发行、减少准备金存款——调节了基础货币数量。中国人民银行从 2003 年开始通过发行央行票据对冲由于外汇储备增长所导致的基础货币投放，增强了调节基础货币的能力。

（二）商业银行的业务活动与存款货币的创造

在现代各国货币供给量的构成中，存款货币都是其中的重要组成部分。而存款货币是可以通过商业银行的存、贷、汇等业务活动创造出来的。

1. 原始存款与派生存款

原始存款一般是指商业银行吸收的客户以现金方式存入的存款和中央银行对商业银行的资产业务而形成的准备金存款。基础货币与原始存款是对同一个事物的两种不同称谓。基础货币包括流通中的现金和商业银行等金融机构在中央银行的准备金存款。中央银行通过扩大资产业务增加基础货币的投放后，流通中的现金和商业银行的准备金存款会增加，原始存款也会随之增加。原始存款是商业银行从事贷款等资产业务的基础，也是商业银行扩张信用的源泉。派生存款与原始存款相对，是指在原始存款的基础上，由商业银行发放贷款等资产业务活动衍生而来的存款。派生存款产生的过程，也就是商业银行创造存款货币的过程。

2. 商业银行创造存款货币的前提条件

商业银行创造存款货币需要一定的前提条件，见表8-2。

表8-2 商业银行创造存款货币的前提条件

条件	内容
实行部分准备金制度	中央银行要求商业银行将吸收存款的一定比例缴存在中央银行的准备金账户，其余资金商业银行可以自主用于贷款等资产业务
非现金结算广泛使用	商业银行发放贷款一般不需要以现金形式支付，而是把贷款转入借款企业在银行的活期存款账户，而后由企业通过转账支付的方式使用贷款
市场中始终存在贷款需求	市场上存在着资金需求者，需要从商业银行获得贷款

3. 商业银行创造存款货币的过程

下面举例说明商业银行创造存款货币的过程。

假设 A 银行吸收到客户甲 100 万元的现金存款，银行获得了 100 万元的新增原始存款。有了存款，A 银行便有了发放贷款的条件。假设法定存款准备金率为 20%，则 A 银行针对吸收的这笔 100 万元的存款而应缴纳的法定存款准备金应不低于 20 万元。假设在上缴 20 万元的法定存款准备金后，A 银行向客户乙发放了 80 万元的贷款。客户乙获得 80 万元的贷款后，立即用支票向客户丙支付 80 万元的货款。丙接到支票后，委托其开户银行 B 银行为其收款。B 银行收到客户丙缴来的金额为 80 万元的支票后，向 A 银行提示，通过中央银行特设的支付清算系统，A 银行将 80 万元的资金划给 B 银行。B 银行有了 80 万元的存款后，也会像 A 银行一样，保留必要的法定存款准备金 16 万元，将其余的 64 万元用于发放贷款。假设 B 银行向客户丁发放贷款 64 万元，客户丁获得贷款后，用支票向客户戊支付 64 万元的货款。戊接到支票后，委托其开户银行 C 银行为其收款。C 银行收到客户戊缴来的支票后，向 B 银行提示，通过中央银行特设的支付清算系统，B 银行将 64 万元的资金划给 C 银行。

这一过程会继续进行下去，A 银行吸收的 100 万元的原始存款，经过众多银行的贷款、转账结算业务活动，创造出数倍于原始存款的派生存款。由此可见，商业银行以原始存款为基础发放的贷款，经过转账支付又会创造出新的存款，这就是商业银行创造派生存款的基本原理。

4. 影响商业银行存款货币创造能力的主要因素

如果以 ΔR 表示原始存款的增加额，r 表示法定存款准备金率，ΔD 表示包括原始存款在内的经过派生的存款增加总额，则这三者之间的关系可表示为

$$\Delta D = \Delta R / r$$

在上面的例子中，ΔR 为 100 万元，r 为 20%，经计算，ΔD 为 500 万元（100 万元的原始存款加上 400 万元的派生存款）。

K 通常被称为存款派生乘数，表示一笔原始存款经过商业银行的派生最大可能扩张的倍数。$K = \Delta D / \Delta R = 1/r$，存款派生乘数是法定存款准备金率的倒数。由此可知，法定存款准备金率是影响商业银行存款派生能力的主要因素。如果中央银行提高法定存款准备金率，假如从 20% 提高到 25%，则存款派生乘数由 5 倍缩小为 4 倍，同样的原始存款增加额，经过商业银行的派生活动，存款总额要由原来的 500 万元缩小为 400 万元，实现了货币紧缩效应。因此，中央银行可以通过提高或降低法定存款准备金率，降低或提高商业银行的存款派生能力，从而达到调节市场中货币供给量的目的。

除了法定存款准备金率以外，超额存款准备金率（e）和现金漏损率（c）也是影响商业银行存款派生能力的重要因素。

上例中，我们只考虑了商业银行持有法定存款准备金，不持有超额存款准备金。但在现实的经营中，商业银行除了持有中央银行规定的法定存款准备金外，还通常要持有一定比率的超额存款准备金，目的是维护自身安全和稳健经营。超额存款准备金占存款总额的比率就是超额存款准备金率。超额存款准备金率对商业银行存款派生能力的影响机理与法定存款准备金率相同，也与存款派生乘数呈反向变动关系。

另外，在现实生活中，存款客户经常会或多或少地从银行提取现金，从而使部分现金流出银行系统，出现现金漏损。现金漏损的多少与人们对现金的偏好和非现金支付是否发达密切相关。此外，从接受银行贷款的一方来说，其一般也不会将所贷款项悉数转存或投入生产，也可能会产生一定的现金漏损。这些漏出银行体系的现金（也即流通中的现金）与银行存款总额的比率被称为现金漏损率，它与法定存款准备金率和超额存款准备金率一样，与存款派生乘数呈反向变动，成为影响商业银行派生能力的又一个重要因素。因为流出银行体系的现金已经脱离银行的掌控，银行可用于发放贷款的资金相应减少，派生的存款也会减少。加上超额存款准备金率、现金漏损率的影响，存款派生乘数变为

$$K = \frac{1}{(r + e + c)}$$

（三）货币供给形成机制的再解释——货币供给模型

货币供给模型从整体视角出发，用一个精练的数学公式抽象了货币供给的形成机制：

$$M_s = B \cdot m$$

式中，M_s 为货币供给量；B 为基础货币；m 为货币乘数。该模型表明：基础货币与货币乘数共同作用于货币供给总量的多少，货币供给量与基础货币和货币乘数均呈正相关关系。当其他条件不变，基础货币增加或减少时，货币供给量相应增加或减少；同理，当其他条件不变、货币乘数变动时，货币供给量也会发生同方向变动。

基础货币由中央银行的业务活动决定，取决于中央银行的政策行为。这是中央银行层面对基础货币的创造。

货币乘数是指货币供给量对基础货币的倍数关系，即基础货币每增加或减少一个单位所引起的货币供给量增加或减少的倍数。基础货币的增加之所以能够带来货币供给量的数倍增长，原因即在于商业银行的存款派生能力。因此，货币乘数是用另外一种方法对商业银行存款派生乘数的表述。

二、货币供给层次的划分

中央银行和商业银行两个层面货币供给创造的结果必然是在社会经济生活中形成一定数量的货币供给量。在现代的信用货币流通条件下，货币供给量主要包括现金和存款货币两部分，其中现金包括中央银行发行的现钞与金属硬币，存款货币体现为商业银行等存款性金融机构的存款性负债。在商业银行支付业务十分发达的现代社会，现金的使用量在整个社会的交易额中所占的份额很小，存款货币是货币供给量的主体。货币供给量首先是一个存量的概念，即一个国家在某一时点上实际存在的货币总量。各国中央银行公布的年度货币供给量都是货币存量。

（一）货币供给层次划分的依据与意义

现实中，一个时点上一国到底有多少货币量，涉及货币供给量的统计问题。各国中央银行对货币供给量是分层次进行统计的，这又涉及货币供给层次的划分问题。目前，各国中央银行在对货币层次进行划分时，都以货币资产的"流动性"高低为依据。货币资产的流动性即为资产的变现性，是指资产转化为现实购买手段的能力。变现性强，流动性就强；变现性弱，流动性就弱。例如，现金是流动性最强的货币资产，具有直接的现实购买力；定期存款则需要经过提现或者转成活期存款才能成为现实购买力，故流动性较弱。由于交换媒介职能是货币最基本的职能，流动性实质上反映了货币发挥交换媒介职能的能力。流动性程度不同的金融资产在流通中周转的便利程度不同，形成的购买力强弱不同，从而对商品流通和其他各种经济活动的影响程度也就不同。因此，按流动性的强弱对不同形式、不同特性的货币划分不同的层次，是科学统计货币数量、客观分析货币流通状况、正确制定实施货币政策和及时有效地进行宏观调控的必要措施。

（二）主要国家对货币层次的划分

世界各国对货币层次的划分各不相同，但基本上都包含狭义货币和广义货币两大层次。

狭义货币通常由通货和私人部门的活期存款构成。通货指流通于银行体系以外的现钞，包括居民、企业或单位持有的现钞，但不包括商业银行的库存现金。由于这部分货币可随时用于购买和支付，因而流动性最强。活期存款可以随时通过签发支票等方式进行购买与支付，因此其流动性仅次于现金。大部分国家将这一层次的货币简称为 M_1。狭义货币量反映了整个社会对商品和劳务服务的直接购买能力，它的增减变化对商品和劳务的价格会形成直接的影响。

广义货币是指狭义货币加上准货币。准货币通常包括定期存款、储蓄存款、外币存款、短期证券等。准货币本身虽不能直接用来购买，但在经过一定的程序之后就能转化为现实的购买力，故又称为"亚货币"或"近似货币"，简写为 QM。大部分国家将这一层次的货币划入广义货币 M_2 中。准货币的流动性小于狭义货币，它反映的是整个社会潜在的或未来的购买能力。显而易见，广义货币量所统计的货币的范围大于狭义货币量，它不仅包括了直接购买力，而且包括了潜在和未来的购买力，因此广义货币总量指标可以更全面地反映货币流通状况。

（1）美国的货币层次划分。目前美国的货币层次划分如下：

$$M_1 = 流通中现金 + 非银行机构发行的旅行支票 + 活期存款 + 其他支票存款$$
（包括存款机构的可转让支付命令账户、自动转账账户、信用合作社股金提款账户）

$$M_2 = M_1 + 储蓄存款（包括货币市场存款账户）+ 小额定期存款$$
（金额小于 10 万美元的定期存款）+ 零售货币市场共同基金余额

（2）欧元区的货币层次划分。目前欧元的货币层次划分如下：

$$M_1 = 流通中货币 + 隔夜存款$$

$$M_2 = M_1 + 2 年内到期的定期存款 + 3 个月内的通知存款$$

$$M_3 = M_2 + 货币市场基金份额/单位 + 回购协议 + 2 年内到期的债券$$

（3）中国的货币层次划分。我国从 1984 年开始探讨对货币供给层次的划分，1994 年第三季度开始正式按季公布各个层次货币供给量的统计指标。几经调整，目前我国的货币层次划分如下：

$$M_0 = 流通中现金$$

$$M_1 = M_0 + 单位活期存款 + 机关团体存款 + 农村存款$$

$$M_2 = M_1 + 储蓄存款 + 企业定期存款 + 证券公司客户保证金 +$$

非存款类金融机构在存款类金融机构的存款 + 住房公积金中心存款 + 其他存款

需要说明的是，各国对货币层次的划分都是相对的、动态的。随着各国金融机构和金融市场的发展，金融产品越来越丰富，越来越多的金融工具具有了不同程度的"货币性"，货币的外延也越来越大，统计口径越来越宽，货币层次也会随之调整。比如，将国库券、商业票据、金融债券等纳入了货币的统计范畴。

三、货币供给的内生性与外生性

货币供给的内生性和外生性问题实际上探讨的是中央银行对货币供给量的控制能力问题。中央银行作为"国家的银行"，制定和执行一国的货币政策是其最基本的职能，能否有效地调控货币供给量，使其与实体经济运行对货币产生的需求量相一致，决定着中央银行货币政策的调控效果。在经济学中，有内生变量和外生变量这两个基本的经济学范畴。外生变量通常又被称为政策性变量，是指这种变量的变动最主要受政策的影响，而不由经济体系内部因素所决定，税率就是一个典型的外生变量。内生变量又称非政策性变量，是指在经济体内部由诸多纯粹经济因素影响而自行变化的量，通常不为政策所控制，如市场经济中的价格、利率、汇率等变量。如果说货币供给量是一个外生变量，就意味着中央银行可以控制货币供给量的多少，货币供给量随着货币政策工具的操作而相应地改变，货币政策的效果越好，货币政策的目标就越能得到较好的实现。如果说货币供给量是一个内生变量，则意味着货币供给量是经济体系内诸多因素共同作用的结果，中央银行难以有效控制货币供给量的多少，进而会影响到货币政策的效果。

至于货币供给量到底是内生变量还是外生变量，中外经济学者有着广泛的争论。分析思路基本都是从"货币供给量＝基础货币×货币乘数"的货币供给模型入手。主张内生货币供应论观点的经济学者认为，虽然中央银行可以控制基础货币，但货币乘数受居民和企业部门持币行为、商业银行放贷意愿的影响，中央银行对此无法控制，货币供给量不是由中央银行所能够完全决定的一个内生变量。而主张外生货币供应论观点的经济学者则认为，在货币供给量的两个决定因素中，基础货币是最主要的决定因素，而基础货币的增减是由中央银行资产和负债业务所控制的，货币乘数虽然受居民、企业和商业银行等经济主体经济行为的影响，但中央银行的货币政策操作对它们的经济行为具有影响作用，因此，货币乘数也在中央银行的宏观调控之下，中央银行有能力按照既定的目标运用货币政策工具对货币供给量进行扩张或收缩。

应该说，货币供给的内生性或外生性是一个很复杂的问题，很难简单地用非此即彼的逻辑进行判断。争论仍在继续，但越来越多的经济学者认为，货币供给具有内外共生性：从总体上看，中央银行对货币供给量具有相当的调控能力，这说明货币供给量存在着较强的外生性，但这种外生性又不是绝对的，因为货币供给量还要受经济运行中其他经济主体行为的影响，因而货币供给量又具有一定的内生性质。货币供给量所具有的这种双重性质，虽然不是严格合乎计量经济学的要求，但却比较客观地反映了现实状况。

随着我国改革开放的推进和经济市场化进程的加快，当前中国人民银行虽然对货币供给量仍然具有相当的控制力，但货币乘数对货币供给量的作用力度越来越大，微观经济主体的行为通过货币乘数对货币供给量的影响越来越大，我国货币供给的内生性在不断增强。货币供给量的内外共生性既决定了中央银行应该承担起对货币供给量不可推卸的调控责任，又削弱了中央银行对货币供给量的调控能力，增加了调控难度。这对中央银行的货币调控提出了更高的要求，中央银行应适时调整方式和手段，不断提高调控能力和操作艺术。

经验分享8-2

即测即练

即测即练8-2

模块 8 –3　货币均衡与失衡

知识目标

1. 了解货币均衡的含义。

2. 熟悉货币失衡的调节措施。

3. 掌握货币均衡的实现机制。

技能目标

1. 了解货币均衡对稳定经济的作用。
2. 熟悉货币均衡调节措施的应用条件。
3. 掌握实现货币均衡的标志。

素质目标

1. 了解在全球经济一体化的背景下，货币供求动态均衡的宏观作用。
2. 熟悉各个经济体之间的经济和金融相互影响，我国应当坚持货币政策的自主性。
3. 掌握根据国内经济形势和物价走势，把握好政策力度和节奏，兼顾内外均衡，有力支持实体经济，促进全球经济稳定恢复的政策导向。

建议学时

2 学时。

情境导入

一国的货币流通，通常是一个由均衡到失衡，再调整恢复到均衡的动态调整过程。均衡是各国货币流通追求的目标，但失衡却是一国货币流通不可避免经常发生的现象。那么，究竟什么是货币均衡呢？

知识储备

一、货币均衡与失衡的含义

货币均衡与货币失衡是用来说明货币供给与货币需求之间关系的一对概念。所谓货币均衡，是指一国在一定时期内货币供给与货币需求基本相适应的货币流通状况。与此相反，货币失衡是指一国一定时期内货币供给与货币需求相偏离、两者之间不相适应的货币流通状态。

货币失衡有两种表现形态：货币供给大于货币需求，货币供给小于货币需求。如果货币供给持续大于货币需求，物价将会上涨，出现通货膨胀现象；如果货币供给持续小于货币需求，物价将会下跌，出现通货紧缩现象。因此，通货膨胀和通货紧缩是货币失衡的两种外在表现形式。

二、货币均衡的实现机制

货币均衡作为市场供求均衡的一种反映，其自身均衡对市场供求均衡的维持具有重要作用。在市场经济条件下，货币均衡的实现离不开利率的调节。

利率理论论证了货币供求对利率的决定作用：在货币市场上，货币供给是由政府决定的外生变量，货币需求与利率反方向变动，当货币供给与货币需求相等时，市场达到均衡，此时的利率水平是均衡的利率水平。假设中央银行为了促进产出而增加了货币供给，则市场利率下降，利率下降增加了居民和企业部门对货币的需求，货币需求相应上升，货币供求在一个新的利率水平上实现了重新的均衡。假设中央银行保持货币供给不变，货币需求因某些原因上升，市场利率就会相应上升，通过利率的上升中央银行可以观测到货币需求的变动，相应增加货币供给与货币需求相一致，实现货币均衡。

改革开放前，我国实行高度集中的计划经济体制。在这种经济体制下，利率受到严格管制，不可能反映货币供求状况，也无法调节货币供求的均衡。货币的均衡由国家根据生产增长计划和货币发行计划等经验数据调节与维持。改革开放后，随着利率市场化改革的推进，利率机制逐渐发挥作用，但其调节作用还有待进一步提高。

三、货币失衡的调节措施

出现货币失衡时，政府会通过"看得见的手"加强干预、主动调节，设法在短期内尽快达到货币均衡。其采用的方法一般可分为以下四种。

（一）供给型调节

供给型调节，是指依靠调节货币供给量使货币从失衡达到均衡。换言之，就是以货币需求量为"参照物"，通过对货币供给量的调节，使之向既定的货币需求量靠拢。当货币供给量大于货币需求量时，通过压缩货币供给量使之与货币需求量相适应；在货币供给量小于货币需求量时，通过增加货币供给量使之与货币需求量保持一致。由于中央银行是货币供给量最主要的决定主体，因此，供给型调节主要通过中央银行进行。

（二）需求型调节

需求型调节，是指依靠调节货币需求量使货币从失衡达到均衡。换言之，就是以货币供给量为"参照物"，通过对货币需求量的调节，使之向既定的货币供给量靠拢。当货币供给量大于货币需求量时，通过增加货币需求量使之与既定的货币供给量相适应；在货币供给量小于货币需求量时，通过缩小货币需求量使之与既定的货币供给量保持一致。由于货币需求量是一个独立于银行体系的外生变量，因此，需求型调节措施更多地在银行体系之外推行。

（三）混合型调节

混合型调节，是指面对货币供求失衡局面，综合运用货币政策、财税政策、进出口政策等，一方面压缩货币供应量，另一方面增大货币需求量，双管齐下，既进行供应型调节，又进行需求型调节，以达到社会总供求、货币供求的均衡。

（四）逆向型调节

逆向型调节，是指面对货币供给量大于货币需求量的失衡局面时，中央银行不是压缩货币供给量，而是增加货币供给量，以此促成货币供求重新均衡。其具体内涵是：若货币供给量大于货币需求量，现实经济中存在着尚未充分利用的生产要素，社会经济运行对其产品需求又很大，那么可通过对这类产业追加投资和发放贷款，以促进供给的增加，并以此来消化过多的货币供给，达到货币供求由失衡到均衡的调整。

经验分享8-3

即测即练

即测即练8-3

项目小结

在现代商品经济条件下，一切经济活动都必须借助货币的运动，社会需求都表现为拥有货币支付能力的需求，即需求都必须通过货币来实现。货币把整个商品世界有机地联系在一起，使它们相互依存、相互对应。理解货币供求及其影响因素对于分析经济走势、货币政策及投资决策至关重要。通过掌握货币供应量的变化和影响因素，可以更好地理解经济中货币流通的现状与未来趋势。

技能训练

一、简答题

1. 简述凯恩斯理论体系中货币需求的构成。

2. 如何看待马克思货币需求理论？

3. 基础货币是通过哪些渠道供应的？

4. 什么是货币均衡？

5. 简述货币失衡的调节措施。

二、课后活动与体验

活动名称：了解我国货币供应量的发展态势。

活动目标：了解我国货币供应量的变化情况，判断其发展态势，分析其影响因素。

活动内容：

1. 查阅相关书籍和网站，了解我国货币供应量的变动情况。

2. 分析影响因素，完成实训报告。

活动形式：

1. 分成小组讨论。

2. 每组派一名代表陈述本组的观点及论证。

3. 各组陈述完毕后，其他小组成员可针对任意一组的观点自由进行辩论。

4. 教师点评、总结。

5. 撰写实训报告：以小组为单位提交实训报告。

项目9 通货膨胀与通货紧缩

导语

通过本项目的学习，掌握通过物价水平变化判断通货膨胀和通货紧缩的程度。通过揭示通货膨胀的成因，剖析通货膨胀的社会经济效应，并提出治理通货膨胀的对策和建议；通过分析通货紧缩的成因，全面而合理地评价通货紧缩的社会经济效应，理解通货紧缩和社会经济发展之间的关系。

项目摘要

本项目将学习通货膨胀和通货紧缩的相关内容，分为两个模块讲授：一是通货膨胀的成因、影响及治理；二是通货紧缩的成因、影响及治理。

思维导图

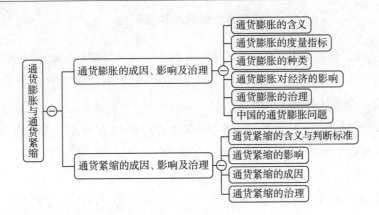

模块9-1 通货膨胀的成因、影响及治理

知识目标

1. 了解通货膨胀的含义、分类及成因。

2. 熟悉通货膨胀对经济的影响。

3. 掌握通货膨胀的治理措施。

技能目标

1. 了解通货膨胀对收入分配的影响。

2. 熟悉通货膨胀的种类。

3. 掌握通货膨胀的测度指标计算。

素质目标

掌握党的二十大以来我国继续实施积极的财政政策和稳健的货币政策，加强各类政策协调配合，大力提振市场信心，把实施扩大内需战略同深化供给侧结构性改革有机结合起来，推动经济运行整体好转，为全面建设社会主义现代化国家开好局、起好步。

建议学时

2 学时。

情境导入

揭开通货膨胀的神秘面纱

1990 年的"万元户"，就是了不起的有钱人；到了 2000 年前后，"万元户"则基本上可以称为普通人了。同样是 1 万元，其购买力 10 年间发生了什么重大的变化？还是看一个具体的例子吧。

20 世纪 90 年代，100 元钱可以购买 80 斤大肉和 50 斤大米，而钱存到 2000 年，每年以 5% 的利息计算，100 元钱变成了 162.89 元钱，162.89 元钱能买什么？只能买到 50 斤大肉和 30 斤大米，财富的价值缩水了。

什么是通货膨胀？通货膨胀是怎样形成的？又如何治理呢？在遇到通货膨胀时，个人如何选择财富形式？企业如何进行经营决策呢？本模块会让你揭开通货膨胀的神秘面纱。

知识储备

一、通货膨胀的含义

马克思在《资本论》中阐述货币理论时指出，通货膨胀是指纸币发行量超过商品流通中的实际需求量而引起的货币贬值现象。纸币流通规律表明，纸币流通量不能超过它代表的金（或银）的流通数量，否则纸币就要贬值，物价就会上涨。通货膨胀只有在纸币流通的条件下才会出现。货币学派的弗里德曼认为"通货膨胀是货币当局过多印刷货币的后果，其本质是一种货币现象"。一般来说，通货膨胀是指在纸币流通的条件下，由于货币供给过多而引发货币贬值，物价全面、持续上涨的货币现象。

在金属货币流通条件下，由于货币具有储藏手段的职能，能够自动调节货币流通量，因此通货膨胀一般不会产生；而在纸币流通条件下，①从技术上为纸币流通提供了无限供给货币的可能性。②国家权力可以强制货币进入流通。通货膨胀成为一种经常性的货币现象，并时时困扰着人们的经济生活。因此，理论界一般把通货膨胀与纸币流通联系起来，把通货膨胀看成纸币流通特有的现象，但并不能说纸币流通必然产生通货膨胀。

这里讲的物价上涨不是个别商品或少数几种商品价格的局部上涨，而是各种商品价格水平的普遍上涨，是一般物价水平的上涨；而且，物价的上涨不是暂时的、一次性的上涨，而是一贯的、持续的上涨，有较长时期的上涨过程。一般来说，通货膨胀往往以年度为时间单位，以年度的一般物价水平变动率表示通货膨胀的程度。

二、通货膨胀的度量指标

判断一个国家或地区是否发生了通货膨胀以及通货膨胀的程度如何，需要借助一系列的经济指标进行度量，主要是各类物价指数和通货膨胀率。

（1）物价指数。物价指数是报告期物价水平与基期物价水平的比率。例如，用 P 表示物价指数，P_t 表示报告期物价总水平，P_0 表示基期物价总水平，则 $P = \dfrac{P_t}{P_0} \times 100\%$ 。

（2）通货膨胀率。通货膨胀率是报告期与基期物价总水平变动量与基期物价总水平的比率。如：用 I 表示通货膨胀率，用 ΔR 表示报告期与基期物价总水平变动量，则

$$I = \frac{P_t - P_0}{P_0} \times 100\% = \frac{\Delta R}{P_0} \times 100\%。$$

常用的测度通货膨胀的指数指标见表 9-1。

表 9-1　常用的测度通货膨胀的指数指标

指数指标	内容
消费者物价指数	是一种用来测量各个时期内城乡居民所购买的生活消费品价格和服务项目价格平均变化程度的指标。目前我国编制这一指数时选取的商品和服务项目包括居民在食品、烟酒、衣着、居住、生活用品及服务、交通和通信、教育、文化和娱乐、医疗保健、其他用品和服务等方面的支出

续表

指数指标	内容
批发物价指数	是反映不同时期批发市场上多种商品价格平均变动程度的经济指标。它是包括生产资料和消费品在内的全部商品的批发价格，但不包含劳务价格，这使得该指数反映面较窄，有可能信号失真
GDP 平减指数	是衡量一国经济在不同时期内所生产和提供的最终产品和劳务价格总水平变化程度的经济指标。它等于以当年价格计算的本期国内生产总值和以基期不变价格计算的本期国内生产总值的比率

三、通货膨胀的种类

按照不同的标准，可以对通货膨胀进行分类。

（一）温和的通货膨胀、奔腾的通货膨胀和恶性的通货膨胀

按通货膨胀期间物价上涨的程度不同，通货膨胀可分为温和的通货膨胀、奔腾的通货膨胀和恶性的通货膨胀。

（1）温和的通货膨胀。温和的通货膨胀是指通货膨胀率低且以较稳定的价格水平上升。一般认为通货膨胀率在两位数之内为温和的通货膨胀。有的经济学家把通货膨胀率在5%以下的通货膨胀称为爬行的通货膨胀，在这种通货膨胀环境下，物价较为稳定，货币不会有明显的贬值，对经济不会造成明显的影响。有的经济学家认为这种通货膨胀可以刺激经济增长。

（2）奔腾的通货膨胀。奔腾的通货膨胀是指通货膨胀率为两位数的通货膨胀。这种通货膨胀会对经济造成不利的影响。由于货币的快速贬值，契约交易变得十分困难，影响了市场的正常运行，同时货币贬值使得货币的实际利率下降，这样，人们不愿意持有任何多余的货币，而是多购商品，金融市场受到扰乱。

（3）恶性的通货膨胀。恶性的通货膨胀是指通货膨胀率以三位数甚至更高的速度发展，这种通货膨胀对经济的影响是致命的。在这种情况下，货币失去了交易的功能，金融体系崩溃，通货膨胀已经严重地破坏了正常的社会经济生活秩序，甚至会造成社会的严重动荡，若不加控制，将导致货币体系和经济的崩溃。

（二）公开型的通货膨胀和隐蔽型的通货膨胀

按通货膨胀的表现形式不同，通货膨胀可分为公开型的通货膨胀和隐蔽型的通货膨胀。

公开型的通货膨胀直接表现为一般物价水平的上涨，而隐蔽性的通货膨胀通常由于价格管制原因，不直接表现为物价水平的上升，而是以市场中出现商品普遍短

缺、有价无货、凭票证供应、黑市猖獗等现象来表现。我国在计划经济体制时期，由于实行价格管制制度，曾出现隐蔽型的通货膨胀。

（三）需求拉动型通货膨胀、成本推动型通货膨胀、结构型通货膨胀和供求混合型通货膨胀

按通货膨胀产生的原因，通货膨胀可分为需求拉动型通货膨胀、成本推动型通货膨胀、结构型通货膨胀和供求混合型通货膨胀。

1. 需求拉动型通货膨胀

需求拉动型通货膨胀是从需求角度解释通货膨胀的成因。该理论认为，之所以发生通货膨胀，是因为各国政府采用了扩张性的财政政策和货币政策，刺激了社会总需求。当社会总需求大于社会总供给时，就形成了膨胀性缺口，牵动物价上涨，导致通货膨胀。由此形成的通货膨胀就是我们通常所说的需求拉动型通货膨胀。

2. 成本推动型通货膨胀

成本推动型通货膨胀理论认为，在没有超额需求的情况下，供给方面成本的提高也会引起一般价格水平持续和显著的上涨。

供给方面成本的提高首先体现为工资成本的提高。在不完全竞争劳动力市场上，由于强大的工会组织的存在，工资不再是竞争性的工资，而是工会和雇主集体议价的工资，且工资的增长率超过劳动生产率的增长率。工资提高导致生产成本提高，从而导致价格水平上升（通胀率＝工资增长率－劳动生产率增长率）。价格水平的上升提高了工人的生活成本，工人通过工会再一次要求提高工资水平，进一步推高价格，形成工资提高和价格上涨相互推动的螺旋式的上升运动，即所谓"工资—价格螺旋"，引发工资推动型通货膨胀。

成本推动型通货膨胀理论还认为，就像不完全竞争的劳动市场是工资推动型通货膨胀形成的前提条件一样，不完全竞争的商品市场是利润推动型通货膨胀形成的前提条件。在完全竞争的商品市场上，价格完全决定于商品的供求，任何企业都不能通过控制产量来改变市场价格。而在不完全竞争的商品市场上，垄断企业和寡头企业为了追求更大的利润，可以操纵价格，把产品价格定得很高，致使价格上涨的速度超过成本增长的速度。

3. 结构型通货膨胀

结构型通货膨胀是指在没有需求拉动和成本推动的情况下，由于某些经济结构方面的原因而引发的一般价格水平的持续上涨。在许多发展中国家，经济结构因素是造成通货膨胀的重要原因。

（1）经济部门结构。不同经济部门的劳动生产率的增长速度是不同的，如开放部门劳动生产率的增长率较高，而非开放部门劳动生产率的增长率较慢，但在国内统一的劳动力市场上，生产率增长较慢的部门的工人往往会要求与生产率增长较快部门的工资上涨率看齐，这就使其工资增长速度快于本部门的劳动生产率的增长率，从而引起物价水平的上升。

（2）供需结构。在一些国家的一定时期内，由于经济转型、需求结构升级，或者缺乏有效的资源配置机制等，可能存在供需不对称的矛盾。比如，随着人们收入水平的提高，人们对商品和服务的需求发生了改变，出现了升级换代，但供给结构的改变有一个滞后性，由此造成供需结构失衡。那些需求增加的行业，价格和工资将上升；但是需求减少的行业，由于价格和工资刚性的存在，却未必会发生价格和工资的下降。其结果是导致了物价的总体上升。再比如，在一定时期，有些行业生产能力过剩，形成产品积压；而另一些行业则发展滞后，产品短缺。如果短缺产品成为经济发展的"瓶颈"，则其价格的上涨就会引起其他部门的连锁反应，推动一般物价水平的相应上升。

4. 供求混合型通货膨胀

供求混合型通货膨胀的论点是将供求两个方面的因素综合起来，认为通货膨胀是由需求拉上和成本推进共同作用而引发的。这种观点认为，在现实经济社会中，通货膨胀的原因究竟是需求拉上还是成本推进很难分清。例如，通货膨胀可能从过度需求开始，但由于需求过度所引起的物价上涨会促使工会要求提高工资，因而转化为成本（工资）推进的因素。另外，通货膨胀也可能从成本方面开始，如迫于工会的压力而提高工资等。但如果不存在需求和货币收入的增加，这种通货膨胀过程是不可能持续下去的。因为工资上升会使失业增加或产量减少，结果将会使成本推进的通货膨胀过程终止。可见，成本推进只有加上需求拉上才有可能产生一个持续性的通货膨胀。现实经济中，这样的论点也得到论证：当非充分就业均衡严重存在时，则往往会引出政府的需求扩张政策，以期缓解矛盾。这样，成本推进与需求拉上并存的供求混合型的通货膨胀就会成为经济生活的现实。

四、通货膨胀对经济的影响

（一）通货膨胀对收入分配的影响

通货膨胀可引起收入的再分配。收入再分配的结果，必然导致某些社会成员受损、某些成员受益。至于谁受损、谁受益及受损受益程度的大小，主要看通货膨胀使他们得到或失去的收入和财富数量的多少。由于能够正确地估计通货膨胀并能寻找到防止自己遭受损失的社会成员并不多，因而通货膨胀总会使大多数社会成员受损、少数成员受益。

通货膨胀时期，工资收入的增长总是滞后于物价上涨的速度，因而广大工薪阶层的社会成员往往是通货膨胀的受害者，包括企业工人、公司职员、政府雇员、院校教师、部队官兵等。那些从利息、租金、稿酬等获得收入的社会成员也将受到通货膨胀的损害，因为这部分收入并没有随同物价上涨而增加。然而如果能对通货膨胀作出正确的预期估计，并在有关合同条款中加以预防，那么利息、租金、稿酬等的所得者就能避免或减小通货膨胀的损害。

受通货膨胀损害程度最深的是退休者和老年人。因为他们除了私人养老金或社会保险机构提供的老年社会保险补贴外，没有其他可随物价上涨而增加的收入来源。尽管不少国家对此采取了相应的保护措施，但这个阶层的成员受损最大的状况依然难以改变。

通货膨胀时期，在利息、租金收入者遭受损失的同时，它们的支出者则因为以贬值的货币支付利息或房租而实际上增加了收入，所以利息与房租等的支出者是通货膨胀的受益者。可以说，通货膨胀时期会发生从债权人到债务人的收入再分配。从这层意义上讲，由于现代信用货币实质上是一种代表国家债务的凭证，因而通货膨胀造成的货币贬值，不管国家的主观意愿如何，事实上成为受益者。

工资调整的滞后使企业的利润增加，从理论上说，企业是通货膨胀的受益者。但要具体情况具体分析，因为在企业的生产中，除了工资成本，还有原材料成本。对于处于市场需求不足且完全竞争条件下的企业来说，由于其是产品价格的被动接受者，如果原材料价格的上涨速度高于产成品价格上涨的速度，则这类企业会在通货膨胀中遭受损失。对于处于需求旺盛且不完全竞争条件下的企业来说，由于其是产品价格的主动制定者，其产品价格可以伴随各种成本的上升而相应上升，甚至高于成本上升的速度，因而，这类企业往往是通货膨胀的受益者。

由于通货膨胀使社会大多数成员受损，因而受到普遍反对。如果一国政府不对通货膨胀及时采取有力的措施加以制止，而任由其恶化，轻则激化国内各阶层的矛盾，重则导致社会动荡，甚至经济、社会制度的崩溃。

（二）通货膨胀对经济增长的影响

20 世纪 60 年代以后，随着通货膨胀在西方各国的蔓延，围绕着通货膨胀对经济增长的影响，西方经济学界展开了一场激烈的论战。争论的焦点在于通货膨胀与经济增长之间究竟存在着什么关系，通货膨胀是有助于经济增长还是有损于经济增长。总体上看，西方经济学界大致形成了三类观点：促进论、促退论和中性论。

1. 促进论

主张政府干预经济的经济学者大都持有这种观点，他们认为，适度的通货膨胀具有正的产出效应，能够促进经济增长。其原因在于：①通货膨胀中工人工资的增长速度滞后于物价的上涨速度，因此，通货膨胀是一种有利于投资方的国民收入再分配。企业利润的提高刺激了私人投资的积极性，从而有利于促进经济增长。②通货膨胀中人们的名义收入水平伴随着通货膨胀的上升而相应地增加，在实行累进所得税制的情况下，收入水平的增加会使人们按照更高的税率等级缴纳个人所得税，政府税收收入增加，从而有条件增加政府投资，有利于经济增长。③在非充分就业状态下，社会上还存在闲置资源，通过增加货币供给量，形成适度的通货膨胀，可以有效刺激需求，使投资增加，进而促进经济增长和就业的增加。

2. 促退论

大多数主张经济自由发展的经济学者坚持这种观点，他们认为，通货膨胀对经济增长有害无益，具有减少产出的效应。其主要原因在于：①通货膨胀会降低借款成本，诱发过度的资金需求，使金融机构加强信贷配额管理，从而削弱金融体系的运营效率，导致正常融资活动的瘫痪。②较长时间的通货膨胀会增加生产性投资的风险和经营成本，从而迫使资金流向生产部门的比重下降，流向非生产部门的比重增加，不利于经济发展。③通货膨胀持续一段时间后，市场价格机制将遭到破坏，扰乱价格体系，使价格信号失真、资源配置失调，削弱经济的活力。

3. 中性论

这类观点认为，通货膨胀对经济增长实质上不产生任何影响，两者之间没有必然的联系。其主要是因为，公众存在合理预期，一定时间内他们会对物价上涨作出合理的行为调整，这种调整会抵消通货膨胀产生的各种影响。

阅读资料9-1

我国大部分经济学者认为，通货膨胀对经济的促进作用只是存在于开始阶段的短时间内，并且只有在有效需求不足的情况下。从长期看，通货膨胀对经济发展弊大于利，特别是总供求基本平衡或总需求大于总供给时，通货膨胀的不良影响极大，危害面广，对生产、流通、分配、消费都有破坏性的作用。

五、通货膨胀的治理

持续的通货膨胀对社会经济运行的破坏性使各国政府都非常注重对通货膨胀的治理。引发通货膨胀的原因多种多样，治理通货膨胀的措施也各不相同。

（一）实施紧缩的货币政策

既然通货膨胀归根结底是一种货币现象，是因为货币投放太多而引发的物价上涨，那么，治理通货膨胀最基本的对策就是实行紧缩的货币政策，控制住货币供给的过快增长。具体来说，中央银行可以通过提高法定存款准备金率、提高利率、在公开市场上卖出证券回笼货币等政策操作来减少货币供给量。

（二）实施适当的财政政策

财政政策也是一种需求管理政策。治理需求拉动型通货膨胀，需要实施紧缩的财政政策：缩减政府开支，尤其是减少非生产性的财政支出与转移。缩减政府支出，减少政府购买与投资，本身就是减少社会总需求。除此之外，西方学者尤其主张削减非生产性的财政支出与转移，他们认为，财政赤字可能增加货币发行，引发通货膨胀，但政府开支与可能的通货膨胀之间更多的联系是基于财政支出的非生产性特性。也正基于此，一些学者提出，要解决因供不应求而形成的通货膨胀，除了要从需求入手，采取紧缩性的政策减少社会总需求外，还要从供给方面入手，通过减税政策，刺激企业增加投资、增加产出，从根本上解决供求矛盾，这样才能真正解决通货膨胀问题。

（三）实施适当的收入政策

收入政策主要是采取"工资—物价"管理政策，形式包括以下几种。

（1）以指导性为主的限制。这种限制分两种情况：①对特定的工资或物价进行"权威性劝说"或施加政府压力，迫使工会和雇主协会让步。②对一般性的工资或物价，由政府根据生产率平均增长幅度确定工资和物价增长标准作为工会与雇主协会双方协商的指导线，要求他们自觉遵守政府规定的工资物价增长标准。

（2）以税收为手段的限制。政府以税收作为奖励和处罚的手段来限制"工资—物价"的增长。如果增长率保持在政府的规定幅度内，政府就以减少个人所得税和企业所得税为奖励；如果增长率超出政府规定的界限，就以增加税收作为惩罚。

（3）强制性限制。由政府颁布法令对工资和物价实行管制，甚至实行暂时的冻结。收入政策的最大弊端是进行价格管制限制破坏了价格机制调节经济的作用。此外，实施收入政策必须要同时实行控制总需求的政策配合，否则极易引起滞胀。

（四）指数化政策

指数化政策是指按通货膨胀指数来调整有关经济变量的名义价格，而使其在通货膨胀条件下保持实际价值不变。其具体内容包括以下几方面。

（1）利率指数化。利率指数化即根据通货膨胀率来调整名义利率以保持实际利率不变，使"利率—资本"的价格可以最优配置资本资源。利率指数化应用较为广泛。

（2）工资指数化。工资指数化即根据通货膨胀率来调整货币工资，把货币工资增长率与物价上涨率联系在一起，使它们同比例变动，其目的是抵消通货膨胀对人们生活水平和实际收入的影响，使人们的生活水平不至于因通货膨胀而下降，同时可以减少人们对通货膨胀的恐惧心理，促进工资合同的长期化，维持劳动关系的稳定。

（3）税收指数化。税收指数化指按通货膨胀率来调整纳税的起征点和税率等级，其最大的好处是抑制政府放纵通货膨胀行为，但该做法较为复杂，同时，政府一般也不愿意采取此种政策来限制自己的行为。

六、中国的通货膨胀问题

1978 年改革开放以来，我国经济运行中出现了数次幅度较大的物价波动：以零售物价指数表示，1980 年上涨 6%，1985 年上涨 8.8%，1988 年、1989 年分别上涨 18.5% 和 17.8%，1993 年上涨 13.2%，1994 年则突破 20%，达到了 21.7%，2007 年为 4.8% 等。每一次通货膨胀的发生都会引起我国理论界对通货膨胀成因的探讨。除了与西方类似的成本推动、需求拉动等观点外，许多学者从我国实际情况出发，提出了一些颇具中国特色的通货膨胀说。

（1）体制转轨说。体制转轨说认为中国的通货膨胀是由于经济体制的转轨而引起的。在从计划经济体制向市场经济体制的转轨过程中，由于体制不健全，地方政府和企业存在着过旺的投资需求，当中央银行独立性不强和商业银行缺乏信贷控制能力时，货币和信贷会失控，由此引发通货膨胀。

（2）结构说。结构说认为我国的二元经济结构发展不均衡，农业发展明显落后于工业，农业大发展使农产品价格上升所引发的通货膨胀在所难免。

（3）人口说。人口说认为我国人口众多，人均资源占用较少，尤以土地资源更为稀缺，资源的缺乏导致价格上升形成通货膨胀。

此外还有"价格改革说""政策失误说"等不一而足。进入 21 世纪以来，在全球化和经济转型背景下，中国通货膨胀形成机理更加复杂，既有需求因素，也有供给因素；既有国内因素，也有国际因素。例如，随着经济开放程度不断提高，国际价格上涨等外部输入因素对国内价格也有显著影响；伴随经济持续快速发展，我国劳动力供给约束逐步增强，劳动力成本上升逐步构成推动价格上涨的因素。从长期看，能源和资源约束的矛盾亦日益突出。通货膨胀成因的多元化决定了对其治理也要从多方入手。既要控制总需求的盲目扩张，更要重视总供给的增长，推进改革，改变经济增长方式，优化经济结构。这样，才能从根本上解决我国的通货膨胀问题。

经验分享9-1

即测即练

即测即练9-1

模块 9-2　通货紧缩的成因、影响及治理

知识目标

1. 了解通货紧缩的含义、分类及成因。
2. 熟悉通货紧缩对经济的影响。
3. 掌握通货紧缩的治理措施。

技能目标

1. 了解通货紧缩的判断标准。
2. 熟悉各个学派对通货紧缩的分析方法。
3. 掌握应用"实际利率＝名义利率－通货膨胀率"分析通货膨胀对利率和汇率的影响。

素质目标

1. 了解通缩会导致物价持续走低、企业盈利水平下降，进而引发就业率下降、有效需求不足、经济增长乏力。

2. 熟悉改革开放以来，我国经济在持续高速增长的同时，也经历了两次通缩风险的考验。第一次源于 1997 年亚洲金融危机。受其影响，我国产品出口下降，周边国家和地区对我国的直接投资减少。同时，国内储蓄增加，居民即期消费意愿下降。我国采取了以扩大内需拉动经济增长的应对措施，保持了经济平稳发展。

第二次源于2008年国际金融危机。全球经济衰退、大宗商品价格暴跌、出口大幅下挫引发了通缩警报。我国启动4万亿投资刺激政策及配套措施,暂时缓解了输入性通缩的风险。

3. 掌握我国当前经济发展进入新常态,能有效消除通缩风险,增强持续增长动力,努力在合理区间健康运行。

建议学时

2 学时。

情境导入

通货紧缩是与通货膨胀相对立的一个概念。在20世纪30年代欧美大萧条时期,通货紧缩是经济学家研究的重要课题。1997年7月爆发亚洲金融危机以来,世界上遭受金融危机困扰的国家及与这些国家经济关联度较高的国家和地区都不同程度地出现了通货紧缩现象。

知识储备

一、通货紧缩的含义与判断标准

通货紧缩作为与通货膨胀相对应的一种经济现象,应该表述为由于货币供给不足而引起货币升值,物价普遍、持续下跌的货币现象。由此,物价水平的持续下降是判断通货紧缩是否发生的主要标准。我国对通货紧缩定义的三种主要观点见表9-2。

表9-2 我国对通货紧缩定义的三种主要观点

理论	观点
单要素论	通货紧缩就是价格水平普遍地持续地下降
双要素论	通货紧缩包括价格水平和货币供给量的持续下降
三要素论	通货紧缩表现为价格水平、货币供给量和经济增长率的持续下降

理论界虽然用价格水平的持续下降来定义通货紧缩,但对"持续"的标准却有不同的看法,包括:①价格水平持续下降半年以上即为通货紧缩。②价格水平持续下降2年以上为通货紧缩。③通货膨胀率由正变负为轻度通货紧缩,由正变负超过1年为中度通货紧缩,达到2年则为严重通货紧缩。④通货膨胀率低于1%即为通货紧缩。

在经济实践中，判断某个时期的物价下跌是否为通货紧缩有两个指标：①通货膨胀率是否由正转变为负。②物价的持续下降是否超过了一定时限。有的国家以1年为界，有的国家以半年为界。

二、通货紧缩的影响

从表面看，在通货紧缩中，物价水平下跌似乎提高了消费者的购买能力和效用，给其带来一定的好处，但从长远来看，持续的物价下跌将给国民经济带来严重的负面影响。弗里德曼曾肯定地说，没有任何货币数量的下降而又不伴随严重的经济衰退的。因此，通货紧缩常常被称为经济衰退的加速器。

从投资看，实际利率的提高使企业减少投资。名义利率与实际利率的关系表明：实际利率＝名义利率－通货膨胀率。在通货紧缩中，物价持续下跌，通货膨胀率为负。这样，即使市场中名义利率较低，实际利率依然很高。影响企业投资决策和融资成本的是实际利率而不是名义利率。实际利率提高，企业投资的实际成本提高，投资的预期收益下降，企业会减少投资，缩减生产规模，减少雇佣工人，整个社会表现为产出下降、经济萧条、失业增加。

从消费看，物价还会下跌的预期使人们减少即期消费。通货紧缩中，尽管物价的下跌使消费者可以用较低的价格得到同等数量和质量的商品与服务，但是对未来物价还会继续下降的预期促使人们推迟消费，更多地进行储蓄。此外，通货紧缩带来的经济衰退使人们的收入减少，金融资产价格下跌，对未来的预期悲观，这也会让消费者紧缩开支，减少消费。投资需求不足加上消费需求不足，经济运行进一步陷入衰退，陷入恶性循环。

三、通货紧缩的成因

分析通货紧缩成因的理论非常多，有从货币方面分析，有从供给方面分析，还有从需求方面分析等。这里仅选择其中的一些代表性观点进行简要介绍。

（一）欧文·费雪的债务通货收缩理论

美国经济学家欧文·费雪1933年在其论文《大萧条的债务——通货紧缩理论》中，用债务通货收缩理论来解释通货紧缩的形成。这种理论将通货紧缩与债务联系起来，从过度负债和债务清算引起货币信用紧缩来分析通货紧缩的原因。费雪认为，美国经济大萧条时的通货紧缩是由经济中过度负债造成的。由于技术进步、经济制度创新乃至某个政治因素的作用而出现的经济繁荣，会形成过度投资和过度负债。为避免债务风险，债权人和债务人会趋向于进行债务清算。由于过度负债，大量的资金被用于支付债务，这导致企业与个人的支付能力下降，企业销售困难，交易量减少，货币流通速度放慢。债务人偿还银行贷款，使银行的存款货币收缩，这削弱了商业银行信用创造的基础。由于债务清算的压力很大，企业被迫低价销售，造成物价下跌。而物价下跌又引起实际利率上升，加重债务负担，加上资产价格下降，企业资产净值减少，而企业资产净值下降又加大了其经营风险。企业用资产抵押借款的能力下降，这迫使它进一步降价销售，使价格水平继续下跌，债务负担更加沉重，"债务人偿债越多，他们就欠得越多"，沉重的债务负担使企业亏损，破产加剧，这使实体经济萎缩。银行从自身的安全出发，会增加准备金比例，从而使货币乘数缩小，形成信用萎缩。而信用萎缩又使实体经济进一步衰退，从而引起人们的悲观情绪和信心的丧失，最终酿成经济大萧条。

费雪认为治理通货紧缩可以有两种选择：①采取自由放任政策，听任企业破产还债，从根本上解决导致通货紧缩的过度负债问题。很显然，这种方式会引起社会的动荡。②在债务清算之初就采取通货再膨胀的方法来防止价格水平下跌或货币价值上升，这样可以缓和债务危机，延缓通货紧缩。但这种方法并没有解决问题，只是将问题的爆发推后，并进一步积累。

（二）弗里德曼等从货币角度对通货紧缩成因的解释

弗里德曼和施瓦茨在《美国货币史1867—1960》一书中用大量的史实论证了货币金融因素对20世纪二三十年代西方通货紧缩及经济大萧条的影响。弗里德曼和施瓦茨认为，20世纪二三十年代美联储防止银行破产努力的失败和从1930年底至1933年货币存量的下降，是20年代末和30年代初通货紧缩及经济大萧条的主因，之后，又有其他经济学者提出，银行由于害怕倒闭而收缩贷款会导致通货紧缩，货币流通速度下降也是引发通货紧缩的重要原因。基于此，治理通货紧缩的最好办法就是增加货币供给量。

（三）波特尔等从供给角度对通货紧缩成因的分析

英国学者波特尔在解释20世纪90年代一些国家出现通货紧缩现象时提出，现代科技发展的特点决定了企业的生产组织形式必然趋向于大规模的集中生产，所以第二次世界大战以后西方经济的垄断程度加大，加上工会组织力量强大，价格与工资均缺乏向下调整的弹性。进入20世纪90年代后，西方自由主义的经济改革取得较大成功，市场机制的作用重新得到重视，而信息技术的影响又使经济呈现出分权化、自由化的趋势，价格与工资的弹性加大。市场机制在全球范围内的普及又提高了资源配置的效率，使亚洲国家经济增长强劲，全球经济出现产品过剩的现象，在市场机制的作用下，通货紧缩的压力加大。从这种角度来说，通货紧缩没有必要进行治理。

（四）克鲁格曼从需求角度对通货紧缩成因的分析

美国经济学教授保罗·克鲁格曼（Paul Krugman）从需求的角度研究日本的通货紧缩问题，克鲁格曼认为供给面的分析不够全面，因为总供给的增加虽然会使价格水平下降，但是这种价格变化对经济增长是有利的。基于对日本经济的研究，克鲁格曼指出仅凭生产能力过剩这一点远不能解释为什么许多国家如日本等难以通过增加基础货币投放、扩大财政支出等手段刺激总需求，从而防止价格水平持续下跌。克鲁格曼认为，通货紧缩的成因是需求不足，而需求不足在不同国家和不同时期有不同的社会、制度根源。他认为，人口老龄化和缺乏完备的社会保障制度是日本国内储蓄增加而消费减少的原因。与此同时，适龄劳动力迅速减少而出现的企业预期利润的下降，资本市场的不完全以及商品劳务市场有限的一体化，又阻碍储蓄向消费和国内外投资转化，这就使得社会总需求不足。1990年日本泡沫经济的破灭则提前和加剧了社会总供求的矛盾，从而酿成了通货紧缩。克鲁格曼还认为通货紧缩生成之后，人们对于通货紧缩的预期会使通货紧缩自身加剧，经济一旦进入这种通货紧缩的"死亡螺旋"之中，它就很难从中摆脱出来。

克鲁格曼提出，要使经济走出通货紧缩的"死亡螺旋"，关键是要改变人们的通货紧缩预期。只要中央银行公布一个长期的目标通货膨胀率，使社会公众相信中央银行鼓励一定的通货膨胀，形成通货膨胀预期，通货紧缩就可以解决。

四、通货紧缩的治理

由于在通货紧缩条件下，一般物价水平低于其合理的水平，因此，治理通货紧缩的直接目标是促使一般物价水平回到正常的水平。其具体的措施包括以下几种。

（一）扩张性财政政策

紧缩既然集中表现为社会需求不足，那么作为对社会需求有重要影响的财政部门自然应实行扩张性的财政政策。在通货紧缩的情况下，如果企业恰好不愿投资、借款不积极、对投资需求不足，同时居民恰好不愿扩大现实消费，就会制约货币金融扩张政策的实施。扩大财政支出，直接投资于基础设施等公共项目，或是增大社会福利支出，自然会受到各方欢迎，能收到立竿见影的效果。

当然，财政扩张政策也会受到一定的限制，即财政收入增长和财政赤字规模的可承受能力。此外，财政直接投资主要用于基础设施等公共工程，其拉动经济需求的链条较短，因此其作用也有一定限度。

（二）扩张性货币政策

实施扩张性货币政策，作用在于松动银根，增加货币供给，抑制利率水平的提高，避免对民间投资的挤出。在启动社会需求和经济增长上，扩张性的货币金融政策具有明显的推动作用。实施积极的货币政策，要求中央银行及时做好货币政策的微调，适时增加货币供应量，降低实际利率，密切关注金融机构的信贷行为，通过灵活的货币政策促使金融机构增加有效贷款投放量，以增加货币供给。

扩张性财政与货币政策主要是短期总量调节的措施，由于货币政策的间接性和滞后性，通货紧缩时期必须以积极的财政政策为主导，辅之以积极的货币政策，才能有助于宏观经济尽快摆脱通货紧缩的困扰。

（三）调整收入政策

如果消费需求不足主要是由于中下层居民的收入过低引起的，那么，通过相关收入政策的调整，建立健全社会保障体系，适当改善国民收入的分配格局，提高中下层居民的收入水平和消费水平将有助于通货紧缩的治理。

（四）调整经济结构

一是确定新的消费热点，引导居民扩大消费需求；二是确定正确的投资方向和投资重点，加大信贷支持力度。对我国而言，既要有重点地支持国家基础设施项目的建设和高新技术产业的发展，又要根据新的消费热点扩大消费信贷；既要继续增加对国有企业的贷款投入，以支持国有企业改革转制，又要加大对非国有经济的贷款扶持。

（五）提高金融体系的效率

提高现有金融体系的安全性、流动性和营利性，是有效缓解通货紧缩的重要条件。因为货币政策是通过金融中介的有效传导而实现其作用的。健全金融体系的做法主要有：①加强银行的稳健性，提高银行的资本充足率和降低不良资产比例。②向金融体系注入足够的流动性，促使金融机构增加有效贷款来提高其资产质量。③建立规模大、渗透力强的融资平台，满足不同资金需求主体的需要。

阅读资料9-2

除上述措施外，政府还需要想方设法改变大众的心理预期。与通货膨胀一样，公众对通货紧缩发展前景的预期在很大程度上影响着政府各项反通货紧缩的效果。因此，政府有必要通过各种宣传手段，说服公众相信政府各项反通货紧缩政策的正确性和有效性，鼓励公众树

经验分享9-2

立对未来经济发展的信心。

即测即练

即测即练9-2

项目小结

　　通货膨胀和通货紧缩是两种相反的经济现象，通过学习本项目，掌握通货膨胀和通货紧缩的定义与内容，帮助我们更好地理解经济运行和政策制定，能通过物价水平变化测试通货膨胀和通货紧缩的程度，理解通货紧缩和社会经济发展之间的关系，并且对宏观经济运行的基本理论有全面的理解和较深刻的认识。

技能训练

一、简答题

1. 什么是通货膨胀？它有哪些衡量指标？

2. 如何理解通货膨胀与经济增长之间的关系？

3. 如何综合治理通货膨胀？

4. 什么是通货紧缩？

5. 为什么通货紧缩常常被称为经济衰退的加速器？

二、课后活动与体验

　　活动名称：根据我国2016—2021年CPI数据，分析判断我国近年通货膨胀的状况及影响。

　　活动目标：让学生实际感受反映通货膨胀的CPI变化的敏感性；深刻理解通货膨胀产生的原因，切身体会通货膨胀对生活和宏观经济带来的影响。

　　活动任务：

1. 通过社会调研或网上调研的方式查找数据。

2. 根据所得数据展开分析并进行课堂讨论。

3. 按要求写出完整的实训总结。

活动形式:

1. 同学分组并查找数据。

2. 各组进行统计分析,绘出 CPI 变化趋势图。

3. 与历史上通货膨胀较为明显的年份比较,分析某一年物价趋势是否正常,并总结近年来通货膨胀率变化的原因。

4. 结合生活感受和经济现实,分析通货膨胀的影响。

5. 进行理论总结,提示重点。

项目10 货币政策

导语

货币政策目标（goal of monetary policy）是指通过货币政策的制定和实施所期望达到的最终目的，是中央银行的最高行为准则。

作用机理是通过调节货币供求和利率、汇率等金融价格，作用于各经济变量，进而影响币值、就业、国际收支和经济增长。

项目摘要

本项目计划分五个模块讲授：一是货币政策与货币政策目标；二是货币政策工具；三是货币政策的操作指标与中介指标；四是货币政策的传导；五是货币政策与财政政策的协调配合。

思维导图

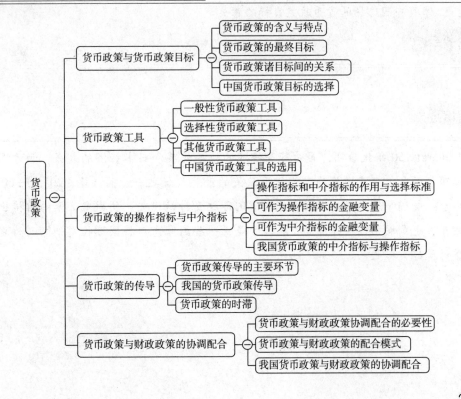

模块 10 -1　货币政策与货币政策目标

知识目标

1. 了解货币政策的含义。
2. 熟悉货币政策的特点。
3. 掌握货币政策的最终目标。

技能目标

1. 了解货币政策的目标的分类。
2. 熟悉货币政策的目标的内容。
3. 掌握货币政策目标之间的关系。

素质目标

1. 了解中国货币政策的目标选择的分类。
2. 熟悉中国货币政策的目标选择的内容。
3. 掌握中国选择的货币政策目标的意义。

建议学时

2 学时。

情境导入

　　20 世纪 50 年代后期，面对苏联经济的快速发展和日本经济的复兴，西方国家中央银行开始把经济增长确定为货币政策的最终目标之一。同样地，20 世纪 60 年代以后，美国等几个主要资本主义国家国际收支持续逆差，使固定汇率的维持出现了困难，也影响了国内经济的发展。于是，一些国家先后将国际收支平衡列为货币政策的最终目标之一。

知识储备

一、货币政策的含义与特点

（一）货币政策的含义

货币政策是中央银行为实现特定的经济目标，运用各种政策工具调控货币供给量和利率所采取的方针与措施的总称。中央银行通常是一国货币政策的制定者和执行者，在国家法律授权的范围内制定货币政策，并运用其拥有的货币发行特权和各种政策工具组织货币政策的实施。总体来看，货币政策主要包括四个方面的内容，即政策目标、政策工具、操作指标与中介指标、政策传导机制。中央银行运用货币政策工具，作用于货币政策的操作指标与中介指标，进而通过中介指标的变化实现货币政策的最终目标。这个过程实际上也是货币政策的传导过程。

（二）货币政策的特点

1. 货币政策是宏观经济政策

货币政策是通过调节和控制全社会的货币供给来影响宏观经济运行，进而达到某一特定的宏观经济目标的经济政策的，因而，货币政策一般涉及的是整个国民经济运行中的经济增长、物价稳定、充分就业、国际收支等宏观总量以及与此相关的货币供应量、信用量、利率、汇率等变量，而不是银行或企业金融行为中的资产、负债、销售、收入、利润等微观个量问题。

2. 货币政策是调节社会总需求的政策

任何现实的社会总需求，都是指有货币支付能力的总需求。货币政策正是通过货币的供给来调节社会总需求中的投资需求、消费需求等，并间接地影响社会总供给的变动，从而促进社会总需求与总供给的平衡。

二、货币政策的最终目标

制定和实施货币政策，必须明确货币政策的最终目标。货币政策的最终目标与一国的宏观经济目标相一致，一般包括物价稳定、充分就业、经济增长和国际收支平衡四大目标。

（一）物价稳定

物价稳定是中央银行货币政策最早具有的，也是最基本的政策目标。在20世纪30年代以前的国际金本位制时期，各国中央银行货币政策的目标主要是物价稳定。

物价稳定是指一般物价水平在短期内相对稳定，不发生显著的或剧烈的波动。

这里所说的物价水平是指物价总水平，而不是个别或部分商品价格的波动，因为在市场经济条件下，个别或部分商品价格的变动是相对价格体系的变动，属市场正常现象。此外，物价稳定并不意味着中央银行要将物价保持静止不变，而是指将物价控制在一个合理的水平上，既不能过高，防止出现通货膨胀，也不能持续过低，防止出现通货紧缩。

（二）充分就业

充分就业是指充分利用好储蓄向投资合理转化的机制，让凡有工作能力且愿意工作的人都可以在较为合理的条件下具备就业机会，通常以失业人数与愿意就业的劳动力之比——失业率的高低作为考察是否实现充分就业的衡量指标。充分就业并不指失业率为零，经济理论认为，失业主要有三种形式。

（1）摩擦性失业，即由于劳动力流动、劳动力供给结构与需求结构不对称所造成的失业。

（2）周期性失业，即由于整个社会的总需求不足所造成的失业。

（3）自愿性失业，即劳动者不愿意接受现有的工资水平而自愿放弃工作所造成的失业。如果不存在周期性失业，则可认为实现了充分就业。中央银行可以通过增加货币供应量，增加社会总需求，提供工作岗位和就业机会，以实现充分就业。

（三）经济增长

经济增长是指在一定时期内一国所生产的商品和劳务总量的增加，通常用国内生产总值（GDP）的变化或人均 GDP 的增长率来衡量一国经济增长的情况。促进经济增长的要素一般归结为劳动力、投资的增加和技术的进步等，其中增加投资是促进经济增长简单而又见效快的方法。但过高的投资会引起通货膨胀预期，所以货币政策要调节货币供给，保持适度的货币供应量和投资增长，以促进经济增长。

（四）国际收支平衡

国际收支平衡就是指在一定时期（通常指 1 年）内，一国对其他国家和地区由于政治、经济、文化往来所引起的全部货币收支大体平衡。在开放型经济中，保持国际收支平衡是保证国民经济持续稳定增长和经济安全的重要条件。货币政策在调节国际收支方面具有重要作用：利率的变动会影响国际资本的流入或流出，进而影响金融账户的变动；汇率的变动则会对经常账户产生重要影响。中央银行可以通过调节利率、汇率等政策操作实现一国的国际收支平衡。

三、货币政策诸目标间的关系

货币政策四大目标既有统一性又有矛盾性，中央银行需要统筹兼顾、有所侧重。

（一）物价稳定和充分就业

物价稳定与充分就业两个目标之间经常发生冲突。英国经济学家威廉·菲利普斯（William Philips）的实证研究证明了这一点。1958 年，菲利普斯通过考察1861—1957 年英国的失业率与工资物价变动率之间的关系后，得出基本结论：失业率和物价上涨率之间存在着此消彼长的替代关系。

菲利普斯曲线显示：失业率高，物价上涨率低；失业率低，物价上涨率高。其基本原理在于：货币政策要实现充分就业的目标，只能通过扩张信用和增加货币供给量来刺激投资需求和消费需求，以此扩大生产规模、增加就业人数，但社会总需求的增加，必然在一定程度上引起一般物价水平的上涨。因此，中央银行只能以牺牲稳定物价的政策目标为代价来实现充分就业的目标；反则反之。

面对物价稳定与充分就业之间的矛盾，中央银行可有三种选择：①失业率较高的物价稳定。②通货膨胀率较高的充分就业。③在失业率和物价上涨率之间相机抉择。在具体操作中，中央银行只能根据具体的社会经济条件相机抉择，寻求物价上涨率和失业率之间某一适当的组合点。

（二）经济增长和充分就业

经济增长与充分就业两个目标间具有一致性，美国经济学家阿瑟·奥肯（Arhur Okun）论证了这种一致性。奥肯于 1962 年提出了关于经济增长率与失业率关系的"奥肯定律"：失业率与经济增长率具有反向的变动关系。作为失业率的对立面，充分就业与经济增长具有同向的变动关系。也就是说，经济增长有助于增加就业，降低失业率。其基本原理是：中央银行通过增加货币供给量使利率水平降低，刺激企业增加投资，扩张生产规模，生产规模的扩大伴随就业的增加，进而带来产出的增加和经济的增长。

（三）物价稳定和经济增长

物价稳定和经济增长两个目标间具有矛盾性。由菲利普斯曲线和奥肯定律推导可知，物价上涨率与经济增长率之间呈同向变动关系，因此，物价稳定与经济增长两个目标反向变动，存在矛盾性。现代市场经济条件下各国的经济运行实践也显示，经济的增长一般都伴随着物价水平一定程度的上涨，这是因为经济的增长必然要求投资需求和消费需求的增长，进而要求增加货币供给量，而货币供给量的增加将导致物价水平一定程度的上涨。

对这两个目标的矛盾性，有人认为，物价稳定是经济增长的前提，经济增长则是物价稳定的物质基础，从这个角度看，二者存在统一性。还有人认为，适度的物价上涨能够刺激投资和产出的增加，从而促进经济增长；经济增长又取决于新生产要素的投入和劳动生产率的提高，当劳动生产率提高时，产出的增加会伴随着单位产品生产成本的降低，因此，内涵性的经济增长可使价格趋于下降或稳定。

（四）物价稳定和国际收支平衡

物价稳定有利于实现国际收支平衡。通常来说，在各国贸易结构不变的条件下，如果各国都保持本国的物价稳定，则物价稳定与国际收支平衡目标能够同时实现。但如果一国保持物价稳定，而其他国家出现了通货膨胀，则会使本国出口商品价格相对较低，出口增加，进口减少，国际收支发生顺差；反则反之。

如果本国国际收支出现逆差，为了平衡国际收支采取本币对外贬值的措施，则在促进出口增加的同时，可能会导致国内通货膨胀加剧，因为商品出口的增加，减少了对国内市场商品的供给，进口商品的价格因本币对外贬值而提高，两方面因素共同推高本国的物价水平。

（五）经济增长和国际收支平衡

经济增长通常会增加对进口商品的需求，同时由于国民收入的增加带来货币支付能力的增强，一部分本来是用于出口的商品转向内销。两方面作用的结果是进口的增长高于出口的增长，导致贸易逆差。为了平衡国际收支，消除贸易逆差，中央银行需要紧缩信用，减少货币供给，以抑制国内的有效需求，但是生产规模也会相应缩减，从而导致经济增长速度放慢。因此，经济增长与国际收支平衡二者之间也存在矛盾，难以兼得。

正是由于货币政策诸目标之间存在矛盾，货币政策几乎不可能同时实现这些目标，于是出现了货币政策目标的选择问题。在货币政策实践中，不同的国家在不同的时期，总是根据具体的经济情况来选择货币政策的最终目标或侧重于某一方面。

如在经济萧条时期，保持经济增长和充分就业是货币政策目标的相对重点，而在经济高涨时期，物价稳定则会成为货币政策的首要目标。

四、中国货币政策目标的选择

央行货币政策目标体系由上至下可分为最终目标、中介目标和操作目标。

1995 年颁布的《中华人民共和国中国人民银行法》规定，我国货币政策目标是保持货币币值的稳定，并以此促进经济增长。衡量货币币值稳定的经济指标通常有消费者物价指数、生产者物价指数、国内生产总值物价平减指数。维护币值和金融稳定是中国人民银行的两项中心任务，货币政策目标可归纳为对内和对外币值稳定、经济增长与就业、国际收支平衡、金融市场发展四个方面。

在中国人民银行单独行使中央银行职能之前，我国没有严格意义上的货币政策目标。1984年中国人民银行专门行使中央银行职能后，开始提出自己的货币政策目标。1986年国务院确定中央银行、专业银行和其他金融机构都要以"发展经济、稳定货币、提高社会经济效益为目标"，实际上是将货币政策的最终目标定位在"发展经济，稳定物价"。但在我国市场经济发展的初期阶段，政府强烈的经济发展欲求使"稳定物价"的政策目标被忽略，中央银行以过量的货币发行来支撑经济的快速增长，其结果是导致较高的通货膨胀率和国民经济周期性的震荡与调整。在1984—1995年的12年中，全国零售物价总指数涨幅超过5%的年份就有9年。

1995年3月颁布实施的《中华人民共和国中国人民银行法》确定货币政策的最终目标是"保持货币币值的稳定，并以此促进经济增长"。2003年12月27日修订的《中华人民共和国中国人民银行法》再次确认了这一目标。确定该项货币政策目标的意义在于以下两方面。

（一）克服了"稳定货币"单一目标的片面性和局限性

在现代经济社会，稳定货币和经济增长是互为基础、互为条件、互相促进的统一体。我国货币政策目标既规定了"稳定货币"的第一属性，又明确了"稳定货币"的最终目的是"经济增长"。单一论者强调"稳定货币"的单一性，而忽略"经济增长"，导致"稳定货币"的目的不明确。为了稳定而稳定，甚至不惜牺牲经济发展来稳定货币，只是一种消极的做法，从较长时期来看，经济的停滞不前是不能做到真正意义上的货币稳定的，这在中外历史上都曾有过很沉痛的教训。

（二）防止了"发展经济、稳定货币"双重目标的相互冲突

虽然从理论上讲，"发展经济、稳定货币"的双重目标论具有可行性，但在实践中却存在较为严重的冲突和对抗，很难两全。在我国实施"发展经济、稳定货币"双重目标的近10年中，由于强调了发展经济的第一性，再加上政府干预，在这双重目标中常常是牺牲稳定货币来求得经济发展，最终结果是货币币值难以实现稳定，经济也没有得到高质量的发展。在"保持货币币值的稳定，并以此促进经济增长"的政策目标中，既充分肯定了"稳定货币"是第一性的，又明确了最终目的是"经济增长"，这样就可以在具体执行过程中有效避免畸轻畸重、以破坏货币稳定来求得经济增长的现象。

经验分享10-1

即测即练

即测即练10-1

模块 10-2　货币政策工具

知识目标

1. 了解货币政策工具分类。

2. 熟悉货币政策工具内容。

3. 掌握货币政策工具功能。

技能目标

1. 了解货币政策工具的作用机理。

2. 熟悉货币政策工具的优点。

3. 掌握货币政策工具的局限性。

素质目标

1. 了解中国货币政策工具的发展。

2. 熟悉中国货币政策工具的选择。

3. 掌握中国货币政策工具如何运作。

建议学时

2 学时。

情境导入

　　货币政策工具是中央银行为实现货币政策目标而使用的各种手段和方法。货币政策目标确定以后，还需要一整套行之有效的货币政策工具来保证其实现。中央银行可采用的货币政策工具通常有一般性货币政策工具、选择性货币政策工具和其他货币政策工具等。

知识储备

一、一般性货币政策工具

一般性货币政策工具是指中央银行经常使用的且能对社会的货币信用总量进行调节的工具，主要包括法定存款准备金率、再贴现政策和公开市场业务三大政策工具，俗称中央银行的"三大法宝"。

（一）法定存款准备金率

金融机构按规定向中央银行缴存的存款准备金占其吸收存款总额的比例就是法定存款准备金率。建立法定存款准备金制度的最初目的是防止商业银行盲目发放贷款，保证客户存款的安全，维护金融体系的正常运转。美国是最早以法律的形式规定商业银行应将其存款的一定比例存入中央银行的国家，从而建立起中央银行体制下的法定存款准备金制度。

1. 法定存款准备金率的作用机理

中央银行通过调高或调低法定存款准备金率，影响商业银行的存款派生能力，从而达到调节市场货币供给量的目的。

具体来说，当中央银行调低法定存款准备金率时，商业银行需要上缴中央银行的法定准备金数量减少，可直接动用的超额准备金增加，商业银行可用资金增加，在其他情况不变的条件下，商业银行增加贷款或投资，引起存款的倍数扩张，市场中货币供给量增加。相反，当中央银行提高法定存款准备金率时，商业银行需要上缴中央银行的法定准备金数量增加，可直接动用的超额准备金减少，商业银行可用资金减少，在其他情况不变的条件下，商业银行减少贷款或投资，引起存款的倍数紧缩，市场中货币供给量减少。

2. 法定存款准备金率的优点和局限性

作为货币政策工具，法定存款准备金率的优点主要有：①中央银行是法定存款准备金率的制定者和施行者，中央银行掌握着主动权。②法定存款准备金率通过影响货币乘数作用于货币供给，作用迅速、有力，见效快。

法定存款准备金率也具有局限性：①缺乏弹性，有固定化倾向。由于作用于货币乘数，即使准备金率较小幅度的调整，也可能会引起货币供给量的巨大波动，因此法定存款准备金率通常被认为是中央银行最猛烈的货币政策工具之一，调整效果较为强烈，不宜作为中央银行调控货币供给的日常性工具，这致使它有了固定化的倾向。②为了体现公平性，各国的法定存款准备金率对各类存款机构都一样，"一刀切"式地提高法定存准备金率，可能使超额存款准备金率较低的银行立即陷入流动性困境，难以把握货币政策的操作力度与效果。③调整法定存款准备金率对商业银行的经营管理干预较大，增加了银行流动性风险和管理的难度；当对法定存款准备金不付息时，还会降低银行的盈利，削弱其在金融领域的竞争力。正因为如此，20世纪90年代以后，许多国家逐步降低了法定存款准备金率的要求，如欧元区降至2%，有的国家如加拿大、澳大利亚、新西兰则已降至零。

（二）再贴现政策

再贴现是指商业银行等金融机构为了取得资金，将已贴现的未到期票据再以贴现方式向中央银行进行转让票据的行为。中央银行的再贴现政策主要包括两方面的内容：①再贴现利率的确定与调整。②再贴现资格的规定与调整。

1. 再贴现政策的作用机理

（1）调整再贴现利率的作用机理。中央银行调整再贴现利率主要着眼于短期的供求均衡。中央银行通常会根据市场的资金供求状况，随时调整再贴现利率，用以影响商业银行借入资金的成本，进而影响商业银行向社会提供的信用量，以达到调节货币供给量的目的。

具体来说，如果中央银行提高再贴现利率，会使商业银行从中央银行融资的成本上升，这会产生两方面的效果：①降低商业银行向中央银行的借款意愿，减少中央银行基础货币的投放。②反映中央银行的紧缩政策意向，产生一种告示效应，商业银行会相应提高对客户的贴现利率和放款利率，减少企业的资金需求。两方面的共同作用使市场上的货币供给量减少，利率提高，达到紧缩效果。中央银行降低再贴现利率的作用过程与上述相反。

（2）规定与调整再贴现资格的作用机理。中央银行规定与调整再贴现的资格是指中央银行规定或调整何种票据及哪些金融机构具有向中央银行申请再贴现的资格。中央银行对此进行规定与调整，能够改变或引导资金流向，可以发挥抑制或扶持作用，主要着眼于长期的结构调整。如中央银行为调整信贷结构、贯彻产业政策，可以对不同的票据品种、申请机构采取不同的政策。如对朝阳产业、"短线"部门签发的票据予以再贴现支持，而对夕阳产业、"长线"部门签发的票据予以再贴现限制。

2. 再贴现政策的优缺点

作为一般性的政策工具，再贴现政策的最大优点是中央银行能够利用它来履行"最后贷款人"的职责，并在一定程度上体现中央银行的政策意图，既可以调节货币总量，又可以调节信贷结构。然而，再贴现政策也存在明显的缺点。

（1）中央银行处于被动地位。商业银行是否愿意到中央银行申请再贴现、再贴现多少，均由商业银行自身决定。如果商业银行不依赖再贴现，而通过其他渠道筹措资金，中央银行就不能有效调控货币供给量及信贷结构。

（2）影响力有限。在商业银行过度依赖再贴现融资的情况下，中央银行对再贴现率的调整受到制约，削弱中央银行控制货币供给量的能力。当商业银行对再贴现融资依赖度有限时，再贴现政策将如"空中楼阁"，难以发挥作用。

（三）公开市场业务

公开市场业务是指中央银行在金融市场上卖出或买进有价证券，吞吐基础货币，以改变商业银行等金融机构的可用资金，进而影响货币供给量和利率，实现货币政策目标的一种政策工具。目前，公开市场业务已经成为越来越多国家的中央银行最主要的货币政策工具。

1. 公开市场业务的作用机理

根据对经济形势的判断，当中央银行认为应该放松银根、增加货币供给时，其就在金融市场上买进有价证券（主要是政府债券、回购协议等），扩大基础货币供应，直接增加金融机构可用资金的数量，增强其贷放能力；相反，当中央银行认为需要收紧银根、减少货币供给时，它会在金融市场上卖出有价证券，回笼一部分基础货币，减少金融机构可用资金的数量，降低其贷放能力。

2. 公开市场业务发挥作用的前提条件

中央银行的公开市场操作发挥作用的前提条件见表10－1。

表10－1　中央银行的公开市场操作发挥作用的前提条件

序号	条件
1	必须拥有一定数量、不同品种的有价证券，拥有调控整个金融市场的资金实力
2	必须建有一个统一、规范、交易品种齐全的全国性的金融市场
3	必须具有一个规范、发达的信用制度，流通领域广泛使用票据，存款准备金政策准确、适度

3. 公开市场业务的特点

与法定存款准备金率、再贴现政策相比，公开市场业务具有主动性强、灵活机动、调控效果缓和等优点。公开市场业务特点见表10－2。

表10－2　公开市场业务特点

特点	内容
主动性强	公开市场业务的主动权在央行，央行可以根据具体情况随时操作，且因其操作的目的不是为了盈利，而是为了调节货币供应量，因此，可以不计证券交易的价格，自主性很强，不像再贴现政策那样较为被动
灵活机动，准确性强	央行可根据需要进行经常性、连续性的操作，并且买卖数量可多可少，如发现前面操作方向有误，还可立即进行相反的操作；如发现力度不够，可随时加大买卖的数量。在调控基础货币、货币供给量方面较存款准备金政策、再贴现政策灵活、准确
调控效果和缓，震动性小	由于公开市场业务以交易行为出现，不是强制性的，并且中央银行可以灵活操作，所以其对经济社会和金融机构的影响比较和缓，不像调整法定存款准备金率那样震动较大

4. 公开市场业务的局限性

（1）各种干扰因素较多，如资本外流、国际收支逆差、社会公众大量提款、政府基金向中央银行净转移等，这些干扰因素的存在对中央银行在公开市场买进债券均具有一定的抵消作用。

（2）政策效果较为滞缓，从中央银行运用公开市场业务开始，到货币政策效果的显现，需要经过一系列的变化过程。

（3）因操作较为细微，公开市场业务对大众预期的影响和对商业银行的强制影响较弱。

（4）公开市场操作的随时发生和持续不断，使其预告性效果较弱。

二、选择性货币政策工具

与一般性政策工具调节社会货币总量以影响宏观经济不同，选择性货币政策工具是中央银行采取的旨在影响银行资金运用方向和信贷资金利率结构的各种措施。主要包括消费者信用控制、证券市场信用控制、不动产信用控制、优惠利率、预缴进口保证金等。

（一）消费者信用控制

消费者信用控制是指中央银行对不动产以外的各种耐用消费品的销售融资予以控制，以影响消费者有支付能力的货币需求。例如，规定消费者分期付款的首次最低付款额；规定消费信贷的最长期限；规定可以用消费信贷购买耐用消费品的种类，并对不同耐用消费品规定相应的信贷条件等。在通货膨胀时期消费信贷旺盛的情况下，中央银行通过消费者信用控制，可以起到抑制消费需求、控制物价上涨的作用。

（二）证券市场信用控制

证券市场信用控制是指中央银行对有关证券交易的各种贷款和信用交易的保证金比率进行限制，并随时根据证券市场的状况加以调整，目的在于控制金融市场的交易总量，抑制过度的投机。

（三）不动产信用控制

不动产信用控制是指中央银行对金融机构在房地产方面放款的限制措施。例如，规定商业银行不动产贷款单笔最大额度，规定商业银行不动产贷款的最长期限，规定首期付款的最低限额，规定分期还款的最低限额等。不动产信用控制可以在经济高涨时期抑制房地产过度投机行为。

（四）优惠利率

优惠利率是指中央银行对国家重点发展的产业和部门，如出口工业、农业等，所采取的鼓励措施，借以优化经济结构、合理配置资源。

（五）预缴进口保证金

预缴进口保证金是指中央银行要求进口商预缴相当于进口商品价值总额一定比例的存款，以抑制过快的进口增长。预缴进口保证金多为国际收支经常出现逆差的国家所采用。

三、其他货币政策工具

中央银行除了使用一般性政策工具和选择性政策工具以外，还可以选择使用如直接信用控制、间接信用指导等政策工具来对货币供给和利率进行调节，从而实现预定的货币政策目标。

（一）直接信用控制

直接信用控制是指中央银行以行政命令或其他方式，直接对金融机构尤其是商业银行的信用活动所进行的控制。其手段包括信用配额、直接干预、规定流动性比率、利率最高限额等。

1. 信用配额

信用配额是指中央银行根据金融市场状况及客观经济需要，分别对各商业银行的信用规模或贷款规模加以合理分配、限制其最高数量。在多数发展中国家，这一工具经常被采用。

2. 直接干预

直接干预也被称为直接行动，是指中央银行以"银行的银行"的身份，直接对商业银行的信贷业务、放款范围等加以干预。中央银行直接干预的方式有：直接限制放款的额度；对业务经营不当的商业银行拒绝再贴现，或采取高于一般利率的惩罚性利率；明确规定各家银行的放款或投资的范围，以及放款的方针等。

3. 规定流动性比率

规定流动性比率也是中央银行限制商业银行等金融机构信用扩张的措施，是保证金融机构安全的手段。流动性比率是指流动性资产占总资产的比重，一般来说，流动性比率与收益率成反比。为保持中央银行规定的流动性比率，商业银行必须采取缩减长期放款、扩大短期放款和增加易于变现的资产的持有量等措施。

4. 利率最高限额

利率最高限额是指规定商业银行的定期及储蓄存款所能支付的最高利率。如在1980 年以前，美国有 Q 条例和 M 条例，条例规定，活期存款不准付息，对定期存款及储蓄存款则规定最高利率限制。其目的是防止银行用抬高利率的办法竞相吸收存款和为谋取高利而进行风险投资与放款。

（二）间接信用指导

间接信用指导是指中央银行采用各种间接的措施对商业银行的信用创造施以影响。其主要措施有道义劝告、窗口指导等。

1. 道义劝告

道义劝告是指中央银行利用其在金融体系中的特殊地位和威望，通过对商业银行及其他金融机构发出通告、指示或与各金融机构的负责人举行面谈的方式，以影响其放款的数量和投资的方向，从而达到控制和调节信用的目的。

道义劝告既能控制信用的总量，也能调整信用的构成。比如，中央银行可以根据经济发展的情况，把自己的货币政策意图向金融机构说明，要求各商业银行注意限制放款、投资的数量。再如，中央银行鉴于某一方面的信用或投资过分增加，要求商业银行减少这方面的放款和投资。

2. 窗口指导

窗口指导是指中央银行根据产业行情、物价趋势和金融市场的动向，规定商业银行每季度贷款的增减额，并要求其执行，如果商业银行不按规定的增减额对产业部门贷款，中央银行可削减向该银行贷款的额度，甚至采取停止提供信用等制裁措施。

虽然道义劝告与窗口指导没有法律约束力，但中央银行的政策目的与商业银行的经营发展总体上是一致的，且商业银行对中央银行有依赖性，所以在实际中这种做法的作用还是很大的。

四、中国货币政策工具的选用

中央银行使用什么样的货币政策工具来实现其特定的货币政策目标，并无一成不变的固定模式，只能根据不同时期的经济、金融环境等客观条件而定。目前，中国人民银行使用的货币政策工具主要有法定存款准备金率、公开市场业务、再贴现与再贷款政策、利率政策、信贷政策等。

（一）法定存款准备金率

1984年中国人民银行专门行使中央银行职能后，即建立起我国的存款准备金制度。在1998年存款准备金制度改革之前，中央银行对法定存款准备金率的调整次数较少。1998年中国人民银行对存款准备金制度进行改革，将原各金融机构在中国人民银行的"准备金存款"和"备付金存款"两个账户合并，并将法定存款准备金率从13%下调到8%。此后，存款准备金率不断调整，特别是2007年以后，法定存款准备金率调整频繁，如2007年内调整了10次，2011年内调整了7次，2015年内调整了5次，存款准备金率成为我国中央银行经常使用的货币政策工具之一。

（二）公开市场业务

我国的公开市场操作包括人民币公开市场业务操作和外汇公开市场业务操作两部分。外汇公开市场操作1994年3月启动，人民币公开市场操作1998年5月恢复交易，规模逐步扩大。1999年以后，公开市场操作已成为中国人民银行货币政策日常操作的重要工具，对于调控货币供给量、调节商业银行流动性水平、引导货币市场利率走势发挥了积极的作用。

中国人民银行从1998年开始建立公开市场业务一级交易商制度，选择了一批能够承担大额债券交易的商业银行作为公开市场业务的交易对象。这些交易商可以运用国债、政策性金融债券等作为交易工具与中国人民银行开展公开市场业务。

从交易品种看，中国人民银行公开市场业务债券交易主要包括回购交易、现券交易和发行中央银行票据。

（1）回购交易分为两种：正回购和逆回购，其操作见表10-3。

表 10 – 3　正回购和逆回购的操作

种类	主体	对象	操作	本质	到期
正回购	中国人民银行	一级交易商	卖出有价证券，并约定在未来特定日期买回有价证券的交易行为	央行从市场收回流动性	央行向市场投放流动性
逆回购	中国人民银行	一级交易商	购买有价证券，并约定在未来特定日期将有价证券卖给一级交易商的交易行为	央行向市场投放流动性	央行从市场收回流动性

（2）现券交易分为现券买断和现券卖断两种。前者为央行直接从二级市场买入债券，一次性地投放基础货币；后者为央行直接卖出持有债券，一次性地回笼基础货币。

（3）中央银行票据即中国人民银行发行的短期债券，央行通过发行央行票据可以回笼基础货币，央行票据到期则体现为投放基础货币。2016 年，中国人民银行建立了公开市场每日操作机制，将操作频率由每周两次提高到每日一次。

（三）再贴现与再贷款政策

自 1984 年中国人民银行专门行使中央银行职能以来，再贷款作为一项重要的货币政策工具，在我国的宏观调控中发挥了重要作用。1994 年以前，由于受金融环境的制约，传统的三大货币政策工具难以在实际操作中应用，再贷款是中国人民银行调控基础货币的主要渠道，在中央银行资产运用中所占的比例基本上不低于 70%。1994 年以后，外汇体制改革使外汇占款成为基础货币投放的主渠道。政策性金融与商业性金融的分离，又为中央银行灵活运用再贷款工具吞吐基础货币提供了可能。这段时期的中国人民银行根据货币供应量增长计划充分利用再贷款灵活调剂商业银行的流动性，进而影响商业银行的信贷扩张能力，并与再贴现利率政策等其他货币政策工具配合，成功地实现了经济增长的"软着陆"。1998 年以后，随着我国市场经济体制的逐步完善和市场经济的深入发展，金融市场发育程度、金融市场资产的可选择性、市场参与者的市场化程度等都有了很大的提高，公开市场业务、存款准备金率等间接调控的政策工具运用越来越普遍，中央银行再贷款作为货币政策工具的地位和作用都在逐渐弱化。

2007 年美国次贷危机爆发之后，中国人民银行通过外汇占款渠道投放的基础货币数量逐渐减少，为了保证货币供给的合理增加，2013 年，中国人民银行创新出新型的货币政策工具——借贷便利，根据期限又分为常备借贷便利（SLF）和中期借贷便利（MLF）。2014 年 4 月又创新出抵押补充贷款（PSL）。常备借贷便利是中国人民银行向政策性银行和全国性商业银行发放的、以高信用评级的债券类资产及优质信贷资产等为抵押品、期限为 1 ~ 3 个月的贷款。其主要功能是满足金融机构大额流动性需求，其利率水平根据货币政策调控的需要确定。与常备借贷便利相比，中期借贷便利的期限通常为 3 个月至 1 年。抵押补充贷款是中国人民银行为支持国民经济重点领域、薄弱环节和社会事业发展而对政策性金融机构提供的期限较长的大额融资支持，采取质押方式发放，合格抵押品包括高等级债券资产和优质信贷资产。这些新工具本质都有再贷款的特征，与传统再贷款不同的是，新工具都以抵押方式发放资金，合格的抵押品包括高信用评级的债券、优质信贷资产等。对金融机构的债权又成为中央银行吞吐基础货币的重要渠道之一。

（四）利率政策

利率政策是中央银行为实现货币政策目标，对利率所采取的方针、政策和措施的总称。中国人民银行根据货币政策实施的需要，适时地运用利率工具，对利率水平和利率结构进行调整，进而影响社会资金供求状况，实现货币政策的既定目标。目前，中国人民银行采用的利率工具主要如下。

（1）调整中央银行基准利率，包括再贷款利率、再贴现利率、法定存款准备金利率和超额存款准备金利率。

（2）调整金融机构存贷款基准利率。

（3）制定相关政策对各类利率结构和档次进行调整等。

随着利率市场化改革的推进，中国人民银行加强了对利率工具的运用。作为货币政策主要手段之一的利率政策逐步从对利率的直接调控向间接调控转化。利率作为重要的经济杠杆，在国家宏观调控体系中将发挥更加重要的作用。

（五）信贷政策

信贷政策不同于货币政策中的其他总量政策工具，主要着眼于解决结构问题，通过窗口指导，引导信贷投向，促进地区、产业、产品结构的调整，防止重复建设和盲目建设，促进国民经济的持续协调发展。

我国目前的信贷政策大致包含四方面内容：①与货币信贷总量扩张有关的政策措施，能够影响货币乘数和货币流动性。②配合国家产业政策，通过贷款贴息等多种手段，引导信贷资金向国家政策需要鼓励和扶持的地区及行业流动，以扶持这些地区和行业的经济发展。③限制性的信贷政策，通过"窗口指导"或引导商业银行通过调整授信额度、调整信贷风险评级和风险溢价等方式，限制信贷资金向某些产业、行业及地区过度投放，体现"扶优限劣"原则。④制定信贷法律法规，引导、规范和促进金融创新，防范

经验分享10-2

信贷风险。

即测即练

即测即练10-2

模块 10 −3　货币政策的操作指标与中介指标

知识目标

1. 了解货币政策的操作指标。

2. 熟悉货币政策的中介指标。

3. 掌握指标分类及选择标准。

技能目标

1. 了解货币政策最终目标。

2. 熟悉货币政策中间性指标。

3. 掌握货币政策最终目标和中间性指标的结构关系。

素质目标

1. 了解我国货币政策目标。

2. 熟悉我国货币政策指标的发展。

3. 掌握我国货币政策目标和货币政策指标存在的关系。

建议学时

2 学时。

情境导入

实验：通过课前收集和处理有关社会融资规模、货币供应量、经济增长和物价水平的数据，包括社会融资规模月度数据、社会融资规模地区数据等，初步分析数据的变化趋势。检验评判社会融资规模是否可以作为货币政策中介指标，与 M_2 相比，它具有怎样的优势？

一、操作指标和中介指标的作用与选择标准

（一）操作指标和中介指标的作用

货币政策的最终目标属于长期性政策目标，中央银行要想实现诸如物价稳定、充分就业等货币政策最终目标，需要借助公开市场业务等货币政策工具的操作。从货币政策工具的运用到货币政策最终目标的实现，有一个相当长的过程。在这个过程中，中央银行有必要及时了解货币政策工具的作用力度和效果，估计最终目标的实现程度。为此，中央银行在货币政策工具与最终目标之间设置中间性指标。这种中间性指标要求既能对货币政策工具的操作作出迅速反应，又与货币政策的最终目标紧密相关。

由此可见，反映货币政策工具的作用力度和效果，传导中央银行货币政策的操作是货币政策中间性指标的主要作用。中间性指标的选择是否得当，关系到货币政策最终目标能否实现。中间性指标包括操作指标和中介指标两个层次。

（1）操作指标。操作指标是中央银行通过货币政策工具操作能够有效准确实现的政策变量，如准备金、基础货币等指标。对货币政策工具反应灵敏，处于货币政策工具的控制范围之中，是货币政策操作指标的主要特征。

（2）中介指标。中介指标处于最终目标和操作指标之间，是中央银行通过货币政策操作和传导后能够以一定的精确度达到的政策变量，主要有市场利率、货币供给量等指标。中介指标离政策工具较远，但离最终目标较近，与货币政策的最终目标具有紧密的相关关系。

中央银行的货币政策操作就是通过政策工具直接作用于操作指标，进而引起中介指标的调整，实现期望的货币政策最终目标。

（二）操作指标和中介指标的选择标准

操作指标和中介指标的选择标准见表 10 - 4。

表 10 - 4　操作指标和中介指标的选择标准

标准	内容
可测性	可测性指作为货币政策操作指标和中介指标的金融变量必须具有明确的内涵和外延，使中央银行能够迅速而准确地收集到有关指标的数据资料，以便进行观察、分析和监测

续表

标准	内容
可控性	可控性指中央银行通过货币政策工具的运用,能对其所选择的金融变量进行有效的调控,能够准确地控制金融变量的变动状况及其变动趋势
相关性	相关性指作为货币政策操作指标的金融变量必须与中介指标密切相关,作为中介指标的金融变量必须与货币政策的最终目标密切相关,中央银行通过对操作指标和中介指标的调控,能够促使货币政策最终目标的实现
抗干扰性	货币政策在实施过程中经常会受到许多外来因素或非政策因素的干扰,所以只有选择那些抗干扰能力比较强的操作指标和中介指标,才能确保货币政策达到预期的效果

在选择操作指标和中介指标时,不仅要满足上述选择标准,还应注意客观条件的制约,而不能简单地照搬国外的做法。另外,操作指标的选择还受中介指标选择的制约,不同的中介指标与不同的操作指标相联系。

二、可作为操作指标的金融变量

中央银行使用的操作指标主要有存款准备金和基础货币。

(一)存款准备金

存款准备金由商业银行的库存现金和在中央银行的准备金存款组成。在存款准备金总额中,由于法定存款准备金是商业银行必须保有的准备金,不能随意动用,因此,对商业银行的资产业务规模起直接决定作用的是商业银行可自主动用的超额准备金,许多国家将超额准备金选作货币政策的操作指标。

例如,如果商业银行持有的超额准备金过高,说明商业银行资金宽松,已提供的货币供应量偏多,中央银行便应采取紧缩措施,通过提高法定准备金率、公开市场卖出证券、收紧再贴现和再贷款等工具,使商业银行的超额准备金保持在理想的水平上;反之亦然。尽管中央银行可以运用各种政策工具对商业银行的超额准备金进行调节,但商业银行持有多少超额准备金最终取决于商业银行的意愿和财务状况,受经济运行周期和信贷风险的影响,难以完全为中央银行所掌握。

(二)基础货币

基础货币是流通中的通货和商业银行等金融机构在中央银行的存款准备金之和。基于基础货币的以下优点,很多国家的中央银行把基础货币作为较为理想的操作指标。

(1)可测性强。基础货币直接表现在中央银行资产负债表的负债方,中央银行可随时准确地获得基础货币的数额。

（2）可控性强。中央银行对基础货币具有很强的控制能力，通过再贴现、再贷款以及公开市场业务操作等，中央银行可以直接调控基础货币的数量。

（3）相关性强。作为货币供给量的两个决定因素之一，中央银行基础货币投放的增减，可以直接扩张或紧缩整个社会的货币供给量，进而影响总需求。

三、可作为中介指标的金融变量

市场经济国家通常选用的货币政策中介指标主要是利率和货币供给量，也有一些国家选择汇率指标。利率、货币供给量作为货币政策中介指标，各有其优缺点。

（一）利率

20世纪70年代以前，西方各国的中央银行大多以利率作为中介指标。利率作为中介指标的优点如下。

（1）可测性强。中央银行在任何时候都能观察到市场利率水平及结构，可随时对收集的资料进行分析判断。

（2）可控性强。中央银行作为"最后贷款人"，可直接控制对金融机构融资的利率。中央银行还可通过公开市场业务和再贴现率政策，调节市场利率的走向。

（3）相关性强。中央银行通过利率变动引导投资和储蓄，从而调节社会总供给和总需求。

但利率作为中介指标也有不足之处，其抗干扰性较差，主要表现在：利率本身是一个内生变量，利率变动是与经济循环相一致的。经济繁荣时，利率因资金需求增加而上升；经济萧条时，利率因资金需求减少而下降。而利率作为政策变量时，其变动也与经济循环相一致。经济过热时，为抑制需求而提高利率；经济疲软时，为刺激需求而降低利率。于是，当市场利率发生变动时，中央银行很难确定是内生变量发生作用，还是政策变量发生作用，因而也便难以确定货币政策是否达到了应有的效果。

（二）货币供给量

20世纪70年代以后，西方各国的中央银行大多以货币供给量作为中介指标。货币供给量作为中介指标的优点如下。

（1）可测性强。货币供给量中的M_1、M_2都反映在中央银行或商业银行及其他金融机构的资产负债表上，便于测算和分析。

（2）可控性强。通货由中央银行发行并注入流通，通过控制基础货币，中央银行也能有效地控制M_1和M_2。

（3）抗干扰性强。货币供给量作为内生变量是顺循环的，即经济繁荣时，货币供给量会相应地增加以满足经济发展对货币的需求；而货币供给量作为外生变量是逆循环的，即经济过热时，应该实行紧缩的货币政策，减少货币供给量，防止由于经济过热而引发通货膨胀。

理论界对于货币供给量指标应该选择哪一层次的货币看法不一，争论的焦点在于 M_1、M_2 哪个指标和最终政策目标之间的相关性更强。20 世纪 90 年代以来，一些发达国家又先后放弃货币供给量指标而采用利率指标，这是因为 20 世纪 80 年代末以来的金融创新、金融放松管制和全球金融市场一体化的发展，使得各层次货币供给量的界限更加不易确定，从而导致基础货币的扩张倍数失去了以往的稳定性，货币总量和最终目标的关系更加难以把握，结果使中央银行失去了对货币供给量的强有力的控制。

（三）其他中介指标

除了以上介绍的中介指标外，有些经济、金融开放程度比较高的国家和地区，选择汇率作为货币政策的中介指标。这些国家和地区的货币当局确定其本币同另一个较强国家货币的汇率水平，通过货币政策操作，盯住这一汇率水平，以此实现最终目标。

四、我国货币政策的中介指标与操作指标

在过去较长一段时间内，我国中央银行采取的是以行政命令为主的直接调控手段，所选择的中介指标是现金发行量和信贷总规模。随着社会主义市场经济体制的确立，信贷总规模作为计划经济的产物已经过时，而现金只是货币供给量中的很小一部分，不能代表整个社会的总需求，因此这两项指标不再适宜充当货币政策的中介指标。

自 1994 年 10 月起，中国人民银行开始定期向社会公布货币供给量统计，把货币供给量作为货币政策最主要的中介指标。我国的货币供给量分为 M_0、M_1 和 M_2 三个层次：M_0 为流通中现金；M_1 为 M_0 加上企事业单位活期存款，称为狭义货币供给量；M_2 为 M_1 加上企事业单位定期存款、居民储蓄存款、证券公司客户保证金、非存款类金融机构在存款类金融机构的存款和住房公积金存款，称为广义货币供给量。在这三个层次的货币供给量中，M_0 与消费物价变动密切相关，是最活跃的货币；M_1 反映居民和企业资金松紧变化，是经济周期波动的先行指标，流动性仅次于 M_0；M_2 流动性偏弱，但反映的是社会总需求的变化和未来通货膨胀的压力状况。

2011 年，中国人民银行开始统计和监测社会融资规模。社会融资规模是指实体经济（除金融部门之外的社会各经济主体，包括公司企业、事业单位、政府部门、

居民个人等）在一定时期内（月、季或年）从金融体系（各类金融机构和金融市场）获得的全部融资总额。从货币政策角度来说，中国人民银行提出社会融资规模的概念并对其进行统计监测，是适应我国近年非银行金融机构、金融市场快速发展，货币供给口径扩大致使货币供给内生性增强，利率还不能成为货币政策中介指标的特殊经济发展时期，寻找到一个新的货币政策的中介指标，意义在于为金融调控和货币政策实施增加一个重要的监测指标。

从金融与经济的关系看，社会融资规模反映了金融体系在一定时期内对实体经济提供资金支持的全部融资总量。中国人民银行对社会融资规模的统计范围包括：人民币各项贷款、外币各项贷款、委托贷款、信托贷款（代客理财及资金信托产品资金运用中的贷款部分）、银行承兑汇票、企业债券融资、非金融企业股票融资、保险公司赔偿支付、投资性房地产、小额贷款公司贷款、贷款公司贷款、产业基金投资等。这些项目的总和即为统计期的社会融资规模。

中国人民银行提出并统计监测社会融资规模的背景是中国经济和金融发展使社会融资结构发生了巨大变化。在改革开放之前和之初的一段时期内，中国的金融机构主要是银行业且金融产品单一，金融市场很不发达，实体经济的融资主要是通过银行贷款，其他形式的融资比重很小。随着改革开放的深入和中国经济金融的快速发展，情况发生了很大变化：①金融市场的快速发展使实体经济通过金融市场的直接融资规模不断扩大，企业通过发行股票筹资和债券筹资的数额已达到贷款融资的25%左右。②在金融体系内部，证券类、基金类、保险类和其他非银行金融机构对实体经济的资金支持数额快速增长，其规模也已接近贷款融资的15%。③银行金融机构表外业务随着金融产品和融资工具的创新而不断增加，银行承兑汇票、委托贷款、信托贷款等形式的融资已超过一般贷款的40%。因此，人民币贷款这一指标已不能准确反映金融体系向实体经济提供融资的实际情况。在这种情况下，对中央银行的金融调控来说，在统计监测人民币贷款规模和增长速度等指标的同时，及时扩大融资规模的统计监测范围是很有必要的。

2015年，中国人民银行放开存款利率上限，为利率充当货币政策的中介指标提供了条件。

近几年，我国利率体制改革的核心是建立健全与市场相适应的利率形成和调控机制，提高中国人民银行调控市场利率的有效性。在此过程中，中国人民银行要构建和完善中央银行政策利率体系，以此引导和调控整个市场利率。同时，加快培育市场基准利率和收益率曲线，使各种金融产品都有其市场定价基准，在基准利率上加点形成差异化的利率定价机制。以此为基础，进一步理顺从中央银行政策利率到各类市场基准利率，从货币市场到债券市场再到信贷市场，进而向其他市场利率乃至实体经济的传导渠道，形成一个以市场为主体、央行为主导、各类金融市场为主线、辐射整个金融市场的利率形成、传导和调控机制。长远来看，中国人民银行构建利率走廊调控框架，都是为实现货币政策从数量型调控向价格型调控转变。

目前我国货币政策的操作指标主要是基础货币。中国人民银行资产负债表中负债栏中的储备货币即为我国的基础货币，中国人民银行可通过公开市场业务、再贴现与再贷款政策对基础货币进行调控，依据基础货币与货币供给量之间的相关关系，对货币供给量进行相应调节，以实现政策目标。

经验分享10-3

即测即练

即测即练10-3

模块 10 -4　货币政策的传导

知识目标

1. 了解货币政策传导过程。

2. 熟悉货币政策传导的主要环节。

3. 掌握货币政策传导的对象。

技能目标

1. 了解货币政策时滞的定义。

2. 熟悉货币政策时滞的分类。

3. 掌握货币政策时滞的影响。

素质目标

1. 了解货币政策向实体经济的传导渠道。

2. 熟悉我国的货币政策传导机制。

3. 掌握我国的货币政策传导的发展。

建议学时

2 学时。

情境导入

货币政策从开始实施到最终目标的实现需要经历一个传导过程：中央银行运用货币政策工具，作用于操作指标，进而影响到中介指标，最后实现最终目标。经济学者从不同角度对这个传导过程进行理论描述和抽象，就形成各不相同的货币政策传导机制理论，如利率传导、金融资产价格传导、货币传导、信贷传导、汇率传导等。不同的传导机制描述了不同的货币政策传导途径，这使我们能够更加全面、深入地了解货币政策对经济运行的作用机制。

知识储备

一、货币政策传导的主要环节

通常认为，在市场经济发达的国家，货币政策的传导一般有以下三个基本环节。

（一）从中央银行到商业银行等金融机构和金融市场

中央银行的货币政策操作，是通过调控金融机构的贷款能力和金融市场的资金融通。首先影响的是商业银行等金融机构的准备金、融资成本、信用能力和行为，以及金融市场上货币需求和供给的基本状况。

（二）从商业银行等金融机构和金融市场传导到企业、居民等非金融部门

商业银行等金融机构根据中央银行的货币政策调整各自的行为，从而对企业、居民等非金融部门的消费、储蓄和投资等经济行为产生影响；所有金融市场的参与者都会根据市场行情的变化调整自己的资产组合和经济行为。

（三）从非金融部门的各类经济行为主体到社会各经济变量

企业、居民等非金融部门的消费、储蓄和投资等经济行为的改变最终会引起社会总产出、就业水平、物价水平等宏观经济总量的变化。

二、我国的货币政策传导

改革开放前，我国货币政策传导过程简单直接，只是从中国人民银行及其分支机构到企业，基本没有商业银行和金融市场。改革开放后，随着商业银行的设立与

发展，中国人民银行专门发挥中央银行职能，货币政策逐渐形成了从中国人民银行到金融机构再到企业的传导环节。

20 世纪 90 年代以后，我国逐渐形成了中国人民银行→金融市场→金融机构→居民、企业的传导体系，建立了政策工具→操作目标→中介目标→最终目标的间接传导机制。但与市场经济发达国家比较，金融市场在我国货币政策传导过程中的作用依然相对较弱，这与我国目前以间接融资为主体的融资结构有关。货币政策传导机制主要体现为信贷传导机制。伴随着我国金融市场的发展，越来越多的经济主体参与金融市场的交易活动，金融市场将在我国货币政策的传导过程中发挥越来越重要的作用，我国的货币政策传导机制也会越来越复杂。

三、货币政策的时滞

货币政策时滞是指从货币政策制定到最终影响各经济变量、实现政策目标之间存在的时间差。货币政策时滞一般分为内部时滞和外部时滞两部分。

（一）内部时滞

内部时滞是指中央银行从认识制定货币政策的必要性，到研究政策措施和采取实际行动所耗费的时间，也就是中央银行内部认识、讨论、决策的时间。内部时滞的长短取决于中央银行对经济形势发展变化的预见能力、反应灵敏度、制定政策的效率和行动的决心与速度等。货币政策内部时滞的两个阶段见表 10 – 5。

表 10 – 5　货币政策内部时滞的两个阶段

阶段	内容
认识时滞	认识时滞是经济情况需要中央银行采取必要措施到中央银行认识到这种必要性的时间间隔
行动时滞	行动时滞是中央银行从对调整货币政策必要性的认识到采取一定行动的时间间隔

（二）外部时滞

外部时滞指从中央银行采取行动到行动对政策目标产生影响所经过的时间。外部时滞的长短主要由客观的经济和金融条件决定。经济主体对市场变化的敏感程度、货币政策力度、公众的预期都是影响外部时滞的重要因素，所以外部时滞又被称为影响时滞。对中央银行来说，外部时滞很难控制，所以研究货币政策的外部时滞更加重要。一般而言，货币政策时滞更多地是指外部时滞。

时滞是影响货币政策效应的重要因素。货币政策的时滞性，是衡量货币政策有效性的重要指标。时滞短，货币政策所产生的作用可以尽快有所表现，中央银行也可以立即根据货币政策的初期表现及时作出适当的调整，从而更好实现货币政策的目标；反之，时滞长，经济

经验分享10-4

形势的诸多变化使得政策难度进一步增加，经济环境的可调性也难以把握。西方学者研究表明，在市场经济国家里，货币政策的外部时滞一般在半年到一年半左右。

即测即练

即测即练10-4

模块 10 – 5　货币政策与财政政策的协调配合

知识目标

1. 了解货币政策和财政政策调控机制。
2. 熟悉货币政策和财政政策的配合原因及模式。
3. 掌握货币政策和财政政策如何协调配合。

技能目标

1. 了解货币政策和财政政策的统一性。
2. 熟悉货币政策和财政政策的差异性。
3. 掌握货币和财政政策协调配合的必要性。

素质目标

1. 了解我国现行货币政策和财政政策配合的经济背景及现状。
2. 熟悉我国现行货币政策和财政政策配合的实际效果。
3. 掌握我国现行货币政策和财政政策配合的不足及改进思路。

建议学时

2学时。

情境导入

货币政策最终目标的实现，受多种因素的制约。要使货币政策达到预期效果，必须注意货币政策与其他宏观经济政策，尤其是财政政策的协调和配合。

一、货币政策与财政政策协调配合的必要性

（一）财政政策和货币政策具有统一性

（1）财政政策与货币政策是国家调整社会需求总量和结构的重要手段，同属于需求管理政策。

（2）作为国家对宏观经济进行调控的手段，财政政策与货币政策有着共同的经济目标：稳定物价、经济增长、充分就业和国际收支平衡。

（二）财政政策和货币政策在政策工具、调控机制、调控功能等许多方面存在较大差异

（1）政策工具与调控机制不同。货币政策是通过运用法定存款准备金率、再贴现政策、公开市场业务等工具对货币供给量、利率、信贷规模等进行调控，进而影响整个宏观经济运行；而财政政策则是通过税收、政府支出及转移支付等措施改变国民收入再分配的数量和结构，进而影响整个社会经济生活。

（2）调控的主要功能不同。货币政策是从流通领域出发，通过对货币供求数量的调节来施加对经济的影响，其调控目的是使货币供给量与货币需求量达到均衡，进而促使社会总供给与社会总需求达到均衡，其功能是总量调节；财政政策是从分配领域出发，通过对国民收入的分配和再分配来对经济施加影响，因财政分配是以一定量的国民收入为前提，所以财政政策的功能是结构性调节。

（3）调控的时滞和效果不同。货币政策的传导过程相对复杂，其间所运用的大多是经济手段，政策效果相对温和迟缓，时滞较长，对经济运行的影响是间接的；财政政策主要借助行政、法律手段，传导过程简捷，时滞较短，对经济运行的影响是直接的，政策效果显著、迅速。

由此可见，作为国家进行宏观经济调控的两大经济政策，货币政策和财政政策有许多相同点，但同时也存在着很大差异，在政策实施过程中相互影响，共同作用于社会总需求进而影响着社会总供求的平衡。因此，要想达到宏观经济调控的共同目标，需要二者相互协调配合。

二、货币政策与财政政策的配合模式

货币政策与财政政策的配合主要指二者的松紧搭配。紧缩的货币政策是指提高

利率，紧缩信贷，减少货币供给；相反，宽松的货币政策是指降低利率，放松信贷，增加货币供给。紧缩的财政政策是指政府增加税种，提高税率，减少公共消费，压缩基本建设规模，减少非营利性资金供应；相反，宽松的财政政策是指政府降低税率，扩大赤字预算，增加政府投资和支出以及转移性的支付。货币政策与财政政策的四种配合模式见表 10－6。

表 10－6　货币政策与财政政策的四种配合模式

模式	内容
双松模式	宽松的货币政策和宽松的财政政策配合。这种配合模式适用于生产能力大量闲置、有效需求严重不足的萧条时期。闲置的资源需要足够的货币去推动，就要求投资需求与现实及潜在的资本供给和生产能力相适应，消费需求与消费品及劳务的供给相适应。若采取单一松动的货币政策或单一松动的财政政策，都将导致时滞较长、推动力不足。若同时采取降低利率、增加货币供给量和减税、扩大政府支出的双松政策，就会有效推动社会总需求的迅速上升，闲置资源将会大量利用，经济快速走出萧条。但双松政策不宜持续时间过长，那将容易导致经济过热，产生通货膨胀
双紧模式	紧缩的货币政策和紧缩的财政政策配合。这种配合模式适用于需求膨胀、供给短缺、经济过热、通货膨胀严重的经济高涨时期。在这种情况下，银行部门提高利率、紧缩银根，减少货币供应量；财政部门缩减支出、提高税率，从而在最短的时间内使社会总需求迅速萎缩。双紧政策同样不宜持续时间过长，那将导致经济衰退、收入下降、失业增加
松紧模式	①宽松的货币政策和紧缩的财政政策配合。这种配合模式适用于经济结构基本平衡但社会闲置资源尚未充分利用，社会总需求相对不足的经济时期。在这种情况下，适宜严格控制财政收支，做到财政收支平衡甚至盈余，同时适度放松银根，刺激投资增加，推动经济增长。②紧缩的货币政策和宽松的财政政策配合。这种配合模式适用于社会总供给与总需求大体平衡，社会闲置资源已被最大限度地利用，但经济结构不合理，经济结构制约着经济的进一步发展。这种情况下，银行应紧缩银根，抑制总需求的增长，同时通过减免税、增加补贴、增加财政支出，向"短线"行业倾斜，以达到总量不变前提下调整结构的目的
中性模式	当社会供求大体平衡，经济增长速度在适度区间时，保持经济平稳运行和增长就成为政府调控经济的主要目标。这时，适宜的财政、货币政策应采用中性的配合政策。财政应做到收支平衡并略有节余，货币供给量的增长应与经济增长相适应，以实现经济在低通胀或无通胀情况下的稳定增长

三、我国货币政策与财政政策的协调配合

改革开放以前，我国没有严格意义上的货币政策和财政政策，如果把当时执行计划所采取的一些货币与财政手段称为政策，货币政策也只是财政政策的辅助和补充。

改革开放以后，我国国民收入的分配格局和资金管理体制都发生了很大变化，金融在总需求的扩张和收缩中发挥着越来越大的作用，货币政策取代财政政策在调控宏观经济中居于主导地位。这一时期是中国经济改革和转轨的重要阶段，在财政

政策与货币政策的协调配合上，具有政策调控取向频繁多变的特点且更多着眼于影响总供给，并且以"松"为主的扩张性政策搭配出现更多。

在之后的 20 年间，我国经济经历数次波动，每一次波动都与货币政策的放松有着密切联系，每一次整顿都是靠货币政策的紧缩来实现。但这并不排除在一定时期因某种特殊性原因而把财政政策作为主要的调节手段，如 1998 年，东南亚金融危机给我国经济带来的负面影响开始显现，在货币政策效果不明显的情况下，政府及时采取扩张的财政政策推动经济，以保证国民经济有一个较高的增长率，1998 年我国宏观经济目标的基本实现，财政政策起到了主要作用。

1998 年到 2003 年我国所实行的积极的财政政策和稳健的货币政策，对我国经济协调稳定发展产生了巨大作用，但我国贫富差距仍然过大，而且积极财政政策的挤出效应开始显现出来。

2003 年到 2006 年，我国的财政政策开始转型为稳健的财政政策，重点转移到控制赤字、调整结构、增加收支和推进改革上。与此同时，中国人民银行也根据经济情况适时调整调控货币政策的目标和手段，突出货币政策的灵活性和前瞻性，与财政政策相配合，共同促进了我国经济的发展。

2008 年，为应对美国次贷危机的冲击，抵御国际经济环境对我国的不利影响，防止经济增速过快下滑和出现大的波动，年末，中央政府决定对宏观经济政策作出重大调整，实行积极的财政政策和适度宽松的货币政策，在努力稳定出口的同时，出台更有力的措施扩大国内需求，包括在 2008 年第四季度新增 1 000 亿元中央投资，2009 年、2010 年增加 4 万亿元的投资；中国人民银行连续多次下调利率和存款准备金率，加大银行信贷规模，进一步拓宽企业的融资渠道，其实质是放松银根，降低融资成本，为企业提供较为宽松的融资环境。

2011 年，居民消费价格指数（CPI）同比上涨 5.4%，通货膨胀压力加大，中国人民银行开始收紧货币政策，2011 年六次上调存款准备金率、三次上调存贷款基准利率。但之后欧债危机蔓延，全球经济增长动力不足，外需减少，我国经济进入"新常态"，处于增速换挡期、结构调整阵痛期、前期政策消化期三期叠加的复杂情况，稳健的货币政策与积极的财政政策协调配合，采取各种措施引导社会融资成本下行，减轻企业税收负担，做好与供给侧结构性改革相适应的总需求管理。

经验分享10-5

即测即练

即测即练10-5

项目小结

选择稳健的货币政策，就是要明确松紧适度，保持流动性合理充裕，为经济结构性改革营造稳定的宏观经济环境。当前经济发展面临需求收缩、供给冲击、预期转弱三重压力。要做到稳中求进，强化跨周期和逆周期调节，发挥好货币政策工具的总量和结构双重功能。

疏通货币政策向实体经济的传导渠道：①需要不断创新宏观调控方式，综合运用数量、价格等多种货币政策工具。②需要全面深化金融改革，增加金融供给，大力发展直接融资。③需要财政政策、产业政策、监管政策等协调配合，共同为结构性改革赢得一定的时间和空间。

稳健的货币政策要精准有力，准确把握货币信贷供需规律和新特点，加强货币供应总量和结构双重调节。坚持货币政策与财政政策有效协同、相互补位、相辅相成，创造宏观政策空间。二者可以在总量、结构等层面相互配合，不断提升宏观调控的整体效率。

技能训练

一、简答题

1. 什么是货币政策？货币政策的基本特征是什么？

2. 试述货币政策目标体系的构成和各个目标之间的关系。

3. 各类一般性货币政策工具的作用机理是怎样的？各有什么优缺点？

4. 目前我国中央银行最主要采用的货币政策工具是什么？其作用机理是怎样的？

5. 中央银行为什么要设置操作指标和中介指标？其选择标准是什么？

6. 货币供给量和利率作为货币政策中介指标各有什么优缺点？

7. 货币政策的传导过程是怎样的？

8. 我国货币政策的传导经历了怎样的变化？

9. 货币政策与财政政策协调配合的模式有哪几种？

10. 我国财政政策与货币政策应如何协调配合？

二、案例操作

根据《货币政策执行报告》绘制人民币存款结构变化图，在中国人民银行官网的货币政策栏目，查找公开信息。重点阅读《货币政策执行报告》，报告正文包括五个部分：货币信贷概况、货币政策操作、金融市场分析、宏观经济分析、预测与展望。摘录近5年来人民币存款结构情况的数据，对比观察结构的变化，计算各项存款的占比。以2019—2023年为横轴间距，将纵向数据反映在一组折线图上，观察人民币各项存款结构的占比变化，分析能反映居民储蓄意愿、企业投资信心等方面信息，并与对应时间的利率政策等进行关联分析。

项目11　金融创新与风险监管

导语

　　2023年中央金融工作会议强调：把更多金融资源用于促进科技创新、先进制造、绿色发展和中小微企业，大力支持实施创新驱动发展战略、区域协调发展战略等。做好科技金融、绿色金融、普惠金融、养老金融、数字金融"五篇大文章"；全面加强金融监管，有效防范化解金融风险，切实提高金融监管有效性；依法将所有金融活动纳入监管，全面强化机构监管、行为监管、功能监管、穿透式监管、持续监管，消除监管空白和盲区，严格执法、敢于亮剑，严厉打击非法金融活动。

项目摘要

　　在科技与金融深度融合的大趋势下，金融科技领域创新不断。数字货币、非接触银行、开放银行、智能投顾、大数据征信、移动支付以及新基建等创新成果不断涌现，深刻变革了金融业态，也逐渐被社会大众广泛接纳。本项目的内容分为三个模块展开讲授：其一，聚焦金融科技创新；其二，探讨绿色金融与碳账户；其三，剖析金融风险与监管。

思维导图

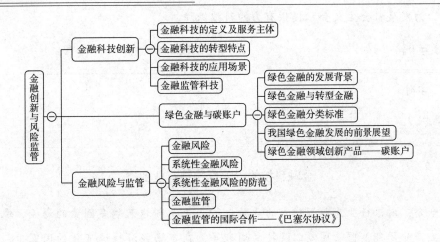

模块 11-1　金融科技创新

知识目标

1. 了解提高金融服务效率是金融科技创新的出发点。

2. 熟悉金融科技创新是金融创新的着力点。

3. 掌握金融科技从技术端到业务端的关联性，探寻以技术创新催生业务创新的有效路径。

技能目标

1. 了解以技术标准、平台服务为基础的金融科技与产业链高效运转的原理。

2. 熟悉金融科技的创新点及应用新领域。

3. 掌握大数据、区块链、云计算、人工智能、物联网等新技术在金融行业的创新应用。

素质目标

1. 了解加快建设金融强国，推动我国金融高质量发展，为以中国式现代化全面推进强国建设、民族复兴伟业提供有力支撑。

2. 熟悉发展金融科技，是加快实现高水平科技自立自强、保障国家安全的现实需要，也是建设金融强国的必然要求。

3. 掌握关键核心技术对推动我国经济高质量发展、保障国家安全都具有重要的意义，为发展社会主义金融提供有力的科技保障。

建议学时

2 学时。

情境导入

金融科技的投入影响银行业业态

如今，以银行业为典型代表的金融机构，正受到越来越多因素的影响，像经济周期、产业周期、监管周期以及技术周期等。在市场经济快速变化的国家里，商业银行应对诸多挑战的关键，在于对金融技术的投入，这一投入也深刻影响着银行业的业态发展。

大型银行非常注重在科技创新领域的投入。比如，2022 年，花旗集团科技预算约为 60 亿美元；美国银行科技预算约为 40 亿美元；富国银行科技预算约为 30 亿美元；高盛集团科技预算约为 10 亿美元。2023 年，摩根大通科技预算达到 153 亿美元。各大银行的科技预算呈现逐年增长的趋势。大型银行和中小银行在科技投入上的差距日益扩大，规模较小银行的投入金额明显落后，处于竞争劣势。未来中小银行可能会通过更多地使用第三方科技外包服务或开展行业内并购来获得竞争优势。

资料来源：数字金融实践：摩根大通巨额投入科技建设，数字化发展行业领先 ［EB/OL］．（2023 – 12 – 25）．https：//finance. sina. com. cn/money/bond/2023 – 12 – 25/doc – imzzfiqu3322019. shtml.

知识储备

2019 年 8 月，中国人民银行发布《金融科技（FinTech）发展规划（2019—2021 年)》，体现了监管机构对金融科技发展的高度重视。党的十九届四中全会将"数据"列为生产要素参与分配，以数据为基础动能的数字经济模式将带动金融科技实现新的跨越。

一、金融科技的定义及服务主体

（一）金融科技的定义

金融稳定理事会（FSB）在 2016 年将金融科技定义为：新技术带来的金融创新，通过创造新的业务模式、应用、流程和产品，对金融市场、金融机构或金融服务的提供方式产生重大影响。在这个过程中，仍然需要遵循金融市场的基本规律。

（二）金融科技的服务主体

（1）银行、保险，包括证券、信托等持牌金融机构。它们都在积极应用新技术，并且将金融科技输出作为金融科技创新的重要主体。

（2）互联网企业，主要是大型互联网企业。比如，BigTech（大型科技企业）利用自身的优势，在金融业务、类金融业务、科技输出方面都有广泛的布局。

（3）新技术企业，是金融科技创新的重要主体。这类企业不做金融业务，更多提供技术解决方案，通过外包服务支持金融机构、类金融机构、监管机构和政府部门。

（4）互联网金融和类金融组织。它们通过合规发展，技术创新能力不断增强，是提供金融科技服务的重要主体。

从当前国家的政策方向来看，大力支持持牌金融机构的金融科技创新和发展。

二、金融科技的转型特点

金融科技是以前沿技术驱动的创新产业，无论是有着深厚积淀的大数据、人工智能（AI）、云计算技术，还是新型的区块链、量子、生物识别技术，它们都将不断重塑金融价值链，提高金融的风险定价能力，推动我国的金融体系不断完善、金融市场功能愈加健全、金融服务实体经济的作用更加明显。科技的爆发式发展，使中国的金融科技跳出了原有的金融工具、金融渠道和金融服务框架，并不断呈现出经济的数字化转型特点。

三、金融科技的应用场景

（一）金融科技助力机构数字化转型

无论是银行信息化、电子化、银行金融科技还是开放银行，都意味着新技术、新模式对银行组织架构、业务和机理的重构，归根结底就是利用先进的技术实现银行效率、效益、效果的全面提升。在全球的银行数字化转型变革中，可以借鉴的有三类：第一类是中小银行的数字化重生。第二类是新型数字化虚拟银行。从英国的AtomBank（原子银行）到我国的微众银行、网商银行，这些都是具有新兴基因的银行。第三类是大型银行的数字化道路。

（1）从中小银行的数字化发展进程来看，大量中小银行在竞争中不得不退出市场，而生存下来的小银行都表现出几个大的发展方向。

①扎根于地方、社区，不进行大规模扩张，更多地服务于地方、社区。在美国和其他欧洲国家，有一些银行在家族里传承多年，不会受到太大的金融与经济危机的冲击。

②融入大型金融集团的平台中，获得更多平台资源的支持。

③进行数字化的转型与重生。通过提高运营效率、改善产品、获得客户，逐步实现服务智能化。

（2）从战略层面看，金融机构的数字化转型有四个方面的目标。

①客户。商业银行创新的最终目的是更好地服务客户。从客户的角度看，银行数字化转型具有一定的比较优势。例如，客户对银行的信任度高于科技公司，银行拥有数量庞大而又独一无二的零售和对公客户的数据集合，天然具有数字化转型的"生产要素"。商业银行由于受到相对僵化的模式约束，在更好地服务客户方面有许

多不足之处。比如，目前商业银行业务的离柜率高达80%，手机银行对网络银行的替代性极高，大量的手机银行客户掌握在国有大银行、股份制大银行手中。但是这些海量客户的活跃度究竟有多高，有没有享受到很好的服务等问题因银行、因客户而异。从传统金融机构的角度讲，不仅要关注如何获取客户的问题，更要关注如何更好地为现有客户提供优质服务的问题。

②监管。银行是各国监管部门关注的核心，其创新活动也受到各类监管规则的严厉约束。大量银行数字化创新活动首先在监管边缘地带或不受监管约束的地方开展起来。许多国家的监管部门在"自上而下"地推动某些银行的技术变革。例如，近年来兴起的"开放银行"。各国监管部门的政策目标往往需要在以下三者之间权衡：金融稳定安全性，提升银行等金融机构的服务能力，提升本土银行的核心竞争力。

③机构。从商业银行角度来看，由于外部监管和内部因素的变化，银行不仅难以靠传统业务持续获得高增长，更难以参与复杂的金融业务，这是银行数字化转型最根本的动力。因此，如何利用大数据等新技术进行全面的"挖潜改造"，成为新形势下商业银行重获生命力的着眼点。具体来看，在业务与产品、组织架构、内部控制、风险管理、基础设施等各个层面，都存在"粗放式"发展与可以优化的地方。进行数字化改造本质上是为了改变"体质"，从而构建更稳定、可持续的新商业模式。

④行业。从行业角度来看，那些真正有动力、希望生存发展的机构，尤其是中小银行，借助数字化转型，银行间可以构建业务系统及跨区域客户信息共享等合作共赢机制。与此同时，银行与非银行金融机构、金融科技公司之间的合作空间也在不断扩大，数字化转型意味着为银行创造全新的外部业务与技术关系，以应对金融"脱媒"的挑战。

（3）商业银行的数字化转型离不开对发展目标、战略重点、基本保障等要素的把握，从而实现理性、健康、高效、可持续的转型探索。具体来看，需要考虑以下几个方面。

①明确数字化转型的战略定位。在全球不确定性日益增加的大环境下，各家金融机构更要结合各自特点，不断提升战略与管理这个要素的权重，明晰战略定位。

②构建适应数字化转型的组织架构。一些大型金融机构通过在海外探索新的组织主体，并将其嫁接到原有机构上，来适应新的组织机构体系。

③保障数字化转型的安全原则与边界。

④发掘大数据的内在价值，提升数据的质量。

⑤充分利用新一代技术与系统。在非核心的业务地带，加大金融行业对不太成

熟的、处于创新阶段的技术的探索和应用。

⑥全面推动以客户为中心的场景创新。银行数字化本质上是面对客户端的科技创新，包含面向业务场景的自我赋能。通过数字化工具与模式，全面拓展家庭金融服务链、产业金融信用链，把握好智能化家庭消费金融、财富管理等服务配置，以及大企业、小企业的需求特征，真正实现场景金融的服务融合；着眼于支付结算、资源配置、风险管理等基本金融功能，实现服务空间与时间的拓展，围绕碎片化的客户潜在金融需求，提前予以发掘、培育和满足；积极拓展面向政府端的需要，使之更具便捷性、智能性和公共性；为了实现面向各类客户无处不在的"交互"，推动客户向用户乃至伙伴进行转移。

⑦打造合作共赢的数字化新生态。数字化经济社会的基本特征就是互联互通，银行数字化转型本质上也是为了构建更加开放的合作共赢生态。具体而言，其包括监管与银行之间的合作、银行同业之间的合作、银行与非银行金融机构的合作、银行与技术企业之间的合作等，归根结底是为了实现业务、技术、系统、理念的共享共赢式发展。

⑧完善数字化时代的责任与文化。金融机构应当与产业、企业、居民真正建立一个共赢、共享、共同生存的环境。实践中，ESG（环境、社会、治理绩效）包含的治理、责任等因素越来越受金融机构重视。

对不同的机构来说，其面临的最大风险可能不一样。比如在某些银行的数字化转型过程中，如果着眼于业务层面，则会面临信用风险、流动性风险；如果着眼于渠道层面，则会面临黑客风险、网络风险、开放环境下的欺诈风险等技术端的风险。但是对银行业来说，在转型中面临的最大风险是监管风险、合规风险和战略风险。战略是金融机构在面临变化时首先需要考虑的，一旦战略方向有偏差，业务等一系列链条就会出现问题。

（二）人工智能推动银行第四次进化

人工智能的发展和落地离不开"算法＋算力＋数据＋场聚"，金融行业具有数据积累优势及不断发展的科技属性优势。随着人工智能技术的应用，银行服务正在经历第四次进化。银行服务进化的阶段性特征见表 11-1。

表 11-1　银行服务进化的阶段性特征

进化阶段	特征
银行 1.0 （1972—1979 年）	以银行物理网点为基础的银行业务形态

续表

进化阶段	特征
银行 2.0 （1980—2007 年）	以电子技术为基础的计算机和网络技术成为银行物理网点服务的延伸，用户不需要到银行网点就可以享受到银行的服务。ATM 机、自助银行和网上银行
银行 3.0 （2008—2016 年）	以智能手机为终端，可在任何时间、任何地点操作现金以外的银行业务。场景包括移动钱包、移动存款、ATM 能力升级、全功能智能手机应用等
银行 4.0 （2017 年至今）	人工智能、增强现实（AR）、语音识别设备、穿戴智能设备、无人驾驶、5G 通信、区块链等创新型技术手段发展和普及，使银行业务的效用和体验完全脱离物理网点和以物理网点为基础的渠道延伸，银行业务的效用和体验不再依附某个具体金融产品，直接嵌入我们的日常生活场景中。如：智能风控、智能支付、智能投顾、智能营销、智能客服以及开放银行等。银行在相应的信息技术以及互联网技术的基础上，嵌入人工智能新应用，协调银行与客户在销售、营销和服务上的交互，从而提升其管理方式，向客户提供创新的个性化服务。通过数据深挖、价值发掘、智能触达等方式，银行最终实现吸引新客户、保留老客户以及将已有客户转为忠实客户。同时，人工智能可以提升风控流程效率、降低审批成本，在综合处理底层数据后，全面评估客户风险。在支付场景、智能客服等方面，人工智能均有广阔的应用场景

（三）金融科技推动供应链金融发展

1. 基于区块链的供应链金融

联动数科基于自主研发的联盟区块链底层框架"优链"，打造了标准化、可拓展的供应链金融平台。供应商（融资需求方）、核心企业、资金方、第三方机构等各参与方可以低成本地接入，将应收账款、数字仓单等资产数字化，形成商证 e 单，通过商证 e 单的流转把链主信用延伸到整个产业链，完成信用流转，解决企业间互信、融资贵和融资难的问题，升级传统供应链金融系统。

商证 e 单即数字化信用凭证，使用区块链技术等，将产业链全链路信息数据（包括订单、结算单、收货单、发票等）数字化、可信化，并对客户信息加密存储，保证客户及订单数据不被非法盗取。与此同时，利用区块链等技术工具实现产业链客户交易及关系信息资料的数字化治理，通过大数据建模与业务的生命周期节点关系等构建数字化风险驱动模型，提升动态风险识别、管理能力，促进产业链交易数据整合，利用数据资产信用化提供简单易见的数字化信用流转产品，从而覆盖产业链全贸易周期，最终实现按需金融精准供给，缓解企业融资难题。

2. 基于区块链技术的非现场监管

阅读资料11-1

2020 年年初，全国首个地方金融风险防控链、地方金融非现场监管区块链发布。这套利用区块链技术对地方金融行业进行非现场监管的新系统，通过区块链实现区块链存证，以及非现场监管可视化，系统通过自动化和常态化的数据收集，实时、动态地把相关业务数据展现出来。通过一站式管理，能很好地解决数据真实、数据篡改、舆情监控、政务数据打通等问题，做到地方非银机构电子化的非现场监管。该系统解决了传统监管手段存在的金融机构与监管者信息不对称、不可靠等问题，辅助监管部门加大监管力度，引导金融机构合法合规经营，更好地保护金融投资者、消费者的合法利益，从源头上减少矛盾纠纷事件的发生，维护地方金融稳定。

（四）金融科技与"非接触银行"体系

1. "非接触银行"产生的背景

非接触银行提出的背景是信息技术与现代通信技术的广泛应用。20世纪90年代兴起的直销银行、网络银行就是非接触银行的前身。被称为"银行业未来预测大师"的布莱特·金（Brett King）在他出版的《银行3.0》中提出一个著名的论断——"未来的银行将不再是一个地方，而是一种行为"，描述了银行业的变革方向。

"银行无人网点最大的特点就是无人。"布莱特·金在2018年出版的《银行4.0》中进一步提出，"银行服务将无处不在，就是不在银行网点"。这个观点已在国内部分银行、部分业务中实现。比如我国3家互联网银行——微众银行、网商银行、新网银行的所有服务都不在网点办理。

零接触银行、无接触银行、非接触银行这三个概念很容易混淆。一般认为，基于互联网、手机App、客服电话等载体提供银行服务的模式为非接触银行。这是一种服务模式，不是一个实体的银行，可以翻译成"non contact banking"，简称"NCB"。contactless banking，简称"CB"。而contactless banking主要是技术层面的非接触，比如非接触支付。NCB让客户感受到的突出变化是由面对面的服务变成屏对屏的服务，"face to face"变成"screen to screen"。通过两个屏幕就可以获取银行服务。零接触银行、无接触银行、非接触银行这三个概念中，非接触银行这个提法更准确，所谓非接触就是非物触状态下就可以完成信贷业务。

在实现非接触金融产品服务的同时，也离不开远程办公的支持。现在很多银行通过视频会议等形式开展工作，构建了移动办公环境，保障部门、网点在非接触状态下能够高效运转，融资、汇兑渠道畅通。

2. "非接触银行"体系构建

影响和制约非接触银行发展的因素有五个方面，一些中小银行在这些方面存在明显的不足：①技术上，部分银行数字化能力不够，特别是远程协同办公能力缺失，难以支撑非接触服务。②业务上，非接触服务主要集中在零售业务领域，95%的零售业务能够通过非接触的方式办理，批发业务的非接触化还需努力。
③制度上，当前的应急措施包括信贷业务微信审批，远程视频认证，
与银行内部制度存在冲突，也不完全符合合规的要求。④风险上，随
着非接触服务范围的扩大，操作风险、网络风险、安全风险会加速异

化。⑤文化上，以线下网点、实体拜访为主的营销服务习惯短期内难以改变，非接
触服务会给企业文化和部门协同等带来较大的挑战，最根本的挑战是组织文化上的。

（五）保险科技与精准保险

1. 精准保险的特征

精准保险的特征包括：①客户需求、客户自身状况与保险产品的精准匹配。
②区域性群体发生的财产和生命风险与保险产品的精准匹配，可以根据环境因素大
幅突破传统保险的保障范围。③运用新技术的成本低、高频度网络交易、嵌入其他
场景、快速承保和快速赔付的新形态保险产品。④采用新监测技术、新渠道方式、
精准计算方式的保险业数字化转型。⑤运用新信息技术、给予主动式保障的传统防
灾减损服务的新形态保险产品。

2. 数据融合支撑精准保险的发展

精准保险体现了保险科技的精髓，强调客户需求和保险产品之间的精准匹配，
具备高频、场景嵌入、主动式保障等特征。

（1）高频是指提高交互频度。保险机构需要采用新技术，实现保险产品在网络
交易情况下的高速、高频嵌入。传统的保险产品使保险机构与客户之间的交互频度
很低，未来交互的频度会提高，这是竞争的要点。频度越高，表示产品方、企业方
对客户的控制力越强，客户黏性也就越高。

（2）场景嵌入是指在具体场景中嵌入保险产品。客户在网购、买机票/火车票
等日常生活场景中，会购买一些保险产品。如运费险、飞机延误险等，这些保险产
品具备碎片化、快速理赔的特点，在理赔流程中省去了很多手续上的麻烦。

（3）主动式保障强调预防。传统的保险产品是通过保险大数据精算推出的，重
点在于事后弥补；精准保险强调预防，变被动为主动。

（4）精准保险要渗透到各行各业。从目前来看，各行各业的数字化变革都配套
金融服务，保险在金融服务中占据了很大一部分。金融科技公司的竞争力体现在实
现金融信息化变革的能力上。企业从事保险机构或金融机构内部核心业务系统等软
件的开发，在此过程中做到技术积累和领域积累双管齐下，才能获得该能力。各行
各业都有自己的软件系统，即管理系统，其中与业务关联度高的称核心业务系统。

这些系统是分层的，越底层越通用，越上层越面向应用，中间是一些组件。未来行业的交叉实际上是系统的相互嵌入。想进入金融科技的场景，从业者不但要熟悉技术，还要熟悉金融场景和现实场景，以及它们之间的融合。企业都在拼低成本、高效率，因此，有"存量"业务能力的团队会占优势。

3. 金融科技背景下保险行业的新趋势

科技赋能使保险业务系统正在从内部管理系统群转向外部延伸。所谓科技赋能，主要是指"向外"赋能，因为纯粹的内部系统不容易达到较高的服务标准，"向外"是科技赋能的方向。在这个过程中，保险公司的产品设计需要从2C转向2B，即从零售到批发、从标准化到个性化。

保险行业应用软件系统群是保险科技的重要支撑体系，新一代的"内部/外挂"一体化软件系统以及外部对接系统将成为发展趋势。在保险科技和"保险+"的带动下，新一轮地域性产品将成为业务发展方向，信息系统的集成是实现的重点。

四、金融监管科技

（一）监管科技的概念

监管机构与被监管机构均是监管科技的主体。对于金融监管机构，监管科技包括管理与服务两个层面："管理"是指检查被监管机构是否合规，是否有效贯彻国家大政方针的高新技术手段（如中国人民银行反洗钱现场检查系统）；而"服务"是指促进被监管机构合规和履行国策的行业及高新技术基础服务设施（如中国人民银行征信系统）。对于被监管机构，监管科技则包括风控与合规两个方面。

金融科技的监管技术，能够更有效地发挥高新技术的潜力，更好地实现降本增效。在实际应用中，其会与风控技术、合规技术等有一定的重合。我们用下面的等式表明监管科技的范畴与基本概念：

$$监管科技（RegTech） = SupTech（监管端） + CompTech（合规端） +$$
$$行业赋能基础设施 + 风控系统 + 金融科技的监管技术$$

（二）监管科技的特点

（1）实时性。在信息时代，具备实时性的监管科技是使监管由事前准入和事后处置转向事中监管的重要手段。其既能实时获取多个金融机构的实时或准实时生产数据，又避免监管机构成为风险过度集中的节点，应用多方计算技术可以达到"只帮忙而不添乱"的效果。

（2）预测性。监管机构一旦获取更多机构、更多维度、更大数量的数据，其利用 AI 技术实现行业风险防控建模的水平必然极大提高，这将提升整个金融行业的风控水平，直接创造价值。

（3）可持续性。监管科技的系统可以 7×24 小时无间断、高质量运行，不会存在人类因体能、情绪和其他因素导致的中断或水平参差等问题。同时，因为监管科技系统的数据在不断更新，其模型也会不断迭代，从而适应进一步发展的需要。

（4）协同性。不同监管科技系统之间可以通过 API（应用程序接口）或者 SDK（软件开发工具包）接口，实现功能对接和数据安全共享，提升综合监管、协同监管的能力。

（5）可审计性。有效利用区块链或分级授权等技术，可以使监管科技系统的操作留痕。在实现数据标准化的基础上，甚至可以轻松地完成对监管的自动审计。

（三）监管科技的作用

（1）提高合规效率，降低合规成本。对于被监管机构，繁杂的合规类报表可由机器填报和处理；对于监管机构，可以自动生成金融机构违规后的处罚决定，监督整改状况。

（2）提高监管的规范性和协调性。广泛应用数字化监管协议，可以促进金融监管领域中多个监管目标的协同，发现监管要求间不一致或不合逻辑之处。

（3）提升监测、识别和防范金融风险的能力。利用"穿透式监管"可以看清业务实质，自动感知和预警金融风险。

（4）助力从"机构监管"向"功能监管"和"行为监管"演进。通过监管科技手段，可以加强宏观审慎和微观审慎监管协调配合，防范跨业态的风险传导。

（5）提高金融普惠水平。自动、精确、全面地对贷款主体的信用情况画像，可以降低普惠金融成本。

（6）平衡金融创新与风险。应用监管科技，可以提高金融行业整体生态的公平性，降低金融创新的负外部性，并推动金融科技转型升级。

（7）提高监管的透明度。在保障个人隐私、商业秘密的前提下，对数据进行不同维度的计算分析，可以减少信息不对称，使监管部门及时掌握和公布更准确、质量更高、范围更广的金融行为信息。

（8）维护投资者权益。监管科技可在合法授权前提下，基于投资者交易记录、资产等情况，客观地评估其风险承受能力。同时，监管科技还可以通过制定金融产品标准体系，及时披露金融产品的各类信息，消除投资者的信息不对称，将保护投资者权益关口提前。

（四）监管科技应用的前景

1. 监管科技给监管主体带来的影响

监管科技给监管主体带来的影响见表 11 - 2。

表 11 - 2　监管科技给监管主体带来的影响

项目	数字化	自动化	智能化	精细化	平台化
影响	从数据存储进化为智能中枢	依赖机器为人提供服务	从事前监管到事前、事中、事后监管并存	从条块化管理到点线化管理	从集中到合理分布
特征描述	①监管主体在搭建基础信息平台的同时，建立起高效、便捷的数字化服务规范流程。这套设施理想的状态是收集、存储并在保护隐私的前提下高速读取和计算内外部数据，使监管主体一方面迅速了解和掌握已发生和正在发生的事件，另一方面对未来的风险进行预判。②建立统一的有利于监管科技的数据标准。如央行大力推进的法人机构识别编码（legal entity identifier，LEI）为监管科技解决相关机构标识不统一的问题	随着高频、非结构化数据日益增多，在原有的标准化数据报送和窗口检查等方式下，成本逐渐增加，效率逐渐降低，出错率则不断攀升。加强对非结构化数据的自动采集和处理，可以提升人的效率和准确度	①通过机器学习、自然语言处理和知识图谱等技术，实现对金融市场的智能监管，特别是快速预警成交额度、投资者适当性、资金来源与流向等各个层面的异动。②充分利用数据挖掘、可视化等大数据技术，引入高频时间序列匹配、交易重演、多维度分析等功能，实现精准高效的客户画像。③通过海量数据的多维度比对与深入学习，准确甄别问题金融机构，进行风险预警	监管主体利用监管科技将业务流程细化拆解，进行"原子级"监管，对每一笔交易，不但能够找到合适的监管主体（人或者人工智能系统），同时也会保留相关数据，收集、整理与访问的痕迹，将可能产生的风险和责任落实、细化到各个相关主体	平台对数据资源的垄断性占有，将使垄断主体获利更多。但会影响整个社会的良性发展，因此，未来的平台要坚决避免"寡头式"集中。可采用若干统一平台共存的方式，存储标准化与统一性的数据，并且具备数据隐私保护和访问权限控制。平台的运行与管理不限于特定机构，大量的行业协会、事业单位参与平台的建设和运营

2. 监管对象的发展

（1）持牌合规经营。当前，监管部门高度重视对金融科技企业、互联网金融企业加强规范化管理，资格准入成为保障金融科技持续健康发展的制度保障。

（2）从博弈走向合作。随着区块链等技术的广泛运用，未来监管对象必将在监管过程中发挥更加主动和建设性的作用，通过与监管者、监管科技开发者密切合作，构筑合作共赢的监管架构。

3. 新参与者的发展

（1）监管科技企业。通常情况下，技术创新与应用最早出现在风险偏好较高的科技企业，待其经受市场的检验后，才被金融机构和政府部门接受与推广。在这个过程中，伴随着技术成本的大幅下降，监管部门大规模应用有了可能。专门的监管科技企业可以有效缩短这一过程，并且在技术创新伊始即植入监管科技的基因，预防新技术被滥用可能带来的风险。

（2）各类市场主体迸发出更多活力。从技术研发到市场应用，金融科技产业链条上涵盖了不同类型的主体，包括金融机构、信息化软硬件服务商、新兴高新技术企业、监管机构等，产业健康有序合作的复杂性与协调难度加大。作为科技创新的主要推动者，各类市场主体在创新中必须加强对科技风险以及科技应用风险的防范，提高合规与风控能力。

随着监管主体、监管对象以及监管科技企业的不断发展，监管科技生态体系也将不断完善，有望形成一个各主体间良性互动、主动补位、大力鼓励健康创新的整体环境，并为其他领域与行业提供可参考的发展模板。

经验分享11-1

即测即练

即测即练11-1

模块 11-2 绿色金融与碳账户

知识目标

1. 了解绿色金融是应对气候变化和加强环境保护的重要推动力。

2. 熟悉绿色金融引导产能过剩的高污染产业向绿色产业转型的底层逻辑。

3. 掌握绿色金融通过去产能和去杠杆化的方式引导资本，实现经济绿色增长和产业结构升级的政策及法律进展。

技能目标

1. 了解绿色信贷、绿色融资及绿色债券产品标准，并学会分类与统计。

2. 熟悉绿色金融和碳达峰碳中和"$1+N$"政策体系。

3. 掌握中国人民银行碳减排支持工具和支持煤炭清洁高效利用专项再贷款的操作。

素质目标

1. 了解党的二十大报告对"推动绿色发展，促进人与自然和谐共生"作出的战略部署以及习近平总书记关于"推动经济社会发展绿色化、低碳化，推动经济实现质的有效提升和量的合理增长"的指示。

2. 熟悉发展绿色金融，主要为促进环境改善、应对气候变化和资源节约高效利用的经济活动提供金融服务，是促进绿色低碳发展的催化剂和加速器。面向未来，要以更高质效的绿色金融为我国高质量发展赋能。

3. 掌握我国是全球绿色金融的重要引领者，在该领域的示范效应和辐射带动效应，为推动实现《巴黎协定》和联合国 2030 年可持续发展目标贡献了中国方案、中国智慧和中国力量。

建议学时

2 学时。

情境导入

工业革命之后，西方发达国家大力发展经济，生产活动和生活方式都发生了巨大的变化，但环境和能源安全面临的压力也持续增大。为确保全球可持续发展，各国政府和国际组织正通过完善金融机制、建立政策性环保基金、制定出台相关法律法规等措施促进绿色金融发展，绿色金融已经成为实现可持续发展、助推绿色经济增长和结构转型的有效工具。

绿色金融的推广和实践，包括引入赤道原则、绿色信贷资产证券化、绿色工业基金、绿色证券投资基金、绿色债券、绿色银行、绿色保险和建立包括碳交易融资在内的碳金融体系等。此外，央行还推出了碳减排支持工具以及专项再贷款，助力银行等金融机构支持绿色金融业务持续发展。截至 2023 年年末，绿色贷款和绿色债券仍然是绿色金融的主力产品，其他绿色金融政策或产品，如碳定价、绿色证书交易等产品，同样可以提供低成本融资。

知识储备

一、绿色金融的发展背景

为应对全球气候变暖的威胁，2005 年 2 月，149 个国家和地区通过了《京都议定书》。2015 年 12 月，第 21 届联合国气候变化大会通过了《巴黎协定》，对 2020 年后全球应对气候变化的行动作出了统一安排：与工业化前相比，全球平均气温升高幅度不超过 2 ℃，力争控制在 1.5 ℃以内。作为主要的温室气体，二氧化碳的排放量与气候变化密切相关。为了在全球范围内控制碳排放，治理气候变暖现象，就必须从发展绿色金融开始。绿色金融发展的重要标志性事件是 2003 年国际金融公司和部分商业银行发布赤道原则。

（1）赤道原则是 2002 年 10 月由世界银行下属的国际金融公司和荷兰银行牵头提出的一项企业贷款准则，参照 IFC 绩效标准建立一套旨在管理项目融资中环境和社会风险的自愿性金融行业基准。"赤道原则"这个名字是由 NGO 提议，希望其能够成为一个全球性的标准，而"赤道"象征着南北半球平衡与和谐。因为发达国家大部分在地球的北半球，而发展中国家很多在地球的南半球，既然有南北之分，这个原则就放在中间，叫作赤道原则，作为一个全球共同的原则，无论是发展中国家，还是发达国家，都应该遵守赤道原则。赤道原则可以帮助金融机构判断、评估和管理与项目相关融资中的环境与社会风险，从而支持负责任且可持续的投融资决策。

（2）为寻找经济发展与环境保护的平衡，长期以来一直以发达国家为主导探索以全球协约的方式减排温室气体。自《京都议定书》到《巴黎协定》，以联合国为主导的全球气候治理经历了 20 多年的曲折发展。2021 年我国政府工作报告和国家"十四五"规划中明确将碳达峰和碳中和作为重要国家战略，二氧化碳排放力争于 2030 年前达到峰值，努力争取 2060 年前实现碳中和。碳达峰是指二氧化碳排放量不再增长，达到峰值之后逐步降低，也是二氧化碳排放量由增转降的历史拐点；碳中和，就是指通过能效提升和能源替代将人为活动排放的二氧化碳减至最低程度，然后以森林碳汇或捕集等其他方式抵消掉二氧化碳的排放，使二氧化碳排放量与清除量达到平衡。实现碳达峰、碳中和是一场广泛而深刻的经济社会系统性变革，事关地球和人类的可持续发展。

（3）从高碳到低碳到净零碳的转变，低碳产业和技术孕育着巨大的发展机遇，中国未来 40 年达成碳中和目标需要的投资都在百万亿元级别，包括优化能源电力结构、发展清洁技术、转变工业结构、变革生活方式等。经济发展的大方向和大趋势，也必然是金融发展的大方向和大趋势。发展绿色金融，既是履行社会责任与实现自身盈利的最佳结合点，也是开辟新的业务领域，融入国际国内市场，形成自身经营特色和品牌，打造差异化竞争优势的重要契机。

二、绿色金融与转型金融

（一）绿色金融

早期对绿色金融的理解几乎与环境金融等价，凡是促进环境保护和资源节约的金融活动均被视为绿色金融。20 世纪末，国际社会加大了对气候变化问题的关注，此时绿色金融与气候金融、碳金融相互替代，绿色金融被理解为减少碳排放和改变气候变化的金融活动。21 世纪初期，随着"赤道原则"的发布和普及，联合国环境规划署下辖的金融机构对绿色金融与绿色投资进行了区分，认为绿色金融不仅是指向环境保护部门进行的投资，也包含其他融资项目，如融资项目准备、项目的土地收购等。

2016 年 8 月，中国人民银行等七部委在《关于构建绿色金融体系的指导意见》中将绿色金融定义为：支持环境改善、应对气候变化和资源节约高效利用的经济活动，即对环保、节能、清洁能源、绿色交通、绿色建筑等领域的项目投融资、项目运营、风险管理等所提供的金融服务。这是全球第一份由中央政府主导的、较为全面的绿色金融体系政策框架。2019 年，中央各部门出台了近 20 项绿色金融相关政策和规定，规范了绿色金融业务，形成了绿色金融创新发展的政策基础。

2022 年 6 月，中国银行保险监督管理委员会印发《银行业保险业绿色金融指引》，将银行业保险业发展绿色金融上升到战略层面，提出银行业保险业将环境、社会、治理要求纳入管理流程和全面风险管理体系，这被视为中国绿色金融发展的重要里程碑。

（二）转型金融

转型金融是在可持续金融的范畴内，基于全球气候治理背景下高碳行业低碳转型的需求而提出的。2020 年 3 月，欧盟委员会发布《欧盟可持续金融分类方案》，对可持续金融中的绿色金融与转型金融的概念进行区分。在支持对象方面，欧盟将转型金融作为绿色金融的补充和延伸，在绿色企业、绿色项目之外更加关注高碳排放的棕色产业融资需求。近年来，国际上对转型金融已开展广泛的研究和讨论，归纳起来，转型金融是金融机构根据不同国家、地区碳中和目标及实现路径，对高碳行业在技术改造、产业升级、节能降碳等领域支持并促进传统行业减少污染、实现向低碳或零碳转型，同时降低转型风险等各类风险暴露的金融服务。2022年G20（二十国集团）峰会正式批准了《2022年G20可持续金融报告》，转型金融作为该报告中最重要的部分，被定义为在可持续发展目标的背景下，支持实现更低和净零排放以及适应气候变化的经济活动的金融服务。

在G20转型金融框架下，对于转型活动和转型投资的界定大体可分为"分类目录法"和"指导原则法"，前者以目录（清单）方式列明符合条件的转型活动（包括技术路径和对转型效果的要求），后者则要求转型活动主体用科学的方法确定符合《巴黎协定》要求的转型计划，并且获得第三方的认证。为明确界定转型活动，欧盟设定了明确的原则性标准：如果某一经济活动支持向符合《巴黎协定》1.5℃路径过渡（包括逐步淘汰温室气体排放，特别是固体化石燃料的排放），该活动温室气体排放水平符合该部门或行业的最佳表现，同时不妨碍低碳替代品的开发和应用，也不会导致资产出现碳锁定效应，则可以纳入转型活动。

（三）绿色金融与转型金融的联系

绿色金融与转型金融之间存在紧密联系，两者都是为了实现社会可持续发展而进行的金融活动。"双碳"目标的实现需要双轮驱动：推动绿色低碳产业发展和促进高碳排放行业的低碳转型，两者存在共同目的，但在业务内容上存在区别。

我国绿色金融的界定标准主要基于《绿色产业指导目录（2019年版）》，多数为"纯绿"或接近"纯绿"的项目，覆盖节能环保、清洁生产、清洁能源、生态环境、基础设施绿色升级、绿色服务六大领域，其中仅涉及部分高碳转型领域，比如钢铁企业超低排放改造、节能改造和能效提升，以及煤炭清洁生产和利用等。但转型金融覆盖更大的范畴，围绕煤炭、钢铁、有色、水泥等高碳排放行业，进行转型及业务的进一步细化。对许多高碳企业来说，即使它们有可行的低碳转型方案，但由于不符合绿色金融的界定标准，也很难获得绿色金融的支持。

在信息披露方面，我国形成了相对完善的标准、产品、信息披露及评价体系，包括需要披露转型计划及进展情况、气候相关数据、确保转型计划得以实施的公司治理安排及筹集资金使用情况等。但在传统的绿色金融框架下，转型活动没有得到充分支持，如针对"两高一剩"行业，尽管企业有转型意愿及技术创新能力，但较难获得资金支持。

阅读资料11-3

总之，转型金融是对绿色金融的重要补充，绿色金融侧重于对"纯绿"企业与项目的支持，转型金融倡导关注高污染、高能耗、高碳行业的融资需求，前者聚焦于新增绿色项目，后者聚焦于存量项目。

三、绿色金融分类标准

建立绿色金融分类标准的意义在于，明确和统一绿色产业投资方向及绿色金融产品认定标准。我国绿色信贷、绿色融资及绿色债券现行标准见表 11 – 3。

表 11 – 3　我国绿色信贷、绿色融资及绿色债券现行标准

项目	绿色信贷	绿色融资	绿色债券
监管文件	《中国人民银行关于修订绿色贷款专项统计制度的通知》	《关于绿色融资统计制度有关工作的通知》	《绿色债券支持项目目录（2021年版）》
覆盖范围	银行贷款	贷款、贸易融资、票据融资、融资租赁、债券投资、银承、信用证等	金融债、企业债、公司债、债务融资工具、资产证券化产品
统计方式	每季度统计报送	每季度统计报送	贴标发行
产业投向	参照《绿色产业指导目录（2019年版）》	在《绿色产业指导目录（2019年版）》的基础上进行细微调整，并纳入贸易类和消费类融资	在《绿色产业指导目录（2019年版）》的基础上进行细微调整，增加碳捕集、利用与封存（CCUS）建设运营，删除油气开采、煤炭生产利用、火电改造等内容
	六大方向：节能环保、清洁生产、清洁能源、生态环境、基础设施绿色升级、绿色服务		

绿色信贷体系建设起始于《绿色信贷指引》。2013 年，中国银行业监督管理委员会制定了《绿色信贷统计制度》，明确了 12 类节能环保项目及服务的绿色信贷统计口径，开启了绿色信贷业务的统计工作。2019 年 3 月，国家发展改革委等七部委联合印发《绿色产业指导目录（2019 年版）》，完善了绿色产业分类标准，明确梳理六大类绿色产业投资方向，包括节能环保、清洁生产、清洁能源、生态环境、基础设施绿色升级、绿色服务。在此基础上，中国人民银行和中国银行保险监督管理委员会分别于 2019 年 12 月和 2020 年 6 月形成针对绿色信贷和绿色融资的产品认定标准，因为两者基本采用了《绿色产业指导目录（2019 年版）》的主要框架与标准，所以从整体上实现了绿色信贷统计标准的趋同，但在中国银行保险监督管理委员会的体系下，围绕消费侧的绿色信贷也纳入统计范畴。

根据中国银行保险监督管理委员会办公厅印发的《中国银保监会办公厅关于绿色融资统计制度有关工作的通知》，绿色消费融资的定义为支持个人、公共机构及企业绿色消费的融资。其中，绿色消费的范畴具体包括购置节能建筑与绿色建筑，既有住房节能改造、购置新能源和清洁能源汽车，又有购买获得国家节能、节水、环保等认证的产品等，信贷业务类型包括但不限于信用卡分期、消费贷

款等。

绿色债券认定方面，2021年前曾存在多项标准并行的情况。①绿色金融债、公司债、债务融资工具、资产证券化产品，主要参考2015年中国人民银行发布的《关于在银行间债券市场发行绿色金融债券有关事宜公告》，以及中国金融学会绿色金融专业委员会编制的《绿色债券支持项目目录（2015年版）》，该公告及目录明确了对金融企业发行绿色债券的审批程序、对资金用途的监管、披露要求和环境效益评估等问题，规定了绿色债券支持项目的界定和分类。②绿色企业债，主要参照2015年12月国家发展改革委发布的《绿色债券发行指引》，该指引界定了绿色企业债的项目范围和支持重点。

2021年4月，中国人民银行、国家发展改革委以及中国证券监督管理委员会联合印发《绿色债券支持项目目录（2021年版）》，正式统一绿色债券的认定标准。2022年，绿色债券标准委员会发布《中国绿色债券原则》，进一步统一了不同绿债品种应遵循的原则，特别是明确了募资投向必须全部用于绿色项目，保证绿色的"纯度"。

四、我国绿色金融发展的前景展望

《中共中央关于制定国民经济和社会发展第十四个五年规划和二〇三五年远景目标的建议》明确"十四五"时期经济社会发展的基本思路、主要目标以及2035年远景目标。2020年国家部委绿色发展战略重要政策见表11-4。

表11-4 2020年国家部委绿色发展战略重要政策

领域	政策名称	发文字号	发文单位	发文时间
节能宣传	《关于2020年全国公共机构节能宣传周有关活动的通知》	国管办发〔2020〕21号	国管局办公室、国家发展改革委办公厅	2020年6月22日
气候变化	《关于促进应对气候变化投融资的指导意见》	环气候〔2020〕57号	生态环境部、国家发展改革委、中国人民银行、中国银行保险监督管理委员会、中国证券监督管理委员会	2020年10月20日
总体发展规划	《中共中央关于制定国民经济和社会发展第十四个五年规划和二〇三五年远景目标的建议》	—	中国共产党第十九届中央委员会第五次全体会议	2020年10月29日
能源行业改革	《新时代的中国能源发展》	—	国务院新闻办公室	2020年12月21日

(一) 推动环境经济政策统筹融合

生态环境部发布的《关于统筹和加强应对气候变化与生态环境保护相关工作的指导意见》明确指出：①加快形成积极应对气候变化的环境经济政策框架体系，以应对气候变化效益为重要衡量指标，推动气候投融资与绿色金融政策协调配合，加快推进气候投融资发展，建设国家自主贡献重点项目库，开展气候投融资地方试点，引导和支持气候投融资地方实践。②推动将全国碳排放权交易市场重点排放单位数据报送、配额清缴履约等实施情况作为企业环境信息的依法披露内容，有关违法违规信息计入企业环保信用信息。

气候投融资是指为实现国家自主贡献目标和低碳发展目标，引导和促进更多资金投向应对气候变化领域的投资和融资活动，是绿色金融的重要组成部分。其支持范围包括减缓和适应两个层面。①减缓气候变化，包括：调整产业结构，积极发展战略性新兴产业；优化能源结构，大力发展非化石能源；开展碳捕集、利用与封存试点示范；控制工业、农业、废弃物处理等非能源活动温室气体排放，增加森林、草原及其他碳汇等。②适应气候变化，包括：提高农业、水资源、林业和生态系统、海洋、气象、防灾减灾救灾等重点领域适应能力；加强适应基础能力建设，加快基础设施建设，提高科技能力等。

(二) 不断强化金融政策支持

生态环境部、国家发展改革委、中国人民银行、中国银行保险监督管理委员会、中国证券监督管理委员会联合发布的《关于促进应对气候变化投融资的指导意见》明确强调，为加快构建气候投融资政策体系，①完善金融监管政策，推动金融市场发展。支持和激励各类金融机构开发气候友好型的绿色金融产品。②鼓励金融机构结合自身职能定位、发展战略、风险偏好等因素，在风险可控、商业可持续的前提下，对重大气候项目提供有效的金融支持。③支持符合条件的气候友好型企业通过资本市场进行融资和再融资，鼓励通过市场化方式推动小微企业和社会公众参与应对气候变化行动，有效防范和化解气候投融资风险。

(三) 发展绿色金融，支持绿色技术创新，推进清洁生产

为深入实施绿色发展战略，《国务院关于落实〈政府工作报告〉重点工作分工的意见》明确提出，要扎实做好碳达峰、碳中和各项工作。通过制订2030年前的碳排放达峰行动方案，优化产业结构和能源结构，推动煤炭清洁高效利用，大力发展新能源，扩大环境保护、节能节水等企业所得税优惠目录范围，促进新型节能环保技术、装备和产品研发应用，培育壮大节能环保产业，推动资源节约高效利用，加

快建设全国用能权、碳排放权交易市场，完善能源消费双控制度，以实际行动为全球应对气候变化作出应有贡献。在中国人民银行牵头下，生态环境部等部门按职责分工负责实施金融支持绿色低碳发展专项政策，设立碳减排支持工具。

深入实施可持续发展战略，改善生态文明领域统筹协调机制，构建生态文明体系，促进经济社会发展全面绿色转型，建设人与自然和谐共生的现代化。加快推动绿色低碳发展。强化国土空间规划和用途管控，落实生态保护、基本农田、城镇开发等空间管控边界，减少人类活动对自然空间的占用。强化绿色发展的法律和政策保障，发展环保产业，推进重点行业和重要领域绿色化改造。推动能源清洁低碳高效安全利用。发展绿色建筑。开展绿色生活创建活动。降低碳排放强度，支持有条件的地方率先达到碳排放峰值，制订 2030 年前的碳排放达峰行动方案。

五、绿色金融领域创新产品——碳账户

目前，相关绿色金融产品和工具已被广泛应用到经济活动的实践中，主要产品包括绿色信贷、绿色债券及资产证券化、绿色股票指数和相关产品、绿色产业基金、绿色保险、碳金融及其衍生品等。碳账户通过核算记录企业与个人的碳排放、碳减排资产，成为衡量企业主体开展绿色生产经营及个人绿色消费水平的有效工具，金融机构可以根据碳账户的评价结果为企业及个人提供相匹配的融资服务，采取差异化的授信额度和利率。因此，碳账户被视为绿色金融领域的创新产品，未来有望发展为一项金融基础设施，通过发掘和实现碳资产价值，为企业生产和居民生活向绿色低碳转型提供创新性金融服务。

（一）企业碳账户细化绿色金融资金投向

碳账户体系的建立将在绿色金融发展中分步骤完成。在构建基础架构的过程中，需要有效利用企业碳排放及碳资产数据，开展产品与服务创新。碳账户与绿色金融业务的结合创新见表 11 - 5。

表 11 - 5　碳账户与绿色金融业务的结合创新

创新基础	创新产品
基于算法模型对企业碳排放或碳减排水平进行打分，通过发放碳积分或绿色评价的模式，提供差异化信贷金融服务	基础费用减免、快速审批通道、绿色金融资讯及绿色财务顾问等
基于企业碳账户碳配额及碳减排核证资产数据，向碳金融市场延伸	碳质押、碳配额/CCER（中国核证自愿减排量）现货及衍生品交易等业务

短期来看，基于碳排放及碳减排核算数据，通过构建企业碳信用评价体系，出具碳征信报告，可提供更全面的绿色画像，破解银企间碳信用信息不对称难题。具

体而言，需要收集企业电力、热力、油品、煤炭及天然气等能源消耗量，按照国家温室气体排放核算指南，科学核算企业在一定时期内的碳排量及碳排放强度，并结合企业经营情况，与行业基准值进行对标，生成企业碳征信报告。在贷款前，商业银行借助基础征信报告全面掌握企业碳账户的信息，进行贷款前碳效分析，提高信贷审批效率；在贷款后，商业银行可评估具体项目贷款的真实碳效，比较企业贷款前及贷款后的碳排放水平，对非项目贷款进行碳效评估。通过绿色评级、碳征信报告的模式，引导商业银行推出并落地更多与碳强度挂钩的金融产品，以金融力量引导企业控碳减排。

中期来看，未来我国碳市场将纳入更多控排行业，国家核证减排量项目的申请注册已经重启，碳抵消机制得到进一步完善，通过企业碳账户建立的碳核算系统，可为企业提供自愿减排项目开发服务，有机会经核证并在碳交易市场上获益。同时，随着碳资产属性及碳交易活跃度的提升，以企业碳账户助力碳资产质押融资等信贷业务健康发展。

长期来看，信贷领域的碳账户金融创新，随着全国碳市场的日益成熟及与欧美市场的融合，尤其是欧盟对进口商品开征碳关税后，免费配额或将逐步缩减。在此背景下，国内企业需要加快低碳转型，加强对产品全生命周期碳排放量的管理，推动碳资产管理需求大幅提升。依托企业碳账户对经济主体碳排放量、碳配额、碳减排量等信息的全面记录，金融机构可开发围绕与碳交易相关的碳期货、碳期权等衍生品交易、碳资产证券化，融资服务市场的碳质押融资、碳资产管理，辅助服务市场的碳指数、碳保险等金融产品与服务创新。同时，碳账户运营主体因掌握全面的碳数据信息，可作为中间商推动企业之间的撮合交易。

（二）个人碳账户延展绿色消费融资导向

推动绿色低碳发展是一项系统性的工程，除了企业端加大节能减碳力度，也需要消费端改变居民生活习惯，促进绿色低碳行为发展，以消费端的行动模式变化反向推动生产端的绿色转型。2021 年 10 月，国务院印发的《2030 年前碳达峰行动方案》明确提出，增强全民节约意识、环保意识、生态意识，倡导简约适度、绿色低碳、文明健康的生活方式，把绿色理念转化为全体人民的自觉行动。

2022 年以来，国内地方政府、平台企业等陆续布局与居民绿色行为挂钩的个人碳账户，在用户授权的基础上将个人日常的减碳行为记录并量化，转化为绿色能量等碳积分的模式，对个人绿色消费行为进行鼓励，引导经济金融资源向绿色消费领域倾斜。目前，个人碳账户产品尚处于平台企业自发建设阶段，依赖自身投入资源，为客户提供包括公益、实物兑换等权益。从碳账户的未来发展趋势来看，为拓展碳账户的绿色金融属性，监管机构应从以下几个方面引导碳账户的平台建设。

（1）需要由官方统一建立消费端环境效率测算标准和方法学。根据中国银行保险监督管理委员会2020年发布的《绿色融资统计制度》，对于绿色消费融资项目无须测算环境效益。为了更加精准地引导消费端低碳减排，应制定统一的消费端碳减排量核证方法论，科学量化消费融资项目碳减排量，细化项目的环境效益评价，推动消费端碳减排可量化。

（2）在当前绿色消费融资范畴的基础上，增加居民绿色生活场景融资。2022年5月，中华环保联合会发布团体标准《公民绿色低碳行为温室气体减排量化导则》，推荐了衣、食、住、行、用、办公、数字金融七大类别，合计包含40种公民绿色低碳行为。针对个人碳账户建设中已纳入的绿色出行，如公交、地铁、自行车购买、共享单车、新能源汽车充电，以及节能减排类智能家居购买等消费场景，积极开展绿色信贷业务认定，并在零售贷款领域延伸绿色信贷利息优惠政策，进一步扩大绿色消费融资规模。

（3）银行业绿色金融评价方案范畴将进一步延展至绿色消费融资，以及消费端碳减排创新产品碳账户的设立和推广。2020年6月，中国银行保险监督管理委员会印发《关于绿色融资统计制度有关工作的通知》，对绿色消费作出了明确定义，并对绿色消费融资的统计范畴进行了明确界定。2021年中国人民银行发布的《银行业金融机构绿色金融评价方案》，未明确绿色零售业务的量化考评指标，定性指标评价也主要围绕对国家及地方已有绿色金融政策执行情况、机构自身绿色金融制度制定及实施情况、金融支持绿色产品发展情况等，商业银行为推动消费端碳减排而自发建立的个人碳账户创新试点平台未纳入评价体系。为激励商业银行

经验分享11-2

利用自身资源扩大对社会居民绿色消费的支持，使消费端碳减排形成自上而下的良性循环机制，央行考核评价机制中增加绿色消费贷款，以及以碳账户为创新试点的金融产品等定量或定性指标。

即测即练

即测即练11-2

模块 11-3　金融风险与监管

知识目标

1. 了解金融风险的一般性特征。

2. 熟悉系统性金融风险形成的原因及防范手段。

3. 掌握金融监管的对象、方法及机构。

技能目标

1. 了解金融风险的测度方法。

2. 熟悉金融监管的一般性手段。

3. 掌握《巴塞尔协议Ⅲ》中资本的分类及核心资本充足率的计算方法。

素质目标

1. 了解加强党中央对金融工作的集中统一领导，是做好金融工作的根本保证。要完善党领导金融工作的体制机制，发挥好中央金融委员会的作用。

2. 熟悉建设强大的金融监管就是金融强国关键核心要素之一，是金融强国建设的有力保障。

3. 掌握我国金融监管体系日益完善，监管有效性明显提升。当前，要以科学、有效、有力的金融监管不断增强金融发展的安全性。

建议学时

2 学时。

情境导入

硅谷银行（SVB）成立于 1983 年，总部位于加利福尼亚州圣克拉拉，是硅谷银行金融集团的子公司，资产达 50 亿美元。硅谷银行主要服务于初创企业，业务集中在科技、风险投资等领域，相对传统银行较少依赖个人储蓄存款。

为了应对居高不下的通货膨胀，2022 年一年内美联储连续激进加息，导致债券价格下跌，商业银行存款流失过快、融资成本增加。同时 Facebook. Google 等技术公司大幅裁员、风险投资减少，使硅谷银行的资产负债结构发生了较大变化，其流动性问题开始显现。

为了满足客户在短期之内的资金提取需求，硅谷银行不得不在市场上打折出售持有的资产。2023年3月8日，硅谷银行母公司硅谷银行金融集团出售约210亿美元的可销售证券（available - for - sale - securities），亏损约18亿美元，并需要通过出售普通股和优先股募资22.5亿美元。亏损加融资，此举被华尔街认定为恐慌性的资产抛售和对股权的猛烈稀释。一夜间，硅谷银行股价暴跌超60%，市值蒸发超94亿美元。3月9日，投资者和储户试图从硅谷银行提款420亿美元，截至当日营业结束时，该行现金余额为 -9.58亿美元。3月10日凌晨，包括Coatue、Founders Fund在内的多家美国顶级风投公司向被投企业建议，随着对硅谷银行稳定性的担忧与日俱增，应强烈考虑从该行中撤出资金。3月10日，硅谷银行被迫停止交易，加利福尼亚州金融保护和创新局以流动性和清偿能力不足为由宣布对其依法接管，并指派美国联邦存款保险公司（Federal Deposit Insurance Corporation，FDIC）清算管理。硅谷银行倒闭两天之后，因"系统性风险的存在"，另外一家签名银行也应声倒闭，以资产规模计，这是美国史上第三大规模的银行倒闭案，而资产规模类似的第一共和银行（Fist Republic Bank）股价暴跌8成，银行门口挤满了前来取款的客户。其他还有10余家美国中小银行也面临着巨大的挤兑风险，不排除有继续爆雷的可能。

在一片恐慌之中，美国金融监管层迅速出手。3月12日，美国财政部、美国联邦储备委员会和美国联邦存款保险公司发表联合声明，宣布采取行动确保硅谷银行等存款机构储户的资金安全，声明表示从3月13日起，硅谷银行储户将可以使用所有资金，与解决问题有关的任何损失都不由纳税人承担。同时，美联储设立了一个紧急贷款计划，确保其他银行抵御挤兑风险。

由于金融风险具有传染性，硅谷银行的危机还未完全渡过，欧洲金融市场也出现了动荡。3月15日，瑞士信贷（Credit Suisse）银行（以下简称"瑞信"）又陷入破产危机，在瑞士股票市场一度大跌30%，法国巴黎银行和法国兴业银行股价也出现暴跌。3月16日，瑞士国家银行和瑞士金融市场监管局发表联合声明称，瑞信满足对系统重要性银行的资本和流动性要求，如有必要，瑞士国家银行将向瑞信提供流动性支持。瑞士政府和监管机构3月19日晚宣布，经过紧急磋商，瑞士最大银行瑞银集团（简称"瑞银"）同意收购第二大银行瑞信，以避免瑞信眼下危机对本国乃至全球造成"无可挽回的经济动荡"。其理由是作为一家拥有167年历史的商业银行，瑞信是全球银行业监管机构认定的30家全球系统重要性银行之一，被视为"大到不能倒"的金融机构，这项并购是眼下"恢复金融市场信心的最佳方案"。然而，事件并未结束。7月28日，美国堪萨斯州的小型银行——心脏地带三州银行因资不抵债宣告破产，由联邦存款保险公司接管，这是继美国2023年初硅谷银行、签名银行等关闭后，美国倒闭的第5家银行。由于业绩影响，截至2023年7月底，德意志银行、意大利裕信银行、巴克莱银行先后关闭百余家分行，裁员近8万人。对全球投资者来说，当前最为关心的事情是：硅谷银行带来的风暴，各国能否有经验和能力应对危机？监管层的监管是否有力有效？

知识储备

一、金融风险

（一）金融风险的概念

金融风险是指与金融有关的风险，如金融市场风险、金融产品风险、金融机构风险等。金融机构在具体的金融交易活动中出现的风险，有可能对该金融机构的生存构成威胁；具体的一家金融机构因经营不善而出现危机，有可能对整个金融体系的稳健运行构成威胁；一旦发生系统风险，金融体系运转失灵，必然会导致全社会经济秩序的混乱，甚至引发严重的政治危机。

（二）金融风险的基本特征及内涵

金融风险的基本特征及内涵见表11-6。

表11-6 金融风险的基本特征及内涵

基本特征	内涵
不确定性	影响金融风险的因素难以事前完全把握
相关性	金融机构所经营的商品——货币的特殊性决定了金融机构同经济和社会是紧密相关的
高杠杆性	金融企业负债率偏高，财务杠杆大，导致负外部性大，另外金融工具创新，衍生金融工具等也伴随高度金融风险
传染性	金融机构承担着中介机构的职能，割裂了原始借贷的对应关系。处于这一中介网络的任何一方出现风险，都有可能对其他方面产生影响，甚至发生行业、区域的金融风险，导致金融危机

（三）金融风险的类别及内涵

按金融风险影响的范围，金融风险可分为系统性金融风险和非系统性金融风险。

（1）系统性金融风险。系统性金融风险是指由于政治、经济以及社会环境等宏观因素造成的，对整个金融市场产生普遍性影响的风险。如股市普遍下跌，投资者遭受重大损失。这种风险不能通过分散投资相互抵消或者消除，因此也称不可分散风险。系统性金融风险的类别及内涵见表11－7。

表11－7　系统性金融风险的类别及内涵

风险类别	内涵
政策风险	政府经济政策和管理措施的变化会影响金融参与者的利润和投资回报的变化
利率风险	当市场利率上升或下降时，会对股市和资金的供求产生一定的影响
购买力风险/通货膨胀风险	由于物价上涨，同样金额的资金，买不到与过去同质同量的商品。在证券市场上，由于货币购买力下降，投资者实际收益下降而遭受损失的可能性
市场风险	由于市场因素（如利率、汇率、股价，以及商品价格等）的波动而导致的金融参与者的资产价值变化的风险

（2）非系统性金融风险。非系统性金融风险是由于金融机构自身的某种原因，而引起证券价格下跌的可能性的风险。它只发生在相对独立的个体或局部范围内。非系统性金融风险的类别及内涵见表11－8。

表11－8　非系统性金融风险的类别及内涵

风险类别	内涵
行业环境风险	企业所在行业的竞争环境及市场变化会使企业的经营面临风险，包括：行业内和行业外的竞争对手增加，市场需求变化、技术变革等
信用风险	由于借款人或市场交易对手的违约（无法偿付或者无法按期偿付）而导致损失的可能性
财务风险	与公司筹集资金的方式有关，资本结构中贷款与债券比重小的公司，其股票的财务风险低；贷款和债券比重大的公司，其股票的财务风险高
经营风险	由于公司的外部经营环境和条件以及内部经营管理方面的问题造成公司收入的变动而引起的股票投资者收益的不确定性
流动性风险	金融参与者由于资产流动性降低而导致损失的风险。当金融参与者无法通过变现资产或者减轻资产作为现金等价物来偿付债务时，流动性风险就会发生
操作风险	由于金融机构的交易系统不完善，管理失误或其他一些人为错误而导致金融参与者潜在损失的可能性

二、系统性金融风险

系统性金融风险主要是指单个金融事件如金融机构倒闭、债务违约、金融价格波动等引起整个金融体系的危机，并导致经济和社会福利遭受重大损失的风险。系统性金融风险通常具有以下特征。

（1）系统性金融风险不是指任何一个单一金融机构的倒闭风险或者单一金融市场的波动风险，是基于全局视角影响整个金融系统稳定的风险。

（2）随着金融机构、金融市场之间联动性增强，任何一个微小的金融风险都可能通过金融体系的复杂网络对其他机构或市场产生影响，形成风险传染，产生"蝴蝶效应"，进而引发系统性金融风险。

（3）系统性金融风险具有较强的负外部性，金融风险会从一个机构、市场或金融系统向另一个传播，引发系统性的市场震荡，从而影响几乎所有的金融机构和市场乃至实体经济，这也意味着单个金融机构倒闭的成本最终会由金融系统的所有参与者共同承担。例如 2023 年 3 月接连关闭的硅谷银行和签名银行所体现出的风险外溢也出现了系统性风险的苗头。

（4）系统性金融风险的测度。对于商业银行系统性风险的测度，目前比较常用的方法是在险价值（value at risk，VaR）和条件风险价值（CoVaR）两种方法。

①在险价值是指在特定的置信度水平下，单个商业银行可能遭受的最大损失。

②条件风险价值是在在险价值的基础上发展的。在险价值是无条件的风险价值，条件风险价值则比较充分地考虑了不同机构之间的相互影响，可以衡量在一家金融机构处于危机的条件下，其他机构的条件风险价值。

三、系统性金融风险的防范

金融稳定委员会（FSB）和国际货币基金组织等国际组织及多个国家和地区监管当局的监管改革方向就是建立宏观审慎的监管体系。金融稳定委员会和国际清算银行（BIS）将宏观审慎监管定义为：以防范系统性金融风险为目标，以运用审慎工具为手段，以必要的法律架构为支撑的相关政策。其监管对象是整个金融体系，其目标是防范系统性金融风险，以维护金融系统的整体稳定。

宏观审慎监管分别从横截面和时间维度来分析和化解系统性金融风险。前者关注系统性金融风险在整个金融系统的分布，重点是推进对系统重要性机构、市场和产品的监管，降低系统内部关联性，降低系统性金融风险的集中度。后者关注的是系统性金融风险动态变化过程，重点是推进逆周期监管，建立逆周期资本缓冲，从而缓解金融体系的顺周期性。

（一）横截面维度的宏观审慎监管工具

横截面维度的宏观审慎监管关注的是在任意时间点上系统性金融风险在整个金融系统的分布，其重点是对系统重要性金融机构、市场和产品的监管，降低系统性金融风险的集中度。横截面维度的宏观审慎监管工具主要有以下三种。

（1）系统重要性金融机构的识别。此即采用指标法等对系统重要性金融机构进行评估，对金融机构的系统性风险贡献进行测算。

（2）系统重要性金融机构的监管。其通过资本附加、生前遗嘱制度（Living

Will）、降低系统重要性金融机构倒闭和破产导致的风险传染和溢出效应等方式，强化监管效果。

（3）强化对影子银行、表外业务、场外衍生品等监管。在吸取 2008 年国际金融危机的经验教训的基础上，为便于监管，多个国家对影子银行、表外业务、场外衍生品等进行规范和监管，各国采取了一系列措施来降低由此可能带来的系统性金融风险的扩散。2018 年 4 月 27 日，中国央行、中国银行保险监督管理委员会、证监会、外汇局联合发布的《关于规范金融机构资产管理业务的指导意见》（简称"资管新规"）就是一个例证。

阅读资料11-4

（二）时间维度的审慎监管工具

（1）逆周期资本缓冲。逆周期资本缓冲调整的机理是，当处于经济周期上行阶段，通过逆周期资本缓冲机制提高商业银行的资本缓冲要求，可在一定程度上抑制银行的过度放贷，以减少经济上行阶段商业银行的风险积累；当处于经济周期下行阶段，通过逆周期资本缓冲机制降低商业银行的资本缓冲要求，可在一定程度上缓解商业银行因受资本监管约束而产生的惜贷行为。因此，逆周期资本缓冲能在一定程度上缓解商业银行信贷的顺周期性，从而缓解金融体系潜在的系统性金融风险。

（2）杠杆率监管。杠杆率具有微观审慎特征，当它被动态使用时，更多表现为宏观审慎监管工具。《巴塞尔协议Ⅲ》体系下，杠杆率这一政策工具被引入监管体系，杠杆率监管能够在一定程度上防止金融机构资产负债表的过度扩张和过度风险承担，抑制系统性金融风险的积累。

（3）流动性缓冲。流动性缓冲是指基于逆周期规划的流动性覆盖率等监管指标的监管工具。流动性缓冲能够增强债权人信心，降低金融机构遭受挤兑的可能性，能够起到缓解和减少系统性金融风险的作用。

四、金融监管

（一）金融监管的定义

金融监管是金融监督和金融管理的总称。金融监管是指政府通过特定的机构（如中央银行）对金融交易主体进行的某种限制或规定。金融监管本质上是一种具有特定内涵和特征的政府规制行为，凡是实行市场经济体制的国家，无不客观地存在着政府对金融体系的管制。

金融监管有狭义和广义之分。狭义的金融监管是指中央银行或其他金融监管当

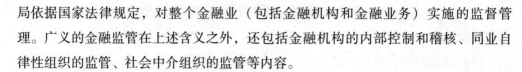

局依据国家法律规定，对整个金融业（包括金融机构和金融业务）实施的监督管理。广义的金融监管在上述含义之外，还包括金融机构的内部控制和稽核、同业自律性组织的监管、社会中介组织的监管等内容。

（二）金融监管的对象与内容

（1）金融监管的对象。金融监管的传统对象是国内银行业和非银行金融机构，但随着金融工具的不断创新，金融监管的对象逐步扩大到那些业务性质与银行类似的准金融机构，如集体投资机构、贷款协会、银行附属公司或银行持股公司所开展的准银行业务等，甚至包括与金边债券市场业务有关的出票人、经纪人的监管等。目前，一国的整个金融体系都可视为金融监管的对象。

（2）金融监管的内容。其主要包括：金融机构设立；金融机构资产负债业务；金融市场，如市场准入、市场融资、市场利率、市场规则等；会计结算；外汇外债；黄金生产、进口、加工、销售活动；证券业；保险业；信托业；投资黄金、典当、融资租赁等活动。其中，对商业银行的监管是重点，主要内容包括市场准入与机构合并、银行业务范围、风险控制、流动性管理、资本充足率、存款保护以及危机处理等方面。

（三）金融监管的手段

金融监管的手段，即金融监管主体为实现金融监管目标而采用的各种方式、方法和措施。从世界各国的金融监管实践来看，金融监管主体主要是通过法律手段、行政手段和经济手段来对金融活动实施监管。

（1）法律手段。金融监管必须依法进行，金融机构必须接受国家金融管理当局的监管，这是金融监管的基本点。要保证金融监管的权威性、严肃性、强制性和一贯性，才能保证其有效性。金融法规的完善是依法监管的基础。

（2）行政手段。行政手段是指中央银行或金融监管当局根据国家规定的职责对金融业务活动进行的监督和检查。它是由管辖行的稽核机构派出人员，以超脱、公正的客观地位，对辖属行、处、所等运用专门的方法，就其真实性、合法性、正确性、完整性作出评价和建议，向派出机构及有关单位提出报告，它属于经济监管体系中的一个重要组成部分，与纪检、监察、审计工作有着密切的联系。金融稽核的主要内容包括业务经营的合法性、资本金的充足性、资产质量、负债的清偿能力、盈利情况、经营管理状况等。

（3）经济手段。经济手段是指对金融机构进行定期或不定期的现场检查和非现场检查，审查其财务状况、风险管理、内部控制、信息披露等方面的经济行为，确保其合规经营，向公众披露重要信息，如财务报告、风险状况等，增加市场透明度，便于投资者和社会公众监督。

（四）金融监管的原则

为了实现金融监管的目标，中央银行在金融监管中坚持分类管理、公平对待、公开监管三条基本原则。

（1）分类管理。其是将银行等金融机构分门别类、突出重点、分别管理。

（2）公平对待。其是指在进行金融监管的过程中，不分监管对象，一视同仁使用统一监管标准，这一原则与分类管理原则并不矛盾，分类管理是为了突出重点，加强监测，但并不降低监管标准。

（3）公开监管。其是指加强金融监管的透明度。中央银行在实施金融监管时，必须明确适用的银行法规、政策和监管要求，并公布于众，使银行和金融机构在明确监管内容、目的和要求的前提下接受监管，同时也便于社会公众的监督。

（五）金融监管的重要性

（1）纠正金融市场失灵。金融市场失灵主要是指金融市场对资源配置的无效率。其主要针对金融市场配置资源所导致的垄断或者寡头垄断、规模不经济及外部性等问题，金融监管试图以一种有效方式来纠正金融市场失灵。

（2）扼制道德风险。道德风险是指由于制度性或其他因素的变化所引发的金融部门行为变化及由此产生的有害作用。在市场经济体制下，存款人（个人或集体）必然会评价商业性金融机构的安全性。但在受监管的金融体系中，个人和企业通常认为政府会确保金融机构安全，或至少在发生违约时偿还存款，因而在存款时并不考虑银行的道德风险。

（3）不断完善现代货币制度。从实物商品、贵金属形态到信用形态，不仅提高了金融市场交易与资源配置的效率，还带来了现代纸币制度和部分储备金制度两种重要的金融制度创新。

（4）引导信用创造，防范支付风险。金融机构产品或服务创新的实质是一种信用创造，这一方面可以节省货币、降低机会成本；另一方面也使金融机构面临更大的支付风险，进而导致公众的金融信心丧失和金融体系的崩溃。金融全球化发展使一国金融危机对整个世界金融市场的影响更为直接、迅速。因而，加强金融监管，可以引导信用创造，有效防范支付风险。

一般而言，金融监管是为了降低金融市场的成本，维持正常、合理的金融秩序，提升公众对金融的信心。因此，监管是一种公共物品，由政府公共部门提供的旨在提高公众金融信心的监管，是对金融市场缺陷的有效和必要补充。

五、金融监管的国际合作——《巴塞尔协议》

（1）1975年9月，《巴塞尔协议Ⅰ》出台。其核心内容就是针对国际性银行监管主体缺位的问题，突出强调两点：①任何银行的国外机构都不能逃避监管。②母国和东道国应共同承担职责。

（2）巴塞尔委员会于1988年7月通过的《关于统一国际银行的资本计算和资本标准的报告》，简称"巴塞尔资本协议"。其主要包括四项内容：①资本的分类。②风险权重的计算标准。③1992年资本与资产的标准比例和过渡期的实施安排。④各国监管当局自由决定的范围。

该协议的核心思想是前两项：将银行的资本划分为核心资本和附属资本两类，各类资本有明确的界限和各自不同的特点，以及对应风险权重的计算标准。协议根据资产类别、性质以及债务主体的不同，将商业银行资产负债表的表内和表外项目划分为0%、20%、50%和100%共四个风险档次，风险权重的划分目的是衡量资本标准服务。有了风险权重，通过风险权重调整后的资产称为风险资产。一个银行的全部风险资产等于银行内部经过风险权重调整的资产总额。

$$风险资产总额 = \sum （某项资产额 \times 该项资产的风险权重）$$

这时杠杆比公式就变为：总资本/风险资产总额，协议要求这一比率大于等于8%，即资本充足率＝总资本/风险资产总额≥8%。其中，核心资本占风险资产的比重不低于4%。

（3）《巴塞尔协议Ⅲ》核心监管指标。《巴塞尔协议Ⅲ》对上述资本充足率做了调整，即商业银行的普通股权益与风险资产比率要求达到4.5%；核心资本充足率要求达到6%，加上2.5%的防护缓冲资本，核心资本充足率要求达到8.5%。同时，其还提出各国可根据情况要求银行提取0%~2.5%的反周期缓冲资本，这样，各国商业银行核心资本充足率下限从8.5%到11%不等。此外，其还提出了3%的最低杠杆比率以及100%的流动杠杆比率和净稳定资金来源比率，以降低银行系统的流动性风险，加强抵御金融风险的能力。

（4）《巴塞尔协议Ⅲ》的核心内容。

①提高资本充足率要求。《巴塞尔协议Ⅲ》对核心资本充足率、一级资本充足率的最低要求有所提高，引入了留存资本，提升银行在经济衰退时期吸收损失的能力，建立与信贷过快增长挂钩的反周期超额资本区间，对大型银行提出附加资本要求，降低"大而不能倒"带来的道德风险。

②严格资本扣除限制。对于少数股权、商誉、递延税资产、对金融机构普通股的非并表投资、债务工具和其他投资性资产的未实现收益、拨备额与预期亏损之差、固定收益、养老基金资产和负债等计入资本的要求有所改变。

③扩大风险资产覆盖范围。提高"资产证券化风险暴露"的资本要求、增加压力状态下的风险价值、提高交易业务的资本要求、提高场外衍生品交易（OTC derivatives）和证券融资业务（SFTs）的交易对手信用风险（CCR）的资本要求等。

④引入杠杆率。一级资本/调整后的表内外资产余额或者杠杆率＝核心资本/表内外总资产风险暴露。表内资产按名义金额确定，表外资产则存在换算的问题。其中，对于非衍生品表外资产按照100%的信用风险转换系数转入表内，而对于金融衍生品交易采用现期风险暴露法计算风险暴露。

根据国家金融监督管理总局的监管要求，杠杆率监管标准，即一级资本占调整后表内外资产余额的比例不低于4%，弥补资本充足率的不足，控制银行业金融机构以及银行体系的杠杆率积累。

⑤加强流动性管理，降低银行体系的流动性风险，引入流动性监管指标，包括流动性覆盖率和净稳定资产比率。同时，巴塞尔委员会提出了其他辅助监测工具，包括合同期限错配、融资集中度、可用的无变现障碍资产和与市场有关的监测工具等。

（5）《巴塞尔协议Ⅲ》对中国银行业的影响。对于中国银行业而言，中国银行保险监督管理委员会（2023年5月后，国家金融监督管理总局）长期坚持"资本质量与资本数量并重"的资本监管原则，但从长远来看，《巴塞尔协议》对中国银行业的影响主要体现在下几个方面。

①信贷扩张和资本约束的矛盾。我国是一个发展中国家，又是一个以间接融资为主的国家，信贷增长一般为经济增速的1.5~2倍，在某些年份甚至可能更高，如2009年。因此，如果我国保持5%~8%的GDP增速，银行信贷必须达到7.5%~16%的增速。《巴塞尔协议Ⅲ》重视核心资本的补充，这对中国银行业的信贷增长约束更大。

根据《巴塞尔协议Ⅲ》关于二级资本工具"在期限上不能赎回激励、行使赎回权必须得到监管当局的事前批准、银行不得形成赎回期权将被行使的预期"一系列关于赎回的限制性规定，目前国内很多商业银行补充附属资本的长期次级债券都拥有赎回激励条款，这将给国内银行业通过发行长期次级债券补充附属资本带来较大的冲击，且为满足《巴塞尔协议Ⅲ》关于流动性的有关要求，长期次级债券的需求预计将有所下降，从而增加次长期级债券发行的难度。

②满足监管要求和盈利能力增长的矛盾。为满足流动性覆盖比率的要求，商业银行应持有更多的现金和超额准备金等流动性高的资产，如风险加权系数为零的证券，包括主权国家发行或担保的证券、央行发行或担保的证券、政策性银行、中央政府投资的公用企业发行或担保的证券以及多边开发银行发行或担保的证券。但从盈利的角度，公司证券和资产担保证券显然比风险加权系数为零的证券收益要高出不少。因此，与未实行流动性监管标准相比，实行《巴塞尔协议Ⅲ》后，银行会倾向于选择风险加权系数为零的证券，从而导致银行收益下降。然而，为了通过再融资补充核心资本、降低融资成本，银行业又不得不尽可能提升盈利能力，从而使银行陷入两难的境地。

③负债结构调整与网点数量不足的矛盾。《巴塞尔协议Ⅲ》中净稳定资金比率计算的分母为资金流出与资金流入的差额，在资金流出中，存款流出为重要的一部分。零售存款、中小企业存款、一般企业存款和同业存款计入资金流出的比例依次增大，分别为15%、15%、25%、100%。在净稳定资金比率计算的分子中，一年以内的零售存款、中小企业存款计入可用稳定融资资金来源的比例为70%，而一般企业存款、同业存款计入可用稳定融资资金来源的比例为50%。

因此，为满足监管要求，银行显然愿意持有更多的零售存款、中小企业存款和一般企业存款，而不愿意持有过多的同业存款。然而，对于中小股份制商业银行，尤其是一些城市商业银行而言，因为网点数量不足，同业存款是其资金来源的重要组成部分，会加剧其经营压力。

④表外业务发展与业务结构调整的矛盾。《巴塞尔协议Ⅲ》的实施将弱化贸易融资类表外业务、承诺类表外业务的相对优势。从净稳定资金比率来看，零售、一般公司信用承诺计入资金流出比例为10%，保函业务计入资金流出比例为50%，信用证业务计入资金流出比例为20%，保函和信用证在内的或有融资负债占用稳定融资资金的比例为100%，这将使相关贸易融资表外业务的资金流出数值非常大。

⑤为满足监管要求，银行可能会选择减少贸易融资类表外业务和承诺类表外业务。然而，近几年，为了加快业务结构转型和避免同质化竞争，我国很多商业银行，尤其是一些股份制商业银行，均提出要加快贸易融资等业务的发展步伐和结构转型步伐，《巴塞尔协议Ⅲ》的实施无疑会加剧银行的转型压力。

经验分享11-3

即测即练

即测即练11-3

项目小结

本项目以中国人民银行发布的《金融科技（FinTech）发展规划（2019—2021年)》为基点，介绍了金融科技发展的现状、转型、应用场景及前景，突出将"数据"列为生产要素参与分配，数字经济模式将带动金融科技实现新的跨越；介绍了绿色金融理论发展的现状、前景以及绿色金融产品的实践情况，重点阐述了绿色金融创新产品——碳账户的普及；在金融监管理论体系方面，系统地介绍了以监管科技的创新实施对金融科技监管，重点介绍了系统性金融风险的形成、测度的方法，创新实施制度监管，以巴塞尔资本监管协议实现国际金融监管合作的理论体系。

技能训练

一、简答题

1. 简述商业银行数字化转型的重点。

2. 简述监管科技的特点。

3. 简述系统性金融风险的测度方法。

4. 简述《巴塞尔协议Ⅲ》的核心内容。

5. 简述《巴塞尔协议Ⅲ》对中国银行业的影响。

二、案例操作

面对硅谷银行破产，评价监管部门应对措施是否有效

1. 案情概况

2022年以来，伴随着美联储激进加息，美国银行体系存款不断流失，潜在流动性风险持续加大。为应对储户的提款需求，硅谷银行于2023年3月8日宣布折价变现AFS（可供出售证券）资产，并拟增发普通股募集资金。公告发布后，硅谷银行遭遇了近10年美国最大的银行挤兑事件，并引发投资者对美国银行系统或遭遇系统性风险的担忧。尽管监管应对迅速，但恐慌情绪仍在蔓延。截至2023年3月17日

收盘，标普银行指数较 2023 年 3 月 8 日下跌 22.4%，其中第一共和银行（-80.1%）、硅谷银行（-60.4%，已停牌）、阿莱恩斯西部银行（-56.4%）等中小银行跌幅较大。与此同时，美债收益率快速下行，截至 2023 年 3 月 17 日，10 年期、2 年期美债收益率分别为 3.39%、3.81%，较 2023 年 3 月 8 日分别下行 59bp、124bp。

2. 硅谷银行破产原因

（1）2022 年以来，伴随着美联储激进加息，市场利率持续上行，SVB 面临较大利率风险，主要体现为以下两个方面。

①资产端未确认损失大幅增加。其中，HTM（持有至到期投资）资产浮亏达 151.6 亿美元，而公司核心一级资本净额仅 137 亿美元。

②美国创投活动快速"退潮"，公司存款持续流失。公司为应对利率风险而宣布折价变现 AFS 资产，却引发市场对后续 HTM 浮亏确认及储蓄安全性的担忧，进而诱发大规模挤兑。

（2）资产负债久期错配加剧资产负债表脆弱性，美联储连续加息使利率风险转化为流动性风险。硅谷银行资产负债表期限错配加剧，利率风险敞口扩大，主要体现为以下几个方面。

①资产端久期明显拉长。由于贷款需求不足，硅谷银行被迫投资大量 RMBS（住房抵押贷款支持证券），资产端久期拉长，利率风险敞口明显扩大。美国中小银行资产负债期限错配问题相对严重，投资端浮亏问题存在共性。美国银行业证券投资力度明显提升，其中，中小银行证券投资增速约 26.5%，高于同期大行（22.7%）；美国银行业 5Y 以上贷款、证券投资合计占比自 28% 升至 32%，资产端久期明显拉长，中小行这一特征更加突出。随着美联储进入加息周期，美国银行体系存款持续流失，同时证券类资产未实现损失达 6 900 亿美元，创 2008 年以来新高。对于资产规模在 2 500 亿美元以下的银行而言，AFS 资产的未实现损失并未反映在当期资本充足率当中，若部分中小银行为应对储户提款需求而选择变卖资产，将给自身损益、资本带来显著冲击。我们将 HTM 资产浮亏从各家银行核心一级资本中予以扣除，同时对中小银行额外扣除 AFS 资产浮亏，并计算调整后 CET1（一级核心资本）。经测算，大型银行 CET1 平均降幅为 2.2pct，中小银行平均降幅为 3.3pct。

②经济滞胀叠加货币政策紧缩的背景下，业务结构相对单一的地方性储贷机构资产负债错配问题凸显，利率风险演化为系统性存款流失，最终导致中小机构批量出险。其间主要以美联储阶段性降息配合 FDIC 接管模式完成风险的逐步化解，最

终约八成问题机构通过收并购等方式完成破产清算，两成机构在 FDIC 救助下转入正常化经营。

③监管不严。该事件还反映了美国银行业监管不严的问题。2018 年，特朗普政府签署修订《多德－弗兰克法案》。该修订案主要针对资产规模 1 000 亿～2 500 亿美元的银行，对其自身纾困计划的制订及流动性规定的要求有所放松。

3. 应从硅谷银行的破产中吸取教训

目前对于中大型银行的监管不足，但这类银行实际可能会对经济造成不小的风险。政策制定者的当务之急应该是弥补这一漏洞。

4. 监管当局的操作思路

有序清算机制下 FDIC 或通过并购等市场化方式化解风险。SVB 等机构挤兑事件发生后，监管当局主要处置思路由储户赔付、流动性注入与出险机构处置三部分组成。参考储贷危机期间化险路径，并结合当下有序清算机制（OLA）流程，预计未来出险机构或通过同业援助转入正常化经营，救助无果后，或以市场化方式被相关机构收并购实现风险化解出清。

参 考 文 献

[1]黄达. 货币银行学[M]. 北京:中国人民大学出版社,2000.

[2]张亦春,郑振龙,林海. 金融市场学[M]. 3 版. 北京:高等教育出版社,2008.

[3]蒋先玲. 货币金融学[M]. 3 版. 北京:机械工业出版社,2021.

[4]易纲,吴有昌. 货币银行学[M]. 上海:上海人民出版社,2007.

[5]张晓晖,吕鹰飞. 金融学基础[M]. 北京:中国财政经济出版社,2022.

[6]郭福春,吴金旺. 金融基础[M]. 3 版. 北京:高等教育出版社,2023.

[7]马春晓,王艺,赵海明. 经济学基础[M]. 郑州:郑州大学出版社,2022.

[8]郭福春,潘静波,经济学基础[M]. 北京:高等教育出版社,2022.

[9]社科赛斯教育集团. 金融学综合高分指南[M]. 北京:清华大学出版社,2021.

[10]刘勇,等. 金融科技十讲[M]. 北京:中国人民大学出版社,2020.

[11]兰州大学绿色金融研究院,甘肃省金融学会. 甘肃绿色金融发展报告(2022)[R]. 北京:中国金融出版社,2023.

[12]卢乐书. 碳账户[M]. 北京:中信出版集团,2023.

[13]博迪,默顿,克利顿. 金融学[M]. 2 版. 曹辉,刘澄,译. 北京:中国人民大学出版社,2021.

[14]胡德宝. 银行业系统性金融风险预警与监管[M]. 北京:人民日报出版社,2023.

[15]李健. 金融学[M]. 3 版. 北京:高等教育出版社,2018.

教师服务

　　感谢您选用清华大学出版社的教材！为了更好地服务教学，我们为授课教师提供本书的教学辅助资源，以及本学科重点教材信息。请您扫码获取。

》教辅获取

本书教辅资源，授课教师扫码获取

》样书赠送

财政与金融类重点教材，教师扫码获取样书

 清华大学出版社

E-mail: tupfuwu@163.com
电话：010-83470332 / 83470142
地址：北京市海淀区双清路学研大厦 B 座 509

网址：https://www.tup.com.cn/
传真：8610-83470107
邮编：100084